2015

XIANDAI ZHIYE JIAOYU TIXI
YU GUOJIA JINGZHENGLI
N I A N D U   B A O G A O

教育规划与战略研究年度报告系列

现代职业教育体系与国家竞争力年度报告

（2015年）

对外经济贸易大学教育与开放经济研究中心课题组　著

教育科学出版社
·北京·

出 版 人　李　东
责任编辑　薛　莉
版式设计　孙欢欢
责任校对　贾静芳
责任印制　叶小峰

图书在版编目（CIP）数据

现代职业教育体系与国家竞争力年度报告.2015年／
对外经济贸易大学教育与开放经济研究中心课题组著.—
北京：教育科学出版社，2017.5
（教育规划与战略研究年度报告系列）
ISBN 978-7-5191-1051-2

Ⅰ.①现…　Ⅱ.①对…　Ⅲ.①职业教育—研究报告—
中国—2015　Ⅳ.①G719.2

中国版本图书馆 CIP 数据核字（2017）第 080805 号

教育规划与战略研究年度报告系列
现代职业教育体系与国家竞争力年度报告（2015 年）
XIANDAI ZHIYE JIAOYU TIXI YU GUOJIA JINGZHENGLI NIANDU BAOGAO（2015 NIAN）

出版发行	教育科学出版社		
社　　址	北京·朝阳区安慧北里安园甲 9 号	市场部电话	010-64989009
邮　　编	100101	编辑部电话	010-64989419
传　　真	010-64891796	网　　址	http://www.esph.com.cn
经　　销	各地新华书店		
制　　作	北京金奥都图文制作中心		
印　　刷	北京玺诚印务有限公司		
开　　本	169 毫米×239 毫米　16 开	版　　次	2017 年 5 月第 1 版
印　　张	17.5	印　　次	2017 年 5 月第 1 次印刷
字　　数	226 千	定　　价	46.00 元

序

当前，中国已经深度融入世界，正在积极参与全球经济治理和公共产品供给，提升在全球的制度话语权，构建广泛的利益共同体。在全球经济一体化背景下，国家竞争力是一个国家参与全球经济治理和提升制度话语权的重要支撑。破解国内发展难题、厚植发展优势、稳步提升国家竞争力、深度参与全球经济治理，是中国未来国家战略布局的重点所在。

2015年10月，党的十八届五中全会指出，要在增强国家硬实力的同时提升国家软实力，不断增强发展的整体性。而人才是创新的源泉，是提高国家硬实力和软实力的根本动力。中国正在实施的人才优先发展战略，正在进行的人才发展体制改革和政策创新，都有力地促进了中国具有国际竞争力的人才优势的形成。但是，中国长期以来形成的人才培养及供给模式与市场对人才的需求还存在脱节之处，人力资本的数量、质量和结构还不能适应劳动力市场的发展要求，阻抑了人力资本的深化、劳动效率的提高及国家整体竞争力的增强。

职业教育对于培养创新型人才和技能型人才、推动实体产业发展及提升国家竞争力具有举足轻重的作用。在中国深化职业教育改革、实现经济转型的历史时期，阐释并深刻分析职业教育与国家竞争力的关系是提高改革针对性和有效性的必要之举。正是在此背景下，对外经济贸易大学教育与开放经济研究中心承担了教育部有关"现代职业教育体系与国家竞争力关系"的课题研究任务，完成了相关调研并形成了多个维度的分析报告。为充分展示职业教育体系与国家竞争力的关系，提出更为完善的构建中国职业教育体系的基本策略，课题组在已有基础上拓展研究内容，从教育与

1

国家竞争力的全局视角入手，围绕职业教育对于提升国家竞争力的贡献和提升国家竞争力对职业教育的要求两个方面展开论述，并对全球竞争力位于世界前列的经济体的情况进行详细剖析，识别和总结这些经济体职业教育发展的先进经验，最终形成了这本《现代职业教育体系与国家竞争力年度报告（2015 年）》。

《现代职业教育体系与国家竞争力年度报告（2015 年）》以"深化人力资本—改革职业教育—提升人才配置效率—提升国家竞争力"为主线，构建了全球竞争力贡献因素分析框架，比较和总结了与教育尤其是职业教育相关的指标对于国家竞争力的促进作用，这一结果对于理解全球竞争力的构成要素、重新审视职业教育发展和制定职业教育改革方案具有重要意义。同时，本书还呈现了有关现代职业教育与经济发展的专题研究，相关分析具有非常强的针对性和典型性。更为重要的是，本书结合当前中国提升国家竞争力过程中人才培养领域出现的主要矛盾，对不同类型国家的职业教育体系进行了横向比较，详细分析了它们的特点、差异及其原因，具有较高的政策参考价值。

总之，对世界主要发达国家职业教育与国家竞争力的关系进行研究，是中国明确自身在全球格局中的发展定位、借鉴相关国家发展经验及推进国内职业教育改革的必然要求，也是缓解人才培养结构性矛盾、建设人力资源强国的必要之举。本书对此进行了有益的探索。当然，客观地说，当前学界对教育与国家竞争力关系的探索性研究还不够，远不能满足中国经济社会快速转型、国际竞争力迅速提高的现实需求，因此，未来的研究尚需更多学者的共同努力。

学术关键词的形成有偶然性，但主要是因应时代发展的需求。在此，感谢这个时代给予我们机会，让我们能够经历和见证近年来中国职业教育发生的深刻变化。感谢教育部有关领导和部门负责人，正是基于他们的远见和指导，本书才得以顺利出版。

课题组

2017 年 1 月 15 日

目　录

第一章 总报告

建设现代职业教育体系与提升全球竞争力关系研究

教育是知识经济的基本驱动力，是提高国际竞争力的关键。一国发达程度的提升、经济增长率的提高均得益于人力资本存量的增加。在各类教育中，职业教育与国家经济发展的相关程度越来越密切。在我国经济转型时期，职业教育对于缩小不合理的收入差距，对于提高国民就业能力，对于进行教育介入式脱贫减贫进而解决社会公平与效率问题，对于解决经济发展与资源环境之间的平衡问题，对于解决城镇化进程中的"二元结构"矛盾和流动性问题等，具有便于操作、易于调整、见效较快等特点，具有其他教育类型难以替代的重要作用。

鉴于教育与经济发展的密切关系，基于中国经济已深度融入世界经济的基本判断，在研究我国教育竞争力，特别是职业教育竞争力时，应当将其放在国家整体竞争力提升的背景下，放在全球话语体系中，进行全面的分析评估，从而使研究更具战略性、国际性和科学性。因此，课题组选取对评价一个经济体竞争力具有较强专业性和权威性且能够衡量一个经济体开放型经济发展水平的重要文献——世界经济论坛（World Economic Forum, WEF）的《全球竞争力报告》（*The Global Competitiveness Report*）作为研究对象，分析该报告指标体系中与教育尤其是职业教育相关的指标的影响程度，研究如何通过发展现代职业教育来助推中国全球竞争力的快速提升。

1

第一节　教育与全球竞争力排名

一、世界经济论坛的全球竞争力排名

（一）全球竞争力排名

世界经济论坛是以研究和探讨世界经济领域存在的问题、促进国际经济合作与交流为宗旨的非官方国际机构，总部设在瑞士日内瓦。其前身是 1971 年创建的欧洲管理论坛，1987 年更名为世界经济论坛，也被称为达沃斯论坛，参与者包括各国政界和经济界的高层领导人、企业首脑及著名专家。该论坛自 1979 年以来每年发布一份《全球竞争力报告》，根据其创立的评价体系对影响一个经济体持续稳定发展和长期繁荣的因素进行排名（即全球竞争力排名）。该排名是判断一个经济体在年度时间内全球竞争力变化的国际比较参考要素，是体现一个经济体综合竞争实力、经济发展程度及可持续发展能力的重要指标。2015 年，该排名所涉及的经济体已经由最初的 16 个欧洲经济体扩大到遍布全世界各个地区的 144 个经济体，具有较强的全球代表性。

在《2015—2016 全球竞争力报告》（*The Global Competitiveness Report* 2015-2016）中，排名前 10 的经济体依次是：瑞士、新加坡、美国、德国、荷兰、日本、中国香港、芬兰、瑞典、英国。瑞士连续 7 年被评为世界最具竞争力的经济体，新加坡连续 5 年位居第 2，美国连续 2 年位居第 3。中国位居第 28，与 2014—2015 年度持平。

（二）全球竞争力指数

世界经济论坛认为，竞争力是决定一个经济体生产力水平的制度、政策及其他要素的集合，包括数量要素和质量要素。[1] 自 2004 年以来，该论坛引入

---

[1] 波特，萨拉-艾-马丁，施瓦布. 2007~2008 全球竞争力报告 [M]. 杨世伟，高闯，等译. 北京：经济管理出版社，2009：3.

了新的具有开放性的全球竞争力指数（the global competitiveness index，GCI）。
该指数综合考虑了影响经济体竞争力的微观经济基础要素和宏观经济基础要
素。它包含三级指标：一级指标涵盖 3 个板块，即要素驱动、效率驱动、创新
驱动，同时也用来表示 3 个发展阶段；二级指标包括 12 个支柱，分列于 3 个
板块之下；三级指标为 114 项，分列于 12 个支柱之下（见表 1-1）。①

表 1-1　全球竞争力指标体系②

一级指标	二级指标	三级指标		
基本条件要素	第 1 支柱：制度	A. 公共制度	1. 财产权利	1.01 财产权利
				1.02 知识产权的保护
			2. 道德与腐败	1.03 公共资金的挪用
				1.04 公众对政治家的信任
				1.05 违法支付和贿赂
			3. 非法干预	1.06 司法独立性
				1.07 政府官员在决策中的徇私舞弊
			4. 政府无效率	1.08 政府支出的铺张浪费
				1.09 政府管制的负担
				1.10 法律制度在解决争端中的效率
				1.11 法律制度在纠正管理中的效率
				1.12 政府决策的透明度

---

① 世界经济论坛在 2004 年的报告中首先对全球竞争力指标体系进行了阐述，在 2005 年的
报告中进行了初步评估，在 2006 年的报告中采用了包含 3 个板块、9 个支柱的全球竞争力指标体
系，从 2007 年开始，将 9 个支柱扩展为 12 个支柱。

② 在本表中，"＊"代表硬指标；HIV 全称为 human immunodeficiency virus，中文为"人类
免疫缺陷病毒"；FDI 全称为 foreign direct investment，中文为"外商直接投资"；GDP 全称为 gross
domestic product，中文为"国内生产总值"；ICT 全称为 information communications technology，中文
为"信息通信技术"。

续表

一级指标	二级指标	三级指标		
基本条件要素	第 1 支柱：制度	A. 公共制度	5. 安全	1.13 恐怖主义导致的企业成本
				1.14 犯罪和暴力导致的商业成本
				1.15 有组织的犯罪
				1.16 警察服务的可靠性
		B. 私人制度	1. 公司道德规范	1.17 企业的道德行为
				1.18 审计与报告标准的力度
			2. 问责情况	1.19 公司董事会的效率
				1.20 对少数股东权益的保护
				1.21 对投资者的保护力度
	第 2 支柱：基础设施	A. 交通基础设施	—	2.01 基础设施的总体质量
				2.02 公路的质量
				2.03 铁路基础设施的质量
				2.04 港口基础设施的质量
				2.05 航空运输基础设施的质量
				2.06 航班可用座公里数*
		B. 能源和电话基础设施	—	2.07 电力供应的质量
				2.08 移动电话使用数*
				2.09 固定电话线路*
	第 3 支柱：宏观经济	—	—	3.01 政府财政盈余赤字*
				3.02 国民储蓄率*
				3.03 通货膨胀*
				3.04 政府债务*
				3.05 国家信用评级*

续表

一级指标	二级指标	三级指标		
基本条件要素	第 4 支柱：健康与基础教育	A. 健康	—	4.01 疟疾对商业的影响
				4.02 疟疾事件 *
				4.03 肺结核对商业的影响
				4.04 肺结核事件 *
				4.05 HIV 对商业的影响
				4.06 HIV 流行情况 *
				4.07 婴儿死亡率 *
				4.08 平均寿命 *
		B. 基础教育	—	4.09 基础教育的质量
				4.10 基础教育入学率 *
效率增强要素	第 5 支柱：高等教育与培训	A. 教育数量	—	5.01 中等教育入学率 *
				5.02 高等教育入学率 *
		B. 教育质量	—	5.03 教育系统的质量
				5.04 数学和科学的教育质量
				5.05 管理院校的质量
				5.06 学校互联网使用率
		C. 在职教育	—	5.07 高质量职业培训的可获得性
				5.08 职工培训投入度
	第 6 支柱：商品市场效率	A. 竞争	1. 国内竞争	6.01 当地竞争的强度
				6.02 市场垄断的程度
				6.03 反垄断政策的有效性
				6.04 税收对投资的激励
				6.05 综合税率 *
				6.06 创业所需办理的手续数目 *
				6.07 创业所需的时间 *
				6.08 农业政策的成本

续表

一级指标	二级指标	三级指标		
效率增强要素	第 6 支柱：商品市场效率	A. 竞争	2. 国外竞争	6.09 贸易壁垒的普遍性
				6.10 关税税率 *
				6.11 国外所有权的普及度
				6.12 FDI 规则对企业的影响
				6.13 关税程序的负担
				6.14 进口占 GDP 的比重 *
		B. 需求质量状况	—	6.15 以顾客为导向的程度
				6.16 买方成熟度
	第 7 支柱：劳动力市场效率	A. 流动性	—	7.01 劳资关系中的合作
				7.02 确定工资的弹性
				7.03 雇佣和解雇的惯例
				7.04 解雇成本 *
				7.05 税收对于工作的激励
		B. 人才的使用效率	—	7.06 薪酬和生产率
				7.07 对专业管理的依赖性
				7.08 国家预防人才流失的能力
				7.09 国家吸引人才的能力
				7.10 女性的劳动参与率 *
	第 8 支柱：金融市场成熟度	A. 有效性	—	8.01 金融服务可获得度
				8.02 金融服务的购买力
				8.03 当地资本市场融资能力
				8.04 获得贷款的容易性
				8.05 风险资本的可获得性
		B. 信任与冲突	—	8.06 银行的稳定性
				8.07 证券交易的法规
				8.08 合法权利指数 *

续表

一级指标	二级指标	三级指标		
效率增强要素	第9支柱：技术就绪度	A. 技术吸收能力	—	9.01 最新技术的可获得性
				9.02 企业层面的技术吸收
				9.03 FDI 与技术转让
		B. ICT 使用	—	9.04 互联网用户数 *
				9.05 宽带用户数 *
				9.06 互联网带宽 *
				9.07 移动宽带用户 *
	第10支柱：市场规模	A. 国内市场规模	—	10.01 国内市场规模指数 *
		B. 国外市场规模	—	10.02 国外市场规模指数 *
		—	—	10.03 GDP *
		—	—	10.04 出口占 GDP 的比重 *
创新与成熟度要素	第11支柱：企业成熟度	—	—	11.01 本地供应商的数量
				11.02 本地供应商的质量
				11.03 产业集群发展的现状
				11.04 竞争优势的性质
				11.05 价值链的广度
				11.06 国际分销的管控能力
				11.07 生产工艺的先进性
				11.08 市场营销的广度
				11.09 授权的意愿
	第12支柱：创新	—	—	12.01 创新能力
				12.02 科学研究机构的质量
				12.03 企业研发支出
				12.04 大学 产业的合作研究
				12.05 先进技术产品的政府采购
				12.06 科学家和工程师的可获得性

续表

一级指标	二级指标	三级指标		
创新与成熟度要素	第 12 支柱：创新	—	—	12.07 实用专利权

资料来源：依据 *The Global Competitiveness Report 2015—2016* 翻译整理而成，参考《2007—2008 全球竞争力报告》（此中文版由经济管理出版社于 2009 年出版）。

　　《全球竞争力报告》的数据来源包括：一是各个国际组织及经济体官方公布的各类经济指标，即硬指标；二是通过专门设计的企业高管调查问卷得出数据，主要为用数据无法体现的指标提供具有描述性、程度性、可比较性的信息。《全球竞争力报告》通过对上述两类数据的计算，得出每个经济体各级指标的得分及总分，并对其进行国际排名。

　　（三）各经济体发展阶段的划分

　　世界经济论坛根据两个标准（一是人均 GDP 在市场汇率下的水平，二是矿产品出口占所有出口的比重，该标准主要用来对依据前一标准划分的结果进行调整）将各经济体所处阶段划分为三大发展阶段：要素驱动阶段、效率驱动阶段和创新驱动阶段（见图 1-1）。如果一个经济体正好位于三个阶段中的某两个阶段之间，则认为该经济体处于过渡阶段。

　　三大发展阶段中 12 个支柱的权重有所差别。第一阶段为要素驱动阶段（人均 GDP 低于 2000 美元），特征是经济的发展受要素驱动，经济体间的竞争建立在要素禀赋、简单的手工劳动及自然资源的基础上，企业间的竞争建立在价格的基础上，销售的多是日用品，低工资水平反映出低劳动生产率。"制度"（第 1 支柱）、"基础设施"（第 2 支柱）、"宏观经济"（第 3 支柱）和"健康与基础教育"（第 4 支柱）在评价处于这一阶段的经济体的竞争力时具有更高权重。第二阶段为效率驱动阶段（人均 GDP 为 3000—9000 美元），表现为采取更有效的生产方式，提高产品质量。

"高等教育与培训"（第 5 支柱）、"商品市场效率"（第 6 支柱）、"劳动力市场效率"（第 7 支柱）、"金融市场成熟度"（第 8 支柱）、"技术就绪度"（第 9 支柱）及"市场规模"（第 10 支柱）在评价处于这一阶段的经济体的竞争力时具有更高权重。第三阶段为创新驱动阶段（人均 GDP 为17000 美元以上），表现为经济体内的企业有能力通过开发新产品与其他企业竞争，使员工能够维持这一阶段的高工资及相应的生活水准。"企业成熟度"（第 11 支柱）和"创新"（第 12 支柱）在评价处于这一阶段的经济体的竞争力时具有更高权重。[①] 中国目前处于效率驱动阶段，中国台湾地区和中国香港地区处于创新驱动阶段。

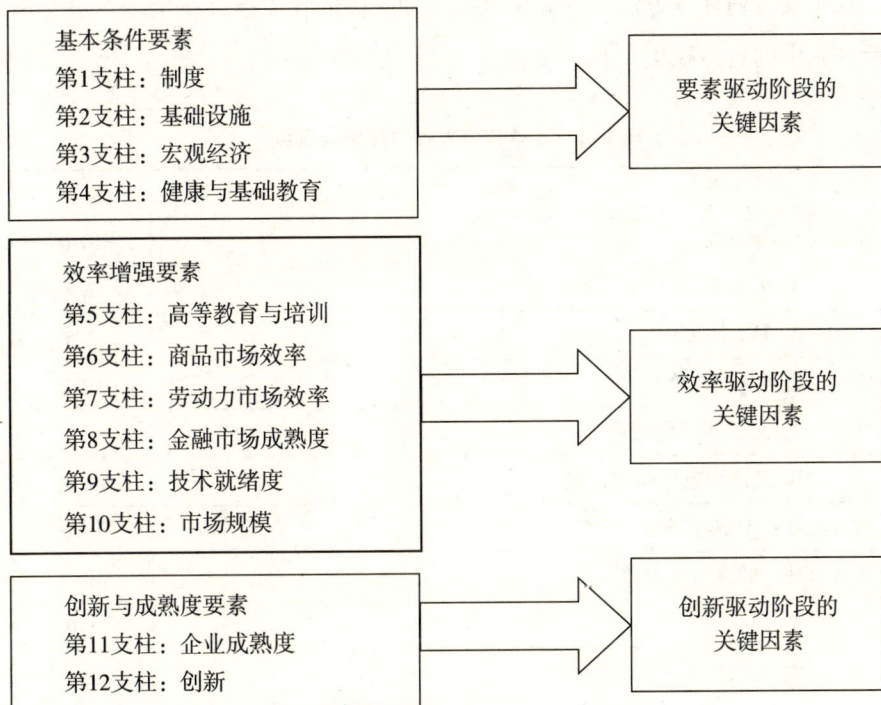

图 1-1　经济体发展阶段划分与驱动支柱

---

① 波特，萨拉-艾-马丁，施瓦布. 2007~2008 全球竞争力报告 [M].杨世伟，高闯，等译.北京：经济管理出版社，2009：7.

二、全球竞争力指标体系中的教育因素分析

（一）全球竞争力指标体系中的教育因素权重分析

在全球竞争力指标体系的 114 项指标中，有 14 项指标与教育相关，涵盖教育的规模、水平、支出、质量、创新等各方面，分列于"健康与基础教育""高等教育与培训""创新" 3 个支柱之中（见表 1-2），这说明教育的发展已经融入经济体发展的各个领域，即使从经济发展角度出发评价一个经济体的竞争力，教育也是其中重要的衡量指标。

课题组根据《2015—2016 全球竞争力报告》中全球竞争力各项指标的权重及所列计算方法，计算出效率驱动阶段的各项指标在全球竞争力指标体系中的具体权重（见表 1-2）。

表 1-2　全球竞争力各项指标的权重[①]

指标	权重（%）
第 1 支柱：制度	10.0
A. 公共制度	7.5
B. 私人制度	2.5
第 2 支柱：基础设施	10.0
A. 交通基础设施	5.0
B. 能源和电话基础设施	5.0
第 3 支柱：宏观经济	10.0
第 4 支柱：健康与基础教育	10.0
A. 健康	5.0
B. 基础教育 　　4.09 基础教育的质量 　　4.10 基础教育入学率	5.0
第 5 支柱：高等教育与培训	8.5

[①]　本表中部分数据在计算时采用了四舍五入，分项数据之和小于或大于上位总数据视为正常。

续表

指标	权重（%）
A. 教育数量 **5.01 中等教育入学率** **5.02 高等教育入学率**	2.8
B. 教育质量 **5.03 教育系统的质量** **5.04 数学和科学的教育质量** **5.05 管理院校的质量** **5.06 学校互联网使用率**	2.8
C. 在职教育 **5.07 高质量职业培训的可获得性** **5.08 职工培训投入度**	2.8
第6支柱：商品市场效率	8.5
A. 竞争	5.7
B. 需求质量状况	2.8
第7支柱：劳动力市场效率	8.5
A. 流动性	4.3
B. 人才的使用效率	4.3
第8支柱：金融市场成熟度	8.5
A. 有效性	4.3
B. 信任与冲突	4.3
第9支柱：技术就绪度	8.5
第10支柱：市场规模	8.5
第11支柱：企业成熟度	5.0
第12支柱：创新	5.0

续表

指标	权重（%）
12.01 创新能力	
12.02 科学研究机构的质量	
12.03 企业研发支出	
12.04 大学-产业的合作研究	5.0
12.05 先进技术产品的政府采购	
12.06 科学家和工程师的可获得性	
12.07 实用专利权	

资料来源：*The Global Competitiveness Report 2015–2016*。

表 1-2 中字体加粗的指标为教育相关指标。"健康与基础教育"支柱中的 2 项指标和"高等教育与培训"支柱中的 8 项指标在全球竞争力指标体系中所占总权重为 13.5%，"创新"支柱中有 4 项指标与教育相关，可以看出，教育相关指标在全球竞争力指标体系中的权重高于其他支柱的权重。根据同样的方法可计算出，处于创新驱动阶段的经济体的教育相关指标所占权重同样高于其他支柱的权重。[①] 因此，无论对处于效率驱动阶段的经济体，还是对处于创新驱动阶段的经济体，教育都是提升其全球竞争力的关键因素，具有基础性地位。

（二）中国的教育相关指标排名分析

《全球竞争力报告》列出了各经济体在全球竞争力指标体系中每项指标的排名和得分，并突出标明具有竞争优势的指标，以体现某项具体指标对于该经济体综合竞争力提升的贡献程度。

---

① 全球竞争力指标体系确定了各项指标在其上一级指标中所占的比重。3 个板块中每个板块所占权重都取决于经济体所处的发展阶段，此处的权重根据《2015—2016 全球竞争力报告》的权重计算方法计算得出。

　　竞争优势指标的确定原则具体如下：

　　对于全球竞争力总排名为第1—10的经济体，在这些经济体的各项指标中排名第1—10的指标被认为具有竞争优势。例如，美国总排名为第3，其"航空运输基础设施的质量"这一指标排名第5，具有竞争优势。

　　对于全球竞争力总排名为第11—50的经济体，其指标的排名如果高于该经济体的总排名则被认为具有优势。例如，中国的总排名为第28，其"基础教育入学率"这一指标的排名为第20，具有竞争优势。

　　对于全球竞争力总排名为第51（含）之后的经济体，其指标的排名若高于第51，则具有竞争优势。

　　资料来源：*The Global Competitiveness Report 2015-2016*。

　　2015年中国具有竞争优势的全球竞争力指标中仅有一项教育相关指标，即基础教育入学率，其他教育相关指标的表现在国际竞争中均处于劣势，部分指标落后于其他金砖国家，教育规模、质量、职业教育等指标的表现严重落后于中国全球竞争力总排名。这表明教育对中国全球竞争力的影响基本是负面的，而随着中国社会经济调结构、转方式、促升级的不断深入，教育发展与社会经济发展不匹配的问题更加凸显。因此，如何提升教育相关指标对全球竞争力的贡献度，如何通过提升教育竞争力促进中国全球竞争力的快速提升，进而保持在金砖国家中的领先优势，是当前亟待解决的重要问题。

　　第一，分析2011—2015年中国14项教育相关指标的全球竞争力排名可以发现（见表1-3），基础教育质量和入学率排名有轻微下滑，故应当在保证普及基础教育的前提下，逐步提升基础教育质量。在教育规模方面，中等教育入学率有所提高，说明近年来中等职业教育免学费等一系列改革举措提高了中等职业教育的入学率，对中等教育整体入学率的提高贡献颇大。但是，中等教育、高等教育的入学率在国际竞争中仍处于劣势，因此，普及高中阶段教育、提高高等教育入学率仍是中国未来几年需要解决的重点问题。在教育质量方面，我国表现欠佳，今后应当关注教育结构与经济发展的匹配性及提升管理或经济类院校的质量。在职业培训方面，高质量职业培训的可获得性、职工培训投入度均有所下降，这意味着现代职业教育不仅需要关注学校教育，同时需要提升企业职工培训水平。在高等教育的创新发展方面，我国总体表现良好，但排名有下滑趋势，应当予以关注，要注重提升科研机构的质量。

表1-3　2011—2015 年中国各项教育相关指标排名

项目	2011	2012	2013	2014	2015
中国全球竞争力总排名	26	29	29	28	28
4.09 基础教育的质量	31	42	56	59	55
4.10 基础教育入学率	9	4	4	4	20
5.01 中等教育入学率	93	90	90	72	74
5.02 高等教育入学率	85	79	83	85	83
5.03 教育系统的质量	54	57	54	52	56
5.04 数学和科学的教育质量	31	33	48	56	49
5.05 管理院校的质量	59	68	83	85	85
5.06 学校互联网使用率	28	31	35	38	47
5.07 高质量职业培训的可获得性	42	55	62	58	63
5.08 职工培训投入度	45	45	48	46	50
12.01 创新能力	23	23	30	40	49
12.02 科学研究机构的质量	38	44	41	39	42
12.04 大学-产业的合作研究	29	35	33	32	32
12.06 科学家和工程师的可获得性	33	46	44	43	36

资料来源：历年 *The Global Competitiveness Report*。

第二，通过对 2015 年中国与其他金砖国家的教育相关指标排名的比较可以发现，尽管中国全球竞争力总排名领先于其他金砖国家，但中国在教育竞争力方面的优势主要体现在基础教育和高等教育创新能力方面，在中等教育和高等教育的规模与质量、职业培训的质量和投入充足度等方面与部分金砖国家仍存在差距，今后如果不对有关弱势指标加以关注，将难以维持中国全球竞争力在金砖国家中的领先优势（见表 1-4）。

表 1-4　2015 年金砖国家部分教育相关指标排名比较

项目	中国	印度	巴西	南非	俄罗斯
全球竞争力总排名	28	55	75	49	45
4.09 基础教育的质量	55	52	132	127	56
4.10 基础教育入学率	20	77	112	102	51
5.01 中等教育入学率	74	105	35	12	56
5.02 高等教育入学率	83	86	84	93	18
5.03 教育系统的质量	56	43	132	138	82
5.04 数学和科学的教育质量	49	63	134	140	58
5.05 管理院校的质量	85	55	84	24	100
5.06 学校互联网使用率	47	100	97	119	36
5.07 高质量职业培训的可获得性	63	68	101	41	56
5.08 职工培训投入度	50	48	61	19	83
12.01 创新能力	49	50	80	32	84
12.02 科学研究机构的质量	42	45	80	33	58
12.04 大学-产业的合作研究	32	50	54	31	67
12.06 科学家和工程师的可获得性	36	49	115	106	64

资料来源：*The Global Competitiveness Report 2015-2016*。

第二节 职业教育对全球竞争力提升的贡献度

在全球竞争力指标体系的 114 项指标中，有 10 项指标与职业教育和培训相关，而中国的这 10 项指标均排在第 40 之后，远落后于自身的全球竞争力总排名。因此，中国若要提升全球竞争力，从效率驱动阶段发展到创新驱动阶段，必须补齐职业教育这块"短板"，使其由中国提升全球竞争力排名的制约因素转变为驱动因素。

一、职业教育相关指标权重分析

（一）职业教育相关指标在全球竞争力指标体系中的权重

本书所研究的职业教育是一个在广义上涵盖职前教育、就业培训、在职培训的统一而连续的过程。在全球竞争力各项指标中，除了"高等教育与培训"支柱中有 5 项教育指标与职业教育相关外，"技术就绪度"和"企业成熟度"支柱中也有 5 项指标与职业教育关系密切（见表1-5）。

表 1-5 2015 年中国职业教育相关指标排名

支柱	具体指标	排名	与职业教育的关系
第 5 支柱：高等教育与培训	5.01 中等教育入学率	74	中等教育入学率包含中等职业教育入学率
	5.02 高等教育入学率	83	高等教育入学率包含高等职业教育入学率

续表

支柱	具体指标	排名	与职业教育的关系
第5支柱：高等教育与培训	5.03 教育系统的质量	56	在各类教育中，职业教育对经济的影响力越来越大，与经济的密切程度越来越高，职业教育的发展水平是衡量一个经济体的教育发展能否适应经济发展需要的重要指标
	5.07 高质量职业培训的可获得性	63	在职培训的质量及投入水平直接与职业教育相关
	5.08 职工培训投入度	50	
第9支柱：技术就绪度	9.02 企业层面的技术吸收	66	企业对技术的吸收程度在很大程度上取决于企业的劳动者对技术的吸收能力，取决于职业教育对技能型人才的培养水平
第11支柱：企业成熟度	11.02 本地供应商的质量	63	企业能否拥有新技术、新工艺，能否开发出新产品，能否拉长出口国内增值链条，能否提高企业的核心竞争力，取决于职业教育能否为促进企业升级培养相应的技能型人才
	11.04 竞争优势的性质	48	
	11.05 价值链的广度	43	
	11.07 生产工艺的先进性	49	

资料来源：*The Global Competitiveness Report 2015-2016*。

通过前文分析可知，无论是对处于效率驱动阶段的经济体，还是对处于创新驱动阶段的经济体，教育都是提升其全球竞争力的关键因素，具有基础性地位。在全球竞争力指标体系的14项教育指标中，有5项与职业教育直接相关，可见职业教育的地位不容忽视。在全球竞争力指标体系的 114 项指标中，有 10 项指标与职业教育相关，可见职业教育的地位之重、涉及范围之广。这也进一步印证了金融危机后，美国、英国、德国等主要发达国家纷纷将发展教育尤其是职业教育作为其经济发展重要战略的合理性与必要性。

中国与职业教育相关的 10 项指标均排在第 40 之后，远落后于全球竞争力总排名，可见尽管中国职业教育在近年来取得了较大发展，但仍未充分发挥其应有的驱动作用。因此，提升中国的整体竞争力需要从人力资本供给端入手，加快发展现代职业教育。

（二）职业教育相关指标对全球竞争力总排名的影响

通过线性拟合分析可以得出：全球竞争力总分数每提高 0.1 分，全球竞争力总排名近似向前靠近 3.5 位（见图 1-2）。在假定其他指标排名不变的情况下，5 项职业教育相关指标每前进 1 位，"高等教育与培训"支柱得分近似提高 0.023 分（见图 1-3）。由表 1-2 可知，"高等教育与培训"支柱分数在全球竞争力指标体系中所占权重为 8.5%，这表示"高等教育与培训"支柱每提高 1 分，全球竞争力总分数便可提高 0.085 分。因此，5 项职业教育相关指标每前进 1 位，全球竞争力总排名近似前进 0.07 位。

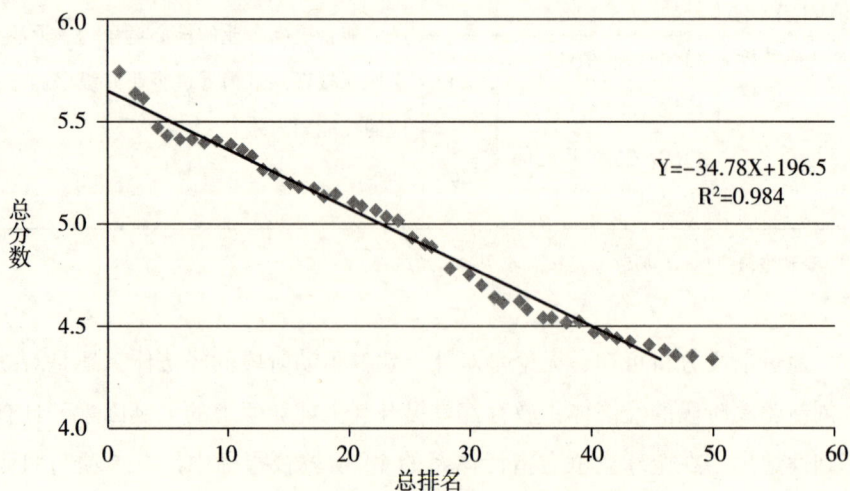

$$Y = -34.78X + 196.5$$
$$R^2 = 0.984$$

图 1-2　全球竞争力总排名与总分数关系拟合图

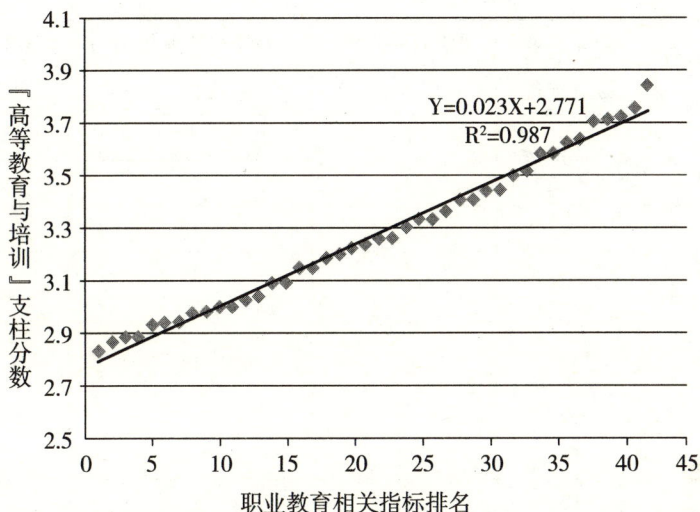

图1-3 职业教育相关指标排名与"高等教育与培训"支柱分数关系拟合图

二、职业教育主要相关指标与全球竞争力排名相关性分析

对 2015 年全球竞争力排名领先的经济体的职业教育主要相关指标（教育系统的质量、高质量职业培训的可获得性、职工培训投入度）的排名进行分析，可以发现，一个经济体培养、吸引、利用和支持人才发展的能力与其竞争力高度相关（见表 1-6）。排名领先的经济体，大多在上述职业教育主要相关指标方面表现良好，可见建立适应经济发展的教育体系、大力发展现代职业教育与培训，是一个经济体全球竞争力排名持续提升的强劲驱动因素。

表 1-6 2015 年全球竞争力排名前 28 的经济体职业教育主要相关指标排名

经济体	全球竞争力总排名	"教育系统的质量"排名	"高质量职业培训的可获得性"排名	"职工培训投入度"排名
瑞士	1	1	1	1
新加坡	2	3	8	4
美国	3	18	11	14

续表

经济体	全球竞争力总排名	"教育系统的质量"排名	"高质量职业培训的可获得性"排名	"职工培训投入度"排名
德国	4	10	5	13
荷兰	5	8	2	9
日本	6	27	19	6
中国香港	7	20	15	23
芬兰	8	4	4	10
瑞典	9	25	14	8
英国	10	21	7	21
挪威	11	11	9	7
丹麦	12	16	13	16
加拿大	13	14	16	25
卡塔尔	14	2	17	5
中国台湾	15	46	23	27
新西兰	16	7	24	18
阿拉伯联合酋长国	17	12	20	12
马来西亚	18	6	12	3
比利时	19	5	3	11
卢森堡	20	23	22	2
澳大利亚	21	13	10	24
法国	22	30	18	28
奥地利	23	37	6	15
爱尔兰	24	9	21	20
沙特阿拉伯	25	47	74	53
韩国	26	66	48	36
以色列	27	52	46	43
中国	28	56	63	50

资料来源：*The Global Competitiveness Report 2015—2016*。

通过以下散点图（见图 1-4、图 1-5、图 1-6）可以看出，2015 年全球竞争力排名前 28 的经济体职业教育主要相关指标（教育系统的质量、高质量职业培训的可获得性、职工培训投入度）的排名集中居于前 30，而中国的排名分别为第 56、第 63、第 50。中国职业教育相关指标的排名不仅落后于其全球竞争力总排名，而且远落后于全球竞争力排在中国之前的经济体的相关指标排名，因此，提升中国全球竞争力排名的关键任务之一就是发展现代职业教育，发挥其对中国全球竞争力排名的推动作用。

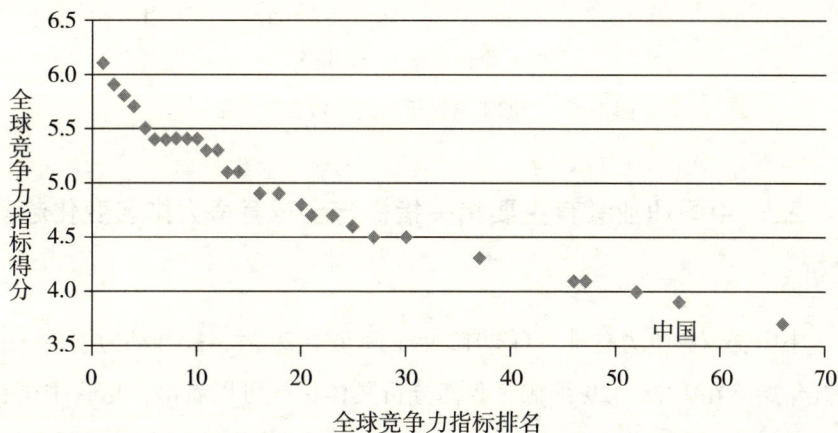

图 1-4 "教育系统的质量"排名散点图

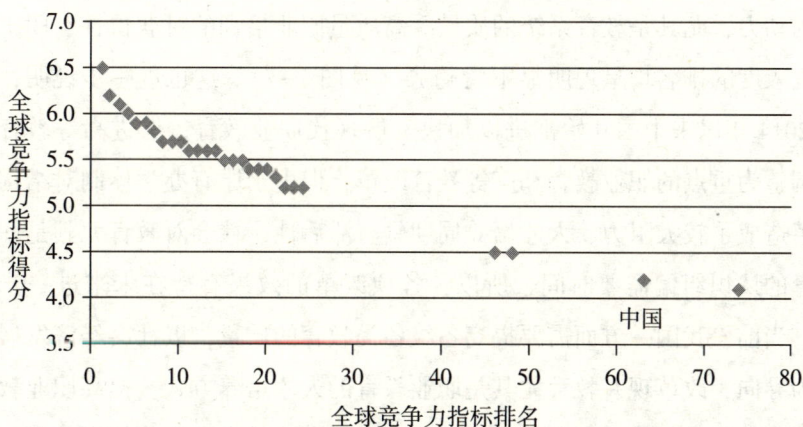

图 1-5 "高质量职业培训的可获得性"排名散点图

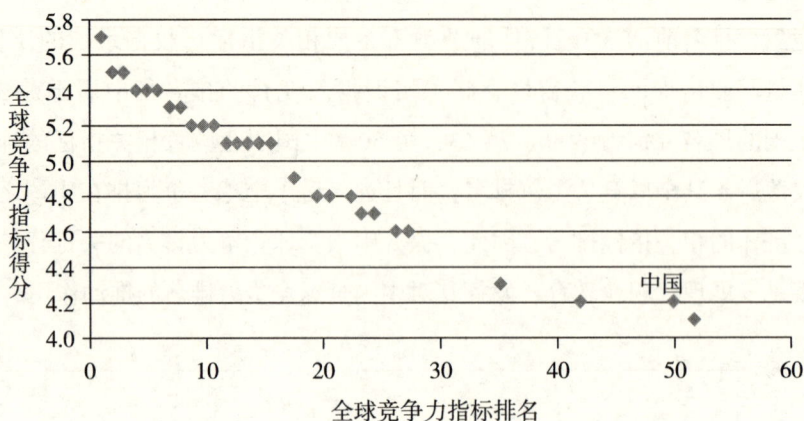

图1-6 "职工培训投入度"排名散点图

三、中国职业教育主要相关指标与全球竞争力排名变化趋势分析

中国全球竞争力总排名自 2012 年下降至第 29 后，提升动力不足，之后几年始终在第 28、29 徘徊。我们分析具体指标可以看出，尽管中国在基础设施、宏观经济、技术就绪度、企业成熟度等领域的表现不断向好，但是制度环境、高等教育与职业培训领域的欠佳表现抵消了整体竞争力提升的动力，尤其是教育系统的质量、高质量职业培训的可获得性、职工培训投入度的排名均呈现明显下滑趋势（见图 1-7）。这也进一步说明，尽管 2014 年以来中国开始推进以加快发展现代职业教育、促进高等教育结构调整为重点的职业教育和高等教育改革，但由于原有办学体制对结构性改革造成了较大阻力、人才培养周期具有滞后性、社会对教育尤其是职业教育的认识纠偏需要时间，所以，各项改革的效果有待在未来进一步释放。当前，我国一方面需要提高各级各类教育的质量，以社会经济发展需求为导向，改革现有教育尤其是职业教育的人才培养方式，提高职业教育与经济发展的匹配度；另一方面，需要实现学校教育和职业培训并举，促进学校与企业发挥各自资源优势，联合开展高质量、有针对性的职业培

训，加大职工培训投入力度，提高企业职工教育培训经费及就业经费、扶贫和移民安置资金等各类资金在职业培训中的使用效益。

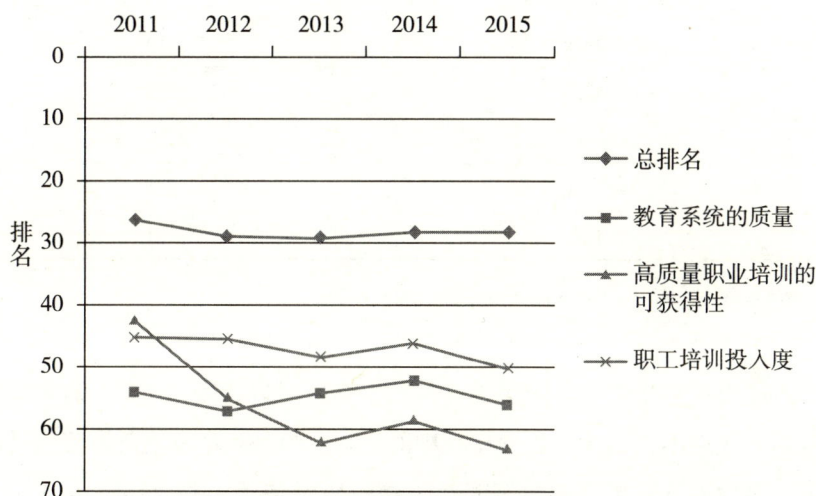

图 1-7　2011—2015 年中国职业教育主要相关指标的排名变化

四、中国与创新驱动阶段经济体职业教育相关指标的比较分析

2015 年，中国 12 个支柱中排名最靠后的是"高等教育与培训"（第68）和"技术就绪度"（第74），这两个方面已严重制约了中国全球竞争力的提升速度，是各项支柱中的短板（见表 1-7）。

表 1-7　2015 年中国全球竞争力各支柱的排名

支柱	排名
制度	51
基础设施	39
宏观经济	8
健康与基础教育	44
高等教育与培训	68
商品市场效率	58

续表

支柱	排名
劳动力市场效率	37
金融市场成熟度	54
技术就绪度	74
市场规模	1
企业成熟度	38
创新	31

资料来源：*The Global Competitiveness Report 2015–2016*。

通过观察全球竞争力蛛网图（见图 1-8）可以发现，"高等教育与培训"这一支柱不仅是中国各项支柱中的短板，也是效率驱动阶段经济体的短板，平均得分为 4 分多，而创新驱动阶段经济体的得分一般在 6 分左右，中国与创新驱动阶段经济体在"高等教育与培训"这一支柱上的得分相差 1 分多。中国若要从效率驱动阶段向创新驱动阶段跃升，必须提升"高等教育与培训"的排名与得分。而在这一支柱的 8 个指标中，有 5 个与职业教育相关（中等教育入学率、高等教育入学率、教育系统的质量、高质量职业培训的可获得性、职工培训投入度）。因此，应从规模和质量

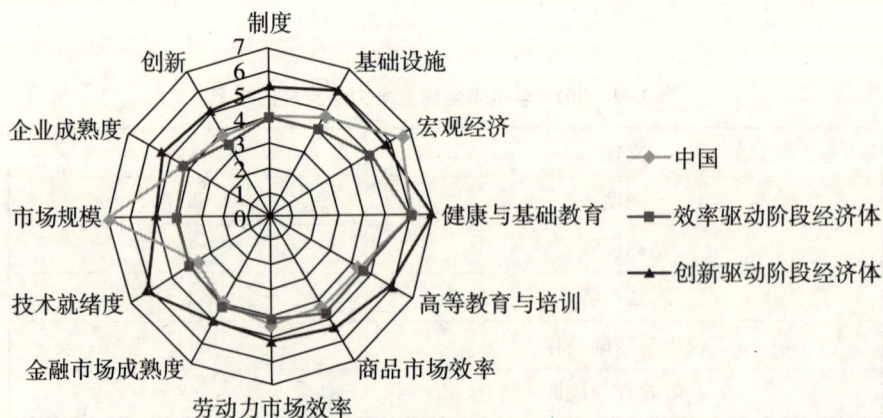

图 1-8　全球竞争力蛛网图

两方面提升职业教育发展水平，使其由中国提升全球竞争力排名的制约因素转变为驱动因素。

第三节 提升中国全球竞争力对建设现代职业教育体系的客观要求

世界经济论坛指出，"高品质的高等教育与培训对于一个经济体提升价值链以超越简单生产工艺和产品具有至关重要的作用。当今经济全球化的发展要求各国培养大量受过良好教育、能够迅速适应社会环境变化以及产业体系发展的劳动力。职业培训在很多国家被忽视了，但实际上具有重要作用，因为此类培训能确保劳动者技能的不断提升"[①]。

提升中国全球竞争力排名，必须提升中国全球竞争力各项指标的得分，尤其要提高排名靠后的相关指标的得分。在全球竞争力指标体系的114项指标中，有10项指标与职业教育相关，而中国的相关排名均在第40之后，因此，中国在建设现代职业教育体系的过程中，必须加强对这些指标的关注，从规模、结构、质量、投入、创新等方面提升职业教育水平，扩大职业教育的普及面，增强职业教育的匹配度，提升职业教育的竞争力，拓宽职业教育的投入源，加强职业教育的创新性，通过大力发展现代职业教育推动中国全球竞争力的持续提升。

一、扩大职业教育的普及面——建立面向社会、面向人人的现代职业教育体系

全球竞争力指标体系中的中等教育入学率和高等教育入学率分别指中

---

① Schwab L, Sala-i-Martín X. The global competitiveness report 2011-2012 [R/OL]. (2011-10-29) [2016-11-18]. http：//www.weforum.org/reports/global-competitiveness-report-2011-2012.

等教育和高等教育的毛入学率。《2015—2016 全球竞争力报告》显示，中国中等教育入学率为 89.0%（排名第 74），高等教育入学率为 26.7%（排名第 83），低于 144 个经济体的平均水平，其中中等教育入学率低于金砖国家中的巴西、南非、俄罗斯，高等教育入学率低于俄罗斯。

从教育供给端看，随着中国人口增速趋缓，未来十年，中国高中及高等教育阶段学龄人口规模将呈下降趋势，而随着高中教育的普及和高等教育入学率的提升，中国高中教育阶段和高等教育阶段学生规模将呈现扩大趋势；从教育需求端看，当前中国技术技能型人才尤其是高端技术技能型人才始终处于供不应求状态，以 2015 年为例，中国高级技师、高级工程师、高级工的求人倍率分别为 1.94、1.81、1.77。对此，课题组提出如下建议。

一方面，应当增强中等、高等职业教育对学生的吸引力，吸收大部分高中教育阶段和高等教育阶段毛入学率提高所带来的学生增量。发挥中等职业教育免学费、就业好的优势，吸引更多的高中适龄人口就读中等职业学校，从而填补高中教育阶段供求缺口，满足社会对技术技能型人才的需求，防止高中教育沦为大学的选择机制；吸引更多的大学适龄人口就读高等职业学校，促进地方普通本科院校向应用型院校转变，从而满足社会对高端技术技能型人才的需求，提高高等教育的就业率。同时，应当清醒地认识到学龄人口规模不断下降的趋势，有效控制中等、高等职业教育发展规模，促进职业教育由规模扩张向质量提升转变。

另一方面，应当加强各种形式的面向技术技能型人才的继续教育，以应对经济结构调整和产业优化升级对技术技能型人才尤其是高端技术技能型人才的迫切需求。若要满足未来十年中国对技术技能型人才规模与质量的迫切需求，仅仅依靠中等、高等职业教育全日制毕业生的输送是不够的，必须大力发展职业培训，充分发挥其在岗位证书培训和资格证书培训方面的重要作用。职业学校应当加强向技术技能型人才提供继续教育的能力；将职业学校建成地方政府、行业和企业的技术技能型人才继续教育基地；针对技术提升、技能深化、岗位转化的需求，实现全日制教育与在职培训并举，增强职业学校的竞争力。

二、增强职业教育的匹配度——建立适应经济发展需求的现代职业教育体系

全球竞争力指标体系中的"教育系统的质量"的得分来自高管调查问卷，具体评分标准为"你们国家的教育系统是否能够很好地满足经济发展的需要［1＝不能很好满足；7＝能够很好满足］"。

全球竞争力指标体系高管调查问卷评分标准：

你们国家的教育系统是否能够很好地满足经济发展的需要

［1＝不能很好满足；7＝能够很好满足］

环1……表示你完全同意左手的答案

环2……表示你大部分同意左手的答案

环3……表示你有些同意左手的答案

环4……表示你意见中立

环5……表示你有些同意右手的答案

环6……表示你大部分同意右手的答案

环7……表示你完全同意右手的答案

资料来源：*The Global Competitiveness Report 2015-2016*。

《2015—2016 全球竞争力报告》显示，中国该项指标得分为 3.9，排名第56。这说明参与调查的高管们并不认为中国的教育系统能够充分地满足经济发展的需要。在各类教育中，职业教育对经济发展的影响越来

大，在教育对经济的贡献率中，职业教育占 25%—35%。① 中国若要在激烈的国际竞争中实现全球竞争力的持续提升，就必须在科学发展观的指导下，加快经济发展方式的转变，加快产业结构的调整升级，加快战略性新兴产业的发展。而经济可持续发展需要数以亿计的产业工人、新型农民等技术技能型人才，大规模、高素质劳动者的培养必须依靠大力发展现代职业教育。因此，若要提高中国此项指标的得分，建立满足经济发展需要的教育系统，一方面应当改变现有人才培养结构，大力发展处于弱势的职业教育，建立普通教育与职业教育地位平等且相互衔接沟通的"H"形人才培养与评价体系；另一方面，应当提高职业教育与经济发展的匹配度，建立适应经济发展需求的现代职业教育体系。

（一）促进职业教育由层次到类型的转化，使人才培养与评价体系由"h"形转变为"H"形②

1. "h" 形人才培养与评价体系

中国学生在接受九年义务教育之后，开始分流，有的进入普通教育系列，有的进入职业教育系列。由于目前普通教育已经达到了博士研究生教育层次，而职业教育只达到专科教育层次，因此整个人才培养体系呈"h"形（见图 1-9），且普通教育与职业教育之间缺乏沟通。这两个教育系列的学生毕业以后往往会被打上"干部或知识分子""工人"等不同社会身份的印记，两者的差别在"高考的功利导向"下被进一步凸显。

在人才评价体系上，也同样存在"h"形结构，研究型、应用型人才的晋升阶梯比技术型人才更多，两条并行的发展路径到副高级时产生分化（见图 1-10）。目前中国高级技师的福利待遇与高级工程师相当，但是在职业技术领域，仍缺少向上拓展的空间，缺乏激励高端技术技能型人才不断提高技能水平的机制。

---

① 参见鲁昕同志主持的课题"职业教育的公益性质及其实现形式"的子报告"职业教育对经济社会的贡献率研究"。

② 潘晨光. 中国人才发展报告（2011）[M]. 北京：社会科学文献出版社，2011：88-94.

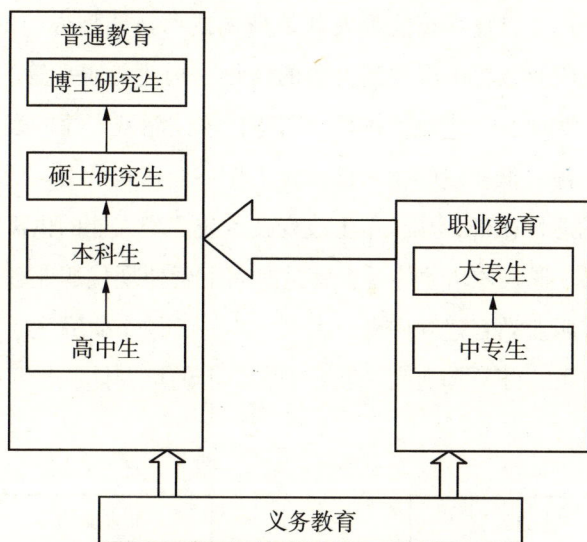

图1-9　"h"形人才培养体系

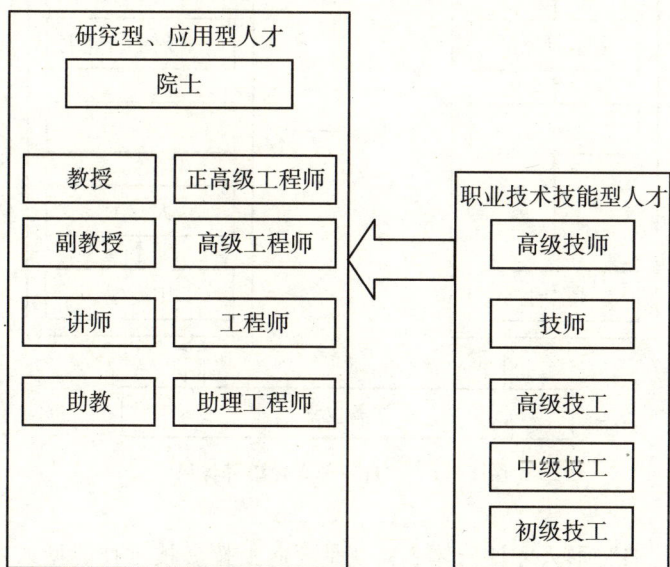

图1-10　"h"形人才评价体系

2. "H"形人才培养与评价体系

"h"形人才培养与评价体系难以支撑中国经济的可持续发展，难以满足新形势下社会对技术技能型尤其是高端技术技能型人才的迫切需求，因此应当促进职业教育由层次到类型的转化，构建普职平等的"双线制"教育模式，改变现有人才评价体系，拓宽技术技能型人才的发展空间，从而改变职业教育"低质量学生—低地位工作—低福利待遇—低社会评价—低入学率"的恶性循环，从根本上改变技术技能型人才的供需矛盾。

建立"H"形人才培养体系，就是要向上延伸现代职业教育体系的发展空间，允许职业教育建立中专、大专、本科、硕士研究生、博士研究生的贯通培养体系，并与普通高等教育本科以上的培养体系相互衔接（见图1-11）。

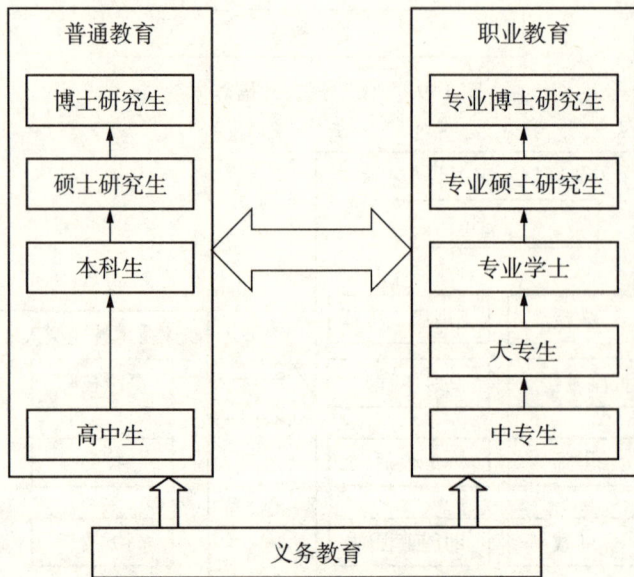

图 1-11　"H"形人才培养体系

建立"H"形人才评价体系，就是要向上拓展技术技能型人才的发展空间，打通其与研究型人才的转化通道，提升技术技能型人才的薪酬水平，从而增强技术技能型行业的吸引力，加大高端技术技能型人才所占比重，激发技术技能型人才的发展活力，改变技术技能型人才的短缺状况（见图 1-12）。

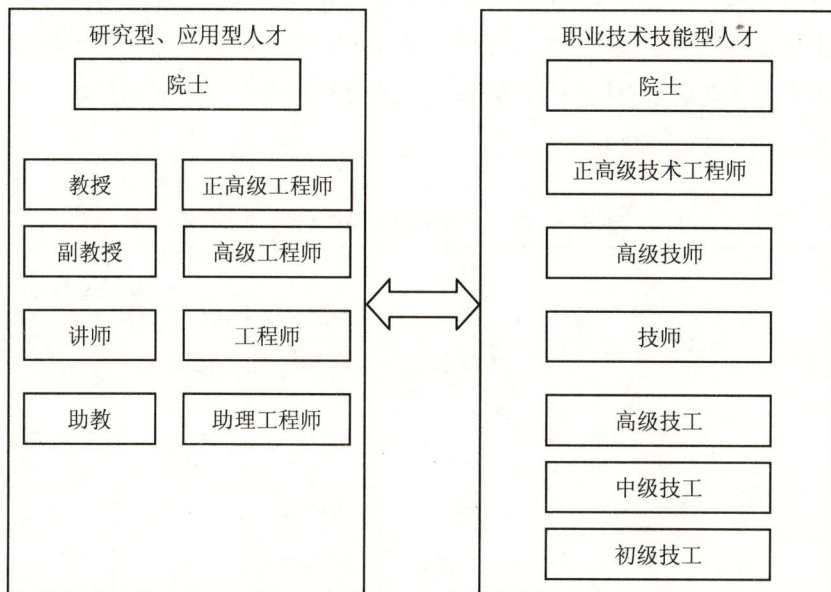

图 1-12 "H"形人才评价体系

（二）增强职业教育服务经济发展的能力

当前中国高技能人才尚不能完全满足产业优化升级的要求（见表 1-8）。在第一产业，具有现代农业知识技能的中间技术人才和生产人才奇缺；在第二产业，金属工业、机械工业及建筑业的高技能人才在各自从业人员中的比重均呈负增长趋势；在第三产业，能够胜任现代服务业要求的高技能人才十分匮乏。

当前创新驱动发展、"中国制造 2025"、"互联网+"、"大众创业、万众创新"、"一带一路"建设，以及大力推进农业现代化、构建产业新体系等重大国家战略的推进，对人才培养的规模、层次、结构都提出了新的要求。因此，我国必须增强职业教育服务经济发展的主动性、及时性和前瞻性，使职业教育与经济发展方式转变相匹配，与新产业体系构建相匹配，与开放型经济发展相匹配，与工业化、城镇化、现代化进程相匹配，与区域经济发展相匹配，与企业技术进步相匹配。具体而言，就是要在现代职业教育体系建设中，针对重点产业结构调整和产业布局优化、现代农业和制造业升级、战略性新兴产业和现代服务业发展，调整专业设置和培养方式，重点推进人才培养方式的"五个对接"，即专业与产业对接、课程内容与职业标准对接、教学过程与生产过程对接、学历证书与职业证书对接、职业教育与终身学习对接。

表 1-8　2009—2020 年中国高技能人才分大行业需求预测

行业分布	2009—2020年高技能人才需求增长量（人）	2020年分行业需求(人)	2020年需求占比（%）	2009—2020年需求增长占比（%）
制造业	3985810	16527953	40.70	40.09
建筑业	2168259	8755366	21.56	21.81
批发和零售业	579246	2270877	5.59	5.83
采矿业	525995	2021032	4.98	5.29
交通运输、仓储和邮政业	407315	1668080	4.11	4.10
电力、燃气及水的生产和供应业	282573	1247439	3.07	2.84
公共管理和社会组织	234211	973021	2.40	2.36
租赁和商务服务业	268074	957158	2.36	2.70
科学研究、技术服务和地质勘查业	223512	938064	2.31	2.25
教育	204393	888646	2.19	2.06
房地产业	192632	746839	1.84	1.94
住宿和餐饮业	169221	721674	1.78	1.70
水利、环境和公共设施管理业	142114	628150	1.55	1.43
农、林、牧、渔业	160895	585933	1.44	1.62
信息传输、计算机服务和软件业	119328	495311	1.22	1.20
卫生、社会保障和社会福利业	92771	391787	0.96	0.93
居民服务和其他服务业	80935	335072	0.83	0.81

续表

行业分布	2009—2020年高技能人才需求增长量（人）	2020年分行业需求(人)	2020年需求占比（%）	2009—2020年需求增长占比（%）
按文化、体育和娱乐业	71444	328295	0.81	0.72
金融业	34473	13341	0.33	0.35

资料来源：《高技能人才队伍建设中长期规划（2010—2020 年）》。

三、提升职业教育的竞争力——建立具有国际竞争力的现代职业教育体系

全球竞争力指标体系中的"高质量职业培训的可获得性"的得分来自高管调查问卷，具体评分标准为"在你们国家，高质量、专业化的培训服务的获得程度 [1＝很难获得；7＝能够广泛获得]"。

《2015—2016 全球竞争力报告》显示，中国该项指标得分为 4.2，排名第 63。这说明中国目前缺乏高质量、专业化的培训服务。尽管中国已经具备了培养大规模的中高级技能型、应用型人才的能力，但中国的职业教育质量与发达国家相比还存在一定差距。因此，我国应当提升职业教育的国际竞争力，建设一批具有"世界水准、中国特色"的职业教育院校和培训机构。课题组在参考波特（M. Porter）提出的"钻石理论"模型、世界大学排名体系，以及中国学者对教育竞争力、职业教育竞争力的研究成果的基础上[1]，初步构建了职业教育国际竞争力指标体系，包括 6 项一级指标和 14 项二级指标（见表 1-9）。

---

① 薛海平，胡咏梅. 国际教育竞争力的比较研究 [J]. 教育科学，2006（1）：80-84；陈衍，李玉静，房巍. 中国职业教育国际竞争力比较分析 [J]. 教育研究，2009（6）：94-95.

表 1-9　职业教育国际竞争力指标体系

一级指标	二级指标	权重（％）
职业教育结构	职业教育中"国际教育标准分类"① 教育层次的涵盖情况	10
职业教育规模	职业教育注册学生人数占所有教育类型注册学生人数的百分比	15
	职业教育毛入学率	
职业教育效率	职业教育学生毕业率	10
	职业教育学生升学率	
	接受职业教育学生获得职业资格证书的比例	
职业教育质量	职业教育科学研究水平	30
	职业教育国际化水平	
	职业教育生师比	
	职业教育"双师型"教师人数占教师总人数的比例	
职业教育产出	接受职业教育人口就业率	20
	接受职业教育人口收入水平	
职业教育投入	职业教育生均经费投入占人均 GDP 的比重	15
	职业教育财政性教育经费投入占 GDP 的比重	

对照上述指标，中国职业教育发展主要存在如下问题。

第一，在结构上，职业教育培养类别多样化不足。依照"国际教育标准分类"，中等和高等职业教育包括 3B、3C、5B 三种类型，而中国目前为"3C+5B"。

第二，在效率上，职业学校学生获得双证书比例偏低，高等职业教育被限定在专科教育层次，成为"断头教育"，难以吸引优秀生源进入技术技能型人才发展轨道。

———————————

① "国际教育标准分类"（international standard classification of education）是联合国教科文组织于 1976 年制定的。

第三，在质量上，职业教育科研的支撑力量薄弱，国际化程度不够，"双师型"教师缺乏。与发达国家相比，中国职业教育科研的支撑力量薄弱，科研经费投入不足，科研人员严重缺乏，科研成果缺乏战略性、前瞻性和针对性；职业教育国际合作形式单一，缺乏具有国际影响力的职业教育国际学校和职业教育集团，职业教育跨境合作联盟尚处于建立初期；职业教师数量严重不足，中等职业教育生师比远高于普通高中教育，且"双师型"教师十分匮乏，职业教师缺乏相关职业领域的能力和经验。

第四，在投入上，职业教育财政性经费投入占总财政性教育经费及GDP 的比重低于国内其他教育类型，且政府投入水平低于国际平均水平，职业教育生均经费水平偏低，国家标准欠缺。

因此，在建立现代职业教育体系的过程中，应当以职业教育国际竞争力指标体系为发展依据，建立具有结构科学、规模相当、效率最佳、质量优异、投入较大、产出良好的现代职业教育体系，增强社会对职业教育和职业培训的认同度，提高职业教育的吸引力和影响力。具体而言，应重点在以下四方面取得突破。

第一，在结构上，应当健全职业教育的培养层次和类别。在有需要的地方继续办好初等职业学校；重点发展中等职业教育，总体保持普通高中和中等职业学校的招生规模大体相当；在办好现有专科层次高等职业（专科）学校的基础上，发展应用技术类型高校，培养本科层次职业人才。

第二，在效率上，应当加强对职业学校学生职业技能的培养，提高获得双证书学生的比重。打通高端技术技能型人才培养渠道，在重点专业领域试点专业本科和专业硕士制度，鼓励普通高校设置或改革社会急需的高端技术技能型人才相关专业，建立与高等职业教育的衔接、连读机制。

第三，在质量上，加强职业教育科研力度。成立全国职业教育科研工作领导机构，加强国家、省市各级职业教育科研机构、高等学校职业教育科研机构及职业教育学术团体建设，完善科研工作交流与合作机制，健全科研管理制度，加强对优秀科研成果和科研人员的奖励，创新职业教育科研的内容与方法，注重国际比较、调查研究和协同创新；提升职业教育国际化水平，通过与世界各国和地区职业教育的交流与合作，创造类型多样、实效突出、合作深入的职业教育国际化实现形式，试点本土国际化模式，建立国际化培养衔接机制，搭建国际化合作平台，完善国际化保障机制；加大合格职业教育教师的培养规模，提高教师的整体素质，完善"双师型"教师培养模式和评价机制。

第四，在投入上，应当加大职业教育投入。从投入来源、投入结构和投入水平三方面改革职业教育投入制度，提高职业教育财政性经费投入占GDP 的比重，提高职业教育生均经费水平，制定生均经费及生均拨款的国家标准。

四、拓宽职业教育的投入源——建立政府主导、行业和企业积极参与的现代职业教育体系

全球竞争力指标体系中的"职工培训投入度"的得分来自高管调查问卷，具体评分标准为"在你们国家，公司对职工培训和发展的投入情况[1＝很少投入；7＝投入很多]"。

《2015—2016 全球竞争力报告》显示，中国该项指标得分为 4.2，排名第50。这说明目前中国企业对职工培训重视不够、投入不足，其中存在的问题主要表现在以下三个方面。

一是企业对职工培训投入不足。2005 年《国务院关于大力发展职业教育的决定》要求企业按照职工工资总额的 1.5%—2.5%提取教育培训经费，列入成本开支，用于职工特别是一线职工的教育和培训，但这一要求在实践中并未得到有效执行，企业对职工普遍"重使用、轻培训"，不愿按比例提取足额经费用于职工培训。同时，由于缺乏监管，相关资金存在挪用、不用或少用于一线职工的现象。

二是企业的职工培训渠道不畅。不同类型、不同规模的企业对职工培训的重视程度不同，一些中小企业尚未建立对职工进行岗前培训、在职培训和转岗培训的制度，与职业院校缺乏有效对接，导致部分职业院校生源逐年下降，面临生存危机，也导致许多企业职工缺乏培训，且求学无门。

三是行业、企业举办职业教育的积极性下降。1978—1986 年，行业、企业举办的成人高校、成人中专、技工学校等达 3.5 万余所。2009 年，行业、企业举办的高等职业院校仅 155 所，中等职业学校的办学规模也大大缩小。① 由于国家对行业、企业举办职业教育的职责、地位规定不清，导致此类职业学校不具备独立的法人资格，既无法享受公办学校的优惠，也无法享受民办学校的政策，陷入发展困境。

企业既是职业教育实施的责任主体，又是职业教育的直接受益者。鼓励行业、企业参与举办职业教育，落实企业对于职工培训的经费投入和实施效果，对于拓宽职业教育投入来源、缓解职业教育经费短缺、提高企业生产效率和管理水平具有重要意义。

第一，政府要落实企业足额提取职工教育培训经费的执行和鼓励政策。《劳动部关于贯彻实施〈职业教育法〉的通知》规定，对未按规定用足职工教育经费和未开展职工培训的企业，当地人民政府可依法收取企业应当承担的职工教育经费，专向用于职业培训。地方政府应当按比例提取企业职工教育培训经费，用于发展本地的公共职业教育，同时引导行业协会按比例提取职工教育培训经费，组织开展行业内职工培训。

第二，政府应当通过税收优惠、保障政策、购买服务、财政扶持等激励政策鼓励企业委托职业学校进行职工培训，使企业能够节约培训成本、提高培训实效，使学校能够增加教育经费，加强校企合作，从而实现企业与学校的互利共赢。国家教育主管部门、人力资源和社会保障部门应当会同各行业，逐步建立系统的职业资格认证制度，通过上岗人员职业准入制度强化企业对职工的培训。

第三，政府应当借助相关法律和政策鼓励行业和企业举办职业教育。通过教育部门与其他部门的协调沟通，解决国有企业改革与国有企业举办职业教育之间的机制性矛盾；出台国有企业举办职业教育的鼓励措施；将

---

① 郭静. 现代职业教育体系建设背景下行业、企业办学研究 [J]. 教育研究, 2014 (3)：116-121, 131.

国有企业支持职业教育纳入国有资产监督管理委员会对国有企业的评价体系中，并根据办学效果给予奖励；对不支持职业教育的国有企业，根据其规模确定所应承担的义务，折算成等值金额缴入行业的职业教育基金中，用于行业内的职业教育补贴；鼓励通过行业主导组成国家和企业参股的职业教育集团；对于国有企业面向社会举办和参与举办的非营利性职业学校，应当将其性质界定为事业单位法人，在政策优惠、人事制度、财务制度等方面享有与非营利性民办职业学校同等的法律地位。①

五、加强职业教育的创新性——建立传授先进技术和创新能力的现代职业教育体系

除前文分析的与职业教育相关的 5 项教育指标外，在全球竞争力指标体系中，还有 5 项非教育类指标也与职业教育密切相关，2015 年中国这 5 项指标的排名和得分见表 1-10。

表 1-10　2015 年中国与职业教育相关的非教育类指标排名和得分

指标	评分标准	排名	得分
9.02 企业层面的技术吸收	你们国家的企业 ［1＝不能吸收新技术；7＝能充分吸收新技术］	66	4.7
11.02 本地供应商的质量	你们国家本地供应商的质量 ［1＝很差；7＝很好］	63	4.3
11.04 竞争优势的性质	你们国家的企业在国际市场上的竞争力主要来源于 ［1＝低成本或自然资源；7＝独特的产品和工艺］	48	3.8
11.05 价值链的广度	你们国家的出口企业的价值链 ［1＝很短，主要从事资源的开采或生产；7＝很长，不仅从事生产还参与产品设计、市场营销、物流和售后服务］	43	4.2

① 部分内容参考教育部职业教育国家政策专题调研报告《行业企业举办职业教育的现状、面临的问题和政策建议》。

续表

指标	评分标准	排名	得分
11.07 生产工艺的先进性	你们国家的生产过程是否先进［1＝不先进，是劳动密集型方式或落后的工艺技术；7＝很先进，是世界上最先进、最有效的生产技术］	49	4.1

资料来源：*The Global Competitiveness Report 2015-2016*。

从表1-10可知，中国上述5项指标的全球竞争力排名落后于总排名近20位，且落后于排在我国之前的经济体的相关指标排名。上述指标评价内容主要涉及企业对先进技术的吸收能力、拉长自身出口增值链条的能力及提高核心竞争力的能力，这些能力的提升将有助于企业在产品生产和服务的过程中提高效率，进而提高生产力，并最终提升一个经济体的竞争力。这对于一个经济体向创新驱动阶段发展具有重要的作用。

中国目前迫切需要从技术、品牌、质量、服务等各方面提高企业的核心竞争力，培育出口竞争新优势，拉长出口国内增值链条，鼓励企业应用新技术、新材料、新工艺、新装备改造和提升传统产业，促进企业管理创新。中国应支持企业提高装备水平、优化生产流程，加快淘汰落后工艺技术和设备，提高能源资源综合利用水平；鼓励企业增强新产品开发能力，提高产品技术含量和附加值，加快产品升级换代；推动研发设计、生产流通、企业管理等环节信息化改造升级，推行先进质量管理，促进企业管理创新；推动一批产业技术创新服务平台的建设。而上述任务的完成需要职业教育为促进企业培育相应的技术技能型人才，尤其是高端技术技能型人才。

因此，中国应当针对走新型工业化道路、不断提高现代化水平的要求，培养造就一大批活跃在创新一线、数量充足、结构优化、技艺精湛、勤于实践、善于创造的高端技术技能型人才队伍，充分发挥其在推动企业技术创新和实现科技成果转化中的骨干作用，从而加快产业结构的优化与升级，增强技术创新能力，提升生产技术和管理水平。职业教育所培养的活跃在生产一线的高端技术技能型人才，是推动技术创新和实现科技成果转化的重要力量，并且直接关系到能否加快推进产业结构优化升级、转变经济发展方式、提高自主创新能力、不断提高现代化水平，也直接关系到工人阶级能否在新的历史条件下巩固和发展自身的先进性。① 因此，在建立现代职业教育体系的过程中，必须充分关注上述指标评价标准，使得职业教育所培养的技术技能型人才不仅能够进行实际操作，而且可以掌握国际上最先进的技术，不仅能够应用技术，而且能够在实践中创新技术。

与此同时，中国应当依托职业教育与行业、企业紧密结合的优势，针对产业经济发展的核心问题，培育职业学校、科研院校或机构、行业、企业、地方政府等深度融合的协同创新中心，为地方政府战略决策、行业和企业重大需求提供技术支撑、人力资本支持。《教育部财政部关于实施高等学校创新能力提升计划的意见》提出，以"国家急需、世界一流"为根本出发点，探索建立面向科学前沿、产业发展、区域发展及文化传承创新的重大需求的协同创新模式，建成一批"2011协同创新中心"，使之逐步成为具有国际重大影响的学术高地、行业与产业共性技术的研发基地、区域创新发展的引领阵地和文化传承创新的主力阵营。在此大背景下，职业教育应当发挥其与行业、产业共生的天然优势，突破学校内部与外部的机制体制壁垒，通过科研院校或机构研发先进技术、职业学校培育应用新技术的高端技术技能型人才、行业和企业提供人员实习与技术应用平台、地方政府提供区域发展规划指导的方式，培育多团队深度融合的职业教育协同创新中心（见图1-13），为地方政府决策提供战略咨询服务，为企业发展提供先进技术和人力资本支持，从而促进产业结构调整和新兴产业发展，促进区域经济发展。

---

① 中国人事科学研究院课题组. 建设人力资源强国的对策研究［M］//国家发展和改革委员会."十二五"规划战略研究. 北京：人民出版社，2011：1009.

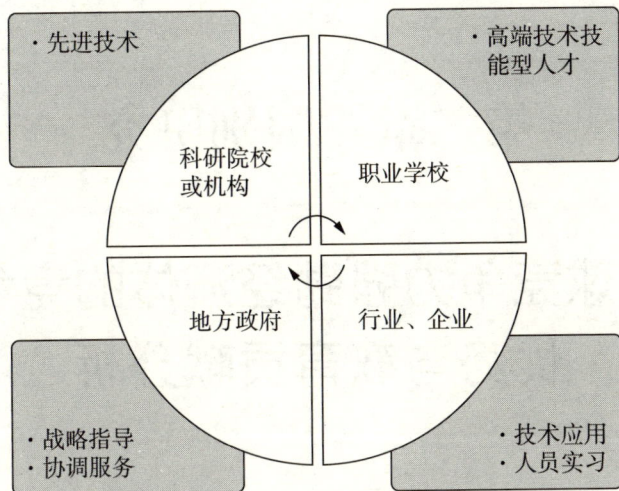

图 1-13　职业教育协同创新中心

第二章　国别研究

全球竞争力强劲经济体的竞争优势与教育贡献分析

当今世界，自主发展的经济模式逐步被相互竞争的模式所取代，各经济体必须在竞争中寻求平衡与发展。本章基于世界经济论坛最新公布的《2015—2016 全球竞争力报告》的核心内容，通过分析全球竞争力强劲经济体的指标，着重阐释具有代表性的经济体的可持续发展要素的特征与构成，并由此梳理出中国在经济转型过程中可能需要借鉴的国际经验。我们认为，在全球经济波动较大的特殊时期，通过选择性地探寻与借鉴其他经济体的发展经验，进而探究中国教育和科技创新等重点领域的发展规律，对于实现中国经济发展方式的转变、提升全球竞争力具有特殊意义。

第一节　全球竞争力位居前列经济体的竞争优势分析

一、基本背景

中国自改革开放以来，实现了多年的高速发展，2010 年以来经济总量跃居并保持世界第 2，2015 年人均 GDP 超过 8000 美元，社会发展水平和进步程度迈上了新台阶，经济发展成就毋庸置疑。但比较而言，中国在社会保障、医疗卫生、教育、创新及环境和生态建设等方面与发达国家或地区的差距还十分明显，尤其在中国城市化、工业化快速推进的过程中，相关社会配套体系和管理制度的建设未能及时跟进，影响了国家整体的竞争力水平。例如，虽然中国的国际地位比瑞士高很多，经济影响力也比瑞士大很多，但是从教育、医疗卫生、社会保障等指标来看，瑞士的社会发展水平和发展均衡程度却是中国目前所不可企及的。事实上，经济发展的一般规律是，一个经济体要想获得可持续的发展机会和能力，必须在经济社会演进中平衡好各种要素的投入水平，不断推进经济增长。我们认为，要想提高经济发展的质量，必须不断提高社会创新能力，并建立科学的制度体系，实现经济社会发展各个环节的平衡发展和协调一致，从而提高国家整体的可持续发展能力，提高国家应对日益激烈的国际竞争的能力。

目前，世界经济论坛所创立的全球竞争力指标体系被视为最具权威性的经济体竞争力评价体系，它在综合考虑决定一个经济体竞争力的宏观与微观经济因素的基础上，对影响该经济体持续稳定发展的指标进行分析并给出排名。在《2015—2016 全球竞争力报告》的经济体综合竞争力排名中，中国排名第 28，排在中国之前的 27 个经济体依次为：瑞士、新加坡、美国、德国、荷兰、日本、中国香港、芬兰、瑞典、英国、挪威、丹麦、加拿大、卡塔尔、中国台湾、新西兰、阿拉伯联合酋长国（以下简称阿联酋）、马来西亚、比利时、卢森堡、澳大利亚、法国、奥地利、爱尔兰、沙特阿拉伯、韩国、以色列。上述经济体，从社会发展水平来看，有的比较发达，有的还处于发展中；从经济总量来看，有的总量大，有的总量小。但我们从衡量全球竞争力的基本指标出发，经过详细的比对和分析，发现构成这些经济体竞争力的支撑要素具有一定的特殊性和规律性，而不仅仅与发展水平和经济总量相关。

二、全球竞争力排名前 10 的经济体的比较优势分析

在《2015—2016 全球竞争力报告》中，排名前 10 的经济体依次为：

瑞士、新加坡、美国、德国、荷兰、日本、中国香港、芬兰、瑞典、英国。尽管上述经济体在地理位置、自然环境、资源禀赋、经济结构、市场规模、社会体制、历史文化等方面均存在较大差异，但通过对竞争力指标的深度分析，我们发现上述经济体在某些领域表现出一定的共同特点，主要总结为以下几点。

（一）卓越的创新能力是经济发展的驱动力

创新能力是提升生产力水平的核心要素，是一个经济体的产业结构不断升级、社会经济可持续发展的源泉。排名前 10 的经济体在创新能力方面的表现十分突出，从创新驱动阶段各项支柱得分在全球竞争力总分中所占的比例来看，"创新"支柱占 15%，对创新驱动阶段经济体的全球竞争力的贡献度最大。可见，一个经济体只有拥有强大的创新能力，才能在激烈的国际竞争中把握先机、赢得主动。根据实现工业化和现代化的不同方式，世界上的经济体可分为三类：资源型经济体，主要依靠自身丰富的自然资源来发展经济；依附型经济体，主要依靠发达的资本、市场和技术来发展经济；创新型经济体，主要依靠科技创新形成日益强大的竞争优势。排名前 10 的经济体均为世界公认的创新型经济体，其创新能力在全球位居前列，均具有一个在政府和企业共同支持下的、能够充分激发创新活力的经济环境。这些经济体主要呈现出以下共同特征。

第一，整个社会创新投入高。政府通过创新经费支持和对社会资金的引导，保证国家层面和企业层面拥有较高的研发投入水平。上述经济体的研发支出占 GDP 的比例一般在 2%以上，企业研发投入占销售收入的比例一般在 3%左右。例如，瑞士每年将 GDP 的 3%用于研发。

第二，科研机构处于世界一流水平，重要产业的国际技术竞争力较强。上述经济体能够充分满足经济发展对高质量的高等教育体系的需求，能够培育出世界顶级的科研机构，拥有一批优秀的科学家、工程师等研发人员，能够研发出最新的技术与产品。例如，瑞士的欧洲核子研究中心、英国皇家学会、美国的兰德公司等。

第三，自主创新能力强。上述创新型经济体的对外技术依存度通常在

30%以下。它们的自主创新能力主要体现为能够研发具有自主知识产权的独特的核心技术，以及在此基础上实现产品与工艺的创新。

第四，政府支持下的以企业为主体的、产学研紧密结合的创新体系能够保障创新投入的高产出，科技进步贡献率达70%以上。例如，瑞士联邦技术创新委员会支持企业与大学之间的知识和技术转换长达60年之久。

第五，强有力的知识产权保护与激励机制能够确保专利申请的数量与质量。上述经济体的知识产权保护程度非常高。按人均比例计算，瑞士获得诺贝尔科学奖的人数比例是世界上最高的，人均专利权拥有量则排在世界前3位。

（二）较高的企业成熟度是提高产品和服务质量的重要支撑

较高的企业成熟度有利于在生产产品和提供服务的过程中增进效率，"企业成熟度"支柱不仅与一个经济体产业的整体质量有关，同时也从微观视角反映了企业的业务质量。在全球竞争力指标体系中该支柱与"创新"支柱对创新驱动阶段经济体的全球竞争力的贡献度一样大。全球竞争力排名前10的经济体的企业成熟度普遍较高，瑞士、日本、德国在该领域的表现位居世界前3，说明这一支柱对于创新驱动阶段经济体的重要性，这些经济体在该领域的表现具有以下共同点。

第一，拥有数量丰富、质量一流、具有强大国际竞争力的本地供应商，能够确保经济体的商业网络和支柱产业位于世界领先水平。上述经济体的企业拥有成熟的生产流程，且能够将世界上最先进高效的生产技术应用于其中，主要靠独特先进的生产工艺占领国际市场。例如，瑞士"高、精、尖、特"的产品在世界居于领先水平。

第二，强大且深度发展的产业集群广泛分布于各领域之中。新加坡、美国、德国等十分重视产业集群的发展，它们根据产业的经济特性，促进专业化分工及相关企业在地理范围上的相互联结与整合，加强企业间的合作，提升企业的创新能力和生产效率，从而提高产业的整体竞争力，推动区域经济的健康发展，并最终提升自身的全球竞争力。

第三，在品牌推广、市场营销、价值链建设、新产品生产及新工艺应用等各方面均具有现代的、成熟的业务流程。上述经济体的出口企业的价值链很长，企业不仅从事生产还参与产品设计、市场营销、物流和售后服务，德国在这一领域的表现最为突出。这些经济体的企业对跨国经营有较强的控制力，具有较强的市场销售能力和推广能力，善于充分运用世界上最先进的营销工具与技巧，将新技术、新产品充分而有效地转化为企业效益。

（三）高质量的教育与培训体系是培养高素质、高技能劳动者的基本保障

经济全球化要求各经济体培养大量受过良好教育、具有较强学习能力、能够迅速适应环境变化、满足产业结构调整需求的高素质和高技能的劳动者。高质量的教育与培训对于任何一个经济体全球竞争力的提升都具有重要作用，它主要包含两个方面的内容：一是高质量的高等教育与科研，二是高质量的职业教育与培训。尽管对于创新驱动阶段经济体来说，"高等教育与培训"支柱所占权重为8.5%，高质量的职业教育与培训提供的强大的人力资本支撑对"创新"与"企业成熟度"支柱的影响不容忽视。"创新"支柱的7项指标中有4项直接与高等教育相关，"企业成熟度"支柱的9项指标中有4项间接与职业教育相关。可以说，教育与培训既是"创新"能力与"企业成熟度"的基础保障，也是联结这两个支柱的重要纽带。值得一提的是全球竞争力排名前3的瑞士、新加坡、美国，其教育与培训指标也名列前茅。可见，这些经济体之所以能够不断创造经济发展的奇迹，就是因为其拥有"教育"这一最大的资本。我们认为，教育质量的提升能够对其他领域竞争力的提升产生直接的辐射作用，它们之间存在联动效应。上述经济体在教育领域的共同优势可以总结为：极高的教育体系与经济发展匹配度、充足的职业培训投入、较高的数学教育水平、较高的商业或管理院校的质量、较高的各级各类教育普及率。

（四）高效的技术转化能力是提高企业生产力的助推器

技术转化能力与创新能力密切相关，全球竞争力排名前10的经济体在该领域表现突出，它们均具有广泛的最新技术获取途径和较强的先进技术吸收能力。一个经济体的创新能力和企业对技术的应用吸收能力都具有相对独立性，因此，全球竞争力指标体系将其分为两个支柱进行分别评分。但我们在研究中发现，只有将二者紧密结合，使先进的科技发明能够为企业所用，才能真正提高企业的竞争力。一个经济体若要提高技术吸收能力，一方面需要广泛开发和应用信息与通信技术，为新知识、新技术流向经济部门创造良好的硬件条件；另一方面，需要有良好的高等教育与职业培训体制，它们不仅能够增强国民吸收最新技术的主动性，同时其培育的具有高生产效率和较强技术应用能力的劳动力，还能够帮助企业将最新技术成果迅速、充分、广泛地转化为现实生产力。

（五）优质的基础设施和制度环境是经济高效运行的前提

高质量的基础设施是一个经济体的经济高效运转的必要条件。全球竞争力位居前列的经济体均十分重视建立良好的运输和通信基础设施网络，因为基础设施是提升市场运行效率的先决条件。中国香港在此方面的优势明显，位列世界第 1。我们认为，良好的基础设施能使该经济体与其他经济体的市场联系大大加强。同样，稳定可信的制度环境对于社会的利润分配方式、政策成本分摊方式、投资决策和组织生产等都有重要意义。制度环境的主要决定因素是公共体制，它不仅包括一个经济体的法制环境，同时还包括政府对于市场的态度及管理效率。因为过分的官僚作风和形式主义、过度管制、政府合同中的欺诈行为、缺乏透明度和可信度及司法系统的政治化所产生的大量经济成本都将分摊给企业，并极大地延缓整个社会经济发展的进程。而诚实可信、透明高效的企业制度和道德标准，能够增强投资者与消费者的信心，促进市场的健康发展。芬兰、新加坡、新西兰在这方面排名世界前 3，值得我们学习和借鉴。

三、全球竞争力排名第 11 至第 27 的经济体的比较优势分析

在《2015—2016 全球竞争力报告》中，排名第 11 至第 27 的经济体依次为：挪威、丹麦、加拿大、卡塔尔、中国台湾、新西兰、阿联酋、马来西亚、比利时、卢森堡、澳大利亚、法国、奥地利、爱尔兰、沙特阿拉伯、韩国、以色列。我们经过详细的比对和分析，发现这些经济体具有一

些共同特点，主要表现为以下几个方面。

（一）健全的制度是强大的全球竞争力的基础

客观上，建立能够适应经济发展的制度创新体系是保持经济体竞争力的必要前提。所以，在现有的生产和生活环境条件下，通过创设新的、能更有效地激励人们行为的制度和规范体系来实现社会的持续发展和变革，是当今世界发展对各经济体提出的基本要求。因为所有创新活动都有赖于制度创新的积淀和持续激励，并最终以制度化的方式发挥作用，这是制度创新对一个经济体经济社会发展的根本意义所在。全球竞争力排名位于中国之前的经济体（除韩国外）在"制度"支柱上的排名均领先于中国，如卡塔尔、阿联酋、马来西亚、以色列等都拥有较为完善和科学的制度体系。与上述经济体相比，中国在知识产权保护、企业经营行为约束等方面的制度还不够健全，容易形成诸多管理漏洞，不利于提高社会生产效率，不利于提高国家整体竞争力。

（二）高度发达的科学技术是提升全球竞争力的核心要素

不论一个经济体拥有何种主体文化，技术都是其生产力发展的原动力。技术可以指物质，如机器硬件，也可以包含更为宽泛的概念，如软件系统、组织方法、生产技巧等。技术是知识进化的主体，在生产活动中得到检验并逐步演进。全球竞争力排名前 27 的经济体的技术就绪度均十分突出，在最新技术的可获得性、企业层面的技术吸收等方面均表现出了强有力的竞争优势。中国的"技术就绪度"支柱排名第 74，其中最新技术的可获得性、互联网与带宽等三级指标则排在第 100 左右，位于全球较为落后的经济体之列。通过比较不难发现，较高的技术水平对一个经济体全球竞争力的提升具有显著作用，而技术水平的低下必然会对该经济体的竞争力产生负面影响。因为技术涵盖的内容非常宽泛，所以对于一个经济体而言，只有从宏观和微观两个层面对技术创新和技术利用进行全面提升与高效衔接，建立规范的在生产实践中应用推广技术成果的标准体系，才能发挥高度发达的科学技术对经济体竞争力的持久推动作用。

（三）对创新的不断追求和鼓励是确立竞争优势的基础

创新是运用已知的信息，不断突破常规来发现或产生某种新颖的、独特的、有社会价值或个人价值的新事物、新思想的活动，其追求的是新的突破或者是产品的结构、性能和外部特征的变革，或是造型设计、内容的表现形式和手段的改造，甚至是组织制度的进一步丰富和完善。它涉及技术性变化的产品创新及非技术性变化的组织创新两个层次。创新决定着一个经济体的进步程度和速度。从生产实践的角度来看，所有竞争力排名靠前的经济体的主要产品均有一个突出的特征，那就是高质量。高质量需要不断跟进的技术创新，所以创新就成为这些经济体确立产品竞争优势的基本手段。通过进一步的剖析，我们发现，这些经济体在科研机构的质量、产学合作研究及创新的制度体系等多个方面都具有明显的优势，在先进技术产品的研发创新方面投入巨大，具备成熟的创新激励和成果转化机制。中国的"创新"支柱排名第31，与美国、德国等竞争力较强的经济体的差距明显，甚至落后于沙特阿拉伯、阿联酋及马来西亚等经济体，所以开展创新研究，重新组织生产要素，采用效能更强、效率更高和费用更低的生产经营方法，推出新产品、新工艺或建立新的组织模式，是从创新角度出发提升中国全球竞争力的必然选择。

（四）高质量的教育为经济发展储备和输送了充足的人力资本

人力资本是通过教育、培训、保健、劳动力迁移等获得的凝结在劳动者身上的知识、技能和健康状况的总和，具有创造性和资源配置能动性等特征。经济学的理论和实践已经阐释并验证了一个经济体的人力资本水平对经济社会发展的重要价值。教育与培训作为最重要的人力资本投资方式，主要通过提高受教育者的劳动生产率来促进社会生产效率快速持久的提升，进而推动经济增长。当然，不同发展时期社会生产活动对劳动者的需求不同，即不同的经济结构需要不同的人力资本结构与之匹配，所以要求教育与培训在规模、结构方面也必须进行动态调整，以适应人才培养的需求。但应引起注意的是，支撑人才培养规模与结构的根本因素是教育和培训的质量。全球竞争力排名前27的经济体的经济结构不尽相同，人力资本结构、教育与培训的组织和管理模式也存在明显差异，但拥有高质量的教育与培训是这些经济体共同的特点。许多经济体的土地面积有限、人口相对较少、资源也略显匮乏，它们不断创造经济发展的奇迹，爆发出强大的竞争力，其最大的资本就是教育，尤其是能够同时培育科技创新人才与高素质劳动力的高等教育与职业教育体系。教育质量的提升不仅能够带动教育各项指标排名的提升，同时也能够对其他支柱排名的提升产生直接的辐射作用，并形成联动效应。

尽管对于一个经济体教育竞争力的评价指标莫衷一是，但对于全球竞争力指标体系从经济发展角度评价教育水平的 10 项指标，各经济体尤其是全球竞争力位居前列的经济体均表现出极大的关注。这些经济体在教育领域的共同优势主要表现在以下方面。

第一，教育供给与经济发展需求的匹配度较高。只有与经济发展需求高度匹配的教育体系，才能够把握各个产业的生命周期与优势特色，有针对性地培养出创新人才，研发出世界上最先进的产品和工艺，引领产业升级和经济发展；也只有能够对产业结构调整和经济环境变化做出迅速反应的教育体系，才能够及时培养出社会急需的具备高生产效率和较强技术吸收能力的劳动力，才能将最新科研成果转化为现实生产力，提升企业的价值链，提升产业竞争力乃至国家竞争力。许多经济体在构建与经济发展相匹配的教育系统时，都不约而同地选择了建立普通教育与职业教育地位平等、有效衔接、相互贯通的"立交桥"体系，同时能根据经济发展需求及时调整专业设置与课程内容，注重人才培养的创新性与人才的可雇佣性。

第二，职业培训的质量与投入水平较高。一个专业化、高质量、企业积极参与的职业培训体系所培养出的高技能水平和高职业素养劳动者，是一个企业提供高品质产品与服务的基础，也是一个经济体经济可持续发展的根本所在。全球竞争力排名靠前的经济体在"高质量职业培训的可获得性"这一指标上表现突出，都拥有形式多样、沟通顺畅、与终身教育相衔接的职业教育体系，而经济体对职业教育的高度重视与充分投入，也进一步激发了企业对职业教育的投入热情。

第三，数学与科学教育、商业或管理院校的质量较高。科技创新是推动一个经济体经济可持续发展的重要力量，发展科学技术就要大力提升科学能力。在科学能力培养中，人力资源建设是关键，尤其是 5—18 岁青少年的数学和科学教育，是全民科学素质提高的基础保障。许多经济体都建立了以能力为导向、将理论意识培养与应用操作有机结合的数学和科学教育模式。如果说数学与科学教育质量是一个经济体增强创新能力的重要基础，那么商业或管理院校所培养的企业中、高级管理的人才则是企业提升成熟度的关键力量之一。

第四，基础教育的质量高、规模大。基础教育能够培养人们的科学思维，有助于人们形成正确的价值取向和优秀的道德品质。基础教育的普及程度及质量优劣，关系到一个经济体的各级各类人才的基本素质和价值观念。许多经济体的基础教育质量均居于世界前列，这不仅得益于其九年义务教育实施较早，同时也得益于其教师的优秀素质及较高的社会地位。高质量的基础教育所培养的高素质国民是促进经济与社会发展的最大动力。

（五）统一高效的劳动力市场是实现各类人才供需调整和动态均衡的重要保障

经济的稳步增长、经济发展方式的转变、整体竞争力的提升都要求有健全的劳动力市场。只有健全的劳动力市场才能保证劳动力要素价格能够真实地反映其供求，进而使劳动力资源配置得到优化，使人力资本投资和劳动者权益得到保障，使经济发展的可持续性得到保证。众所周知，教育可以提升人力资本水平，但逐渐积累的人力资本必须在劳动力市场中才能得到有效释放。统一高效的劳动力市场有助于那些竞争力较强的经济体实现雇佣者与被雇佣者自主选择权的合理匹配，以及就业机制的市场自主调节和劳动力供需双方的快速搜寻。随着改革的逐步深入，中国原有阻碍劳动力流动的相关制度不断松动或被废除，工作搜寻的空间愈加宽阔、手段愈加灵活，无论是新增就业人员还是转换工作的劳动者，都能够根据自身的水平和需求在劳动力市场中寻找工作。但不可忽视的是，中国的劳动力市场依然存在较为严重的城乡、所有制、行业甚至职业分割，这种状况在不同程度上阻碍了各类人才的供需调整和动态匹配，对生产活动和社会稳定造成了一定的负面影响。从具体的竞争力指标来看，中国在劳资关系、雇佣与解雇的合法性、人才流失等方面存在较多问题，有关排名相对靠后，甚至不及部分发展中国家，应引起相关部门的重视。

（六）较为成熟的金融市场体系是经济运行中融通资金市场的保障机制

在整个市场体系中，金融市场是最基本的组成部分之一，也是联系其他市场的纽带。因为在现代市场经济中，各种市场的交易活动都要通过货币流通和资金运动来实现，都离不开金融市场的密切配合。可以说，金融市场的发展对整个市场体系的发展起着举足轻重的作用。我们对排名前27的经济体的金融市场成熟度进行详细比较后发现，绝大部分经济体的资本市场融资能力、获得风险资本的可能性、银行金融服务能力等都具有较大优势，而且服务逐层细化，与各类市场交易活动相互对接，为资金的流动提供了各种条件。例如，马来西亚在贷款渠道和获得的容易程度方面明显优于中国，成为支撑其竞争优势的突出要素。中国"金融市场成熟度"支柱排名第54，8项三级指标的排名有高有低，与其他经济体的差距还很大。因此，继续快速推进金融领域改革，使其与其他市场体系相辅相成，真正成为经济运行中融通资金市场的保障机制，是中国提升全球竞争力不可忽视的任务之一。

（七）定位于全球的市场战略是拓展经济发展空间的必然选择

市场是社会分工和商品经济发展的必然产物，同时，市场在其发育和壮大过程中也推动着社会分工和商品经济的进一步发展。一个开放的市场能使各个企业在更大范围内和更高层次上展开竞争与合作，促进经济不断发展。当今世界的全球化趋势愈加明显，所以一个经济体的竞争力最终体现为其发展速度和质量在全球市场上的竞争能力，因而定位于全球的市场战略是拓展经济社会发展空间的必然选择和必由之路。值得一提的是，中国的"市场规模"支柱排名第1，具有明显优势。从具体的三级指标来看，我们发现中国的国外市场规模比国内市场规模更具优势，在全球144

个经济体中位列第1，美国位列第2，但中国的国内市场规模却不及美国，位列第2。中国作为人口大国理应拥有巨大的国内市场规模，所以这一反差说明我们在制定全球市场战略时，一定要在国外与国内市场之间进行权衡，划分不同层次的生产商市场和消费者市场，尤其在现阶段，应该着力开发国内市场，使其更加庞大和开放，成为整个市场的有机组成部分。总之，市场规模应该有合理的内外部结构作为支撑，以发挥其对于提升竞争力的真正作用。

（八）良好的宏观经济运行状况是全球竞争力持续提升所依赖的基本环境

宏观的经济状况包括经济要素的性质、水平、结构、变动趋势等多个方面，涉及国家、社会、市场及自然等多个领域，是整个国民经济及其经济活动和运行的状态。经济发展必须依赖良好的宏观经济环境。经过30多年的改革与发展，中国的宏观经济步入了快速、稳定的运行轨道，为改革的深入推进提供了良好的环境。与全球竞争力排名前27的经济体相比，中国的"宏观经济"支柱排名第8，超过了美国、日本、德国、英国、法国、加拿大、澳大利亚、新西兰、马来西亚、新加坡等经济体，但还落后于瑞士、阿联酋等经济体。具体来看，中国的国民储蓄率和国家信用评级的排名较为靠前，而通货膨胀、政府财政盈余赤字及政府债务的排名相对比较落后，今后应加大对这三个方面的改革和管理的力度。鉴于宏观经济环境涉及总供给与总需求、物价总水平、劳动就业的总水平与失业率、货币发行的总规模与增长速度、进出口贸易的总规模及其变动等多个方面，各方面的相互关系也非常复杂，所以我们认为，《全球竞争力报告》对宏观经济环境的考量还不够完善，现有评价仅在部分程度上反映了一个经济体的宏观经济状况，我们还必须清醒地认识到中国现阶段面临着调整经济结构、继续提高宏观经济环境总体水平这一艰巨任务。

四、部分国家的特殊优势分析

在对全球竞争力较强经济体的优势进行总体分析的基础上，我们还从不同角度，如自然资源的富足程度、所处的发展阶段等，对部分比较特殊的国家做了进一步的分析，希望通过挖掘不同类型国家的发展经验，更加全面地服务于中国相关发展规划的制定工作。

（一）自然资源相对匮乏的国家

在全球竞争力排名比中国靠前的国家中，有多个国家的国土面积狭小、自然资源匮乏，但这些国家能够立足自身的自然环境，充分调动各方面因素，制定合理有效的经济发展政策，从而在国际竞争中立于不败之地，积累了很多值得中国借鉴的经验，其中以瑞士、新加坡、德国、丹麦和以色列最为突出。

1. 瑞士

瑞士地处山地和丘陵地带，自然资源相对匮乏，但是瑞士的全球竞争力却位列第1，除市场规模以外，其他各项支柱的排名均非常靠前，是全球竞争力位居前列的经济体中各项指标表现最为均衡的，正是在各项支柱上的出色表现支撑着瑞士的全球竞争力连续多年遥遥领先。瑞士最具特色的竞争优势主要体现在以下三个方面。

第一，充满活力的创新能力。瑞士拥有世界一流水平的科研机构，其产学研紧密结合的体制、研究和开发的高支出及强有力的知识产权保护体制，能够确保其大多数科研成果迅速有效地转化为现实生产力。瑞士企业在生命科学、工程科学、纳米技术、信息技术及其服务等领域具有出色的创新能力。因此，我们认为创新是瑞士长期保持繁荣的重要途径，也是面临因瑞郎不断升值而造成的出口压力的瑞士企业的重要出路。

第二，运行良好的劳动力市场。瑞士拥有高生产效率和高生产水平的劳动力，其运行良好的劳动力市场能够在雇员权益保障与雇主利益维护方面寻找到很好的平衡点。瑞士劳资关系的和谐程度在全世界排名第1，其劳动法的条款比欧盟少，劳资环境较为宽松，很少出现罢工活动。国家相关人才培养与发展机制能够为各类人才创造较多的职业发展机会与较大的提升空间，对人才有较强的吸引力，人才流失较少（人才流失率最小，排名第1）。有关研究表明，瑞士籍员工特别积极和忠诚，受过良好教育，拥有广泛的语言技能及高于平均水平的国际经验。瑞士虽属高工资成本国家，但由于其劳动力生产率高，且其每周平均 40.5 小时的工作时限比其他欧洲国家要长，从而保证了瑞士拥有较高的整体生产力水平。瑞士员工的薪酬与其劳动生产率高度挂钩，因此员工一般具有很高的工作积极性。①

第三，高质量的双轨制教育体系。从劳动力供应角度分析，瑞士的双轨制教育体系强调学术成就和职业培训并重，被认为是欧洲的典范。在瑞士出色的科研创新及职业培训体制下，国民能够积极主动地吸收最新技术，企业能够将新技术广泛应用于生产过程。特别需要指出的是，在职业教育方面，瑞士的职业教育经费投入和职业教育质量均居世界首位。瑞士初中毕业生中有 70% 的人选择职业教育，毕业后可以凭借联邦职业教育结业证书直接进入应用技术大学，或者通过补充考试进入普通大学，也可以继续通过考试和培训获得高等职业教育文凭。双轨制教育体系能够满足个人需求，同时也能利用社会导向培养出与劳动力市场需求相匹配的具有较高技术能力的劳动者。这一体系在提高劳动生产率的同时也对失业率起到了有效的抑制作用。

瑞士在教育方面的突出优势可以概括为以下两个主要方面。

一方面，高等教育人才供给与产业对人才的需求高度匹配。瑞士从本国实际出发，充分利用和结合本国自然地理环境，形成了独特的产业结构模式。瑞士的主导产业包括以传统的食品加工、钟表、机械制造、纺织业为主的第二产业和以银行业与保险业为主的第三产业，第三产业占国民经济的主体地位，70% 的在职人员效力于服务行业。因此，瑞士确立了教育和研究的双重体系以培养各产业所需的理论型和实用型人才。瑞士广义上的第三级教育机构，包括 5A 类大学和 5B 类高等职业教育与培训学院。瑞士的高等学校主要指普通大学和应用技术大学，普通大学又包括州立大学和联邦技术学院。普通大学主要培养本科至博士层次的人才，而应用技术

---

① 瑞士贸易与投资促进署. 瑞士，领先的创新中心［EB/OL］.（2012-06-26）［2016-11-18］. http：//www. s - ge. com/china/invest/zh - hans/search/invest/领先的创新中心？ filters = language：zh-hans ‖ und&query = 领先的创新中心%20tid%3A8.

大学则突出应用性研究和开发，所以主要培养本科和硕士层次的人才。瑞士州立大学主要传承了传统大学的教学风格，联邦技术学院则兼有法国工程师学校和德国工业大学的特征，应用技术大学则明显与德国的应用技术大学相似。基础研究类型的大学主要培养理论和科学研究型人才，应用技术大学则培养技术技能型人才。对于这两类人才，大学都突出强调培养其较强的创新能力。国家还实施了严格的职业资格考核制度，保证学生毕业时达到参与实际工作的基本能力标准。这种教育体系在很大程度上适应了劳动力市场对人才的需求，同时也达到了劳动力市场人才供需结构与产业结构高度匹配的目标。

另一方面，职业教育对集群式产业发展发挥着重要的支撑作用。集群式产业是瑞士的优势特征之一，基于产业集群而形成的集群经济已经成为其经济的重要板块。集群式产业的发展需要充足的人力资源储备，而瑞士先进的职业教育体系为产业发展提供了充足的劳动力资源。瑞士联邦法律明确规定了职业培训的方向和项目，为受教育者提供了 200 多个可供选择的职业方向，并针对工业、手工业、商业、银行业、保险业及旅游业等服务行业的培训制定了严格的规范和法律。与此同时，瑞士还确立了一套完备的职业考试和资格认证制度，中等教育、高等教育和继续职业教育及劳动力市场被由各种资格证书和文凭构成的桥梁连接起来。联邦政府负责认可和颁发有关文凭，即"联邦技能证书"和"职业高中毕业证书"。此外，中等职业学校的学生在结束两年的学徒期并通过考试后，可以获得"联邦职业技能证书"，从而获得从事某种职业的资格。他们再经过一至两年的学习并通过考试后，将获得"职业高中毕业证书"，升入高等专科学校学习或选择就业。获得"职业高中毕业证书"的学生，通过升学考试获得"职业会考文凭"后，可以直接升入应用技术大学。这样，通过发展满足相关产业发展的需求的、富有特色且严格管理的职业教育，国家可以不断培养集群产业发展所需要的各类型、多层次的职业人才队伍，助力产业竞争力的提升。

2. 新加坡

资源相对匮乏的新加坡之所以能够形成明显的竞争优势，主要是因为具有以下几个方面的比较优势。

第一，健全的制度。新加坡的制度环境连续八年排名世界前 3，在公众对政治家的信任、政府管制的负担、政府决策的透明度及法制运行效率等方面均位列世界第 1，在促进政府廉洁高效及社会和谐方面有许多成功的经验，是世界公认的最廉洁的国家之一。同时，新加坡采取兼收并蓄、多元融合的政策，注意保护弱势群体，致力于推行富民政策和小家庭辅助计划等，为多年来经济的快速发展提供了充分保障。

第二，运行高效的商品市场。在政府的适当干预下，新加坡拥有竞争有序且运行高效的市场环境，商品市场效率多年排名第 1。国家为企业提供友善便捷的经商环境，为制造业、服务业和研发领域等吸引了大量高增值投资，成为促进其经济繁荣和竞争力提升的重要因素。

第三，不断提升的高等教育与培训水平。新加坡政府十分重视教育尤其是高等教育和职业培训的发展，其经济发展局每年都根据国家发展的需要确定各专业发展的确切人数，以有效控制人才过剩和人才紧缺的问题。新加坡的教育经费在政府预算中所占的比例高达 23%，高等教育经费占整个教育经费的 26%—28%，其中 50% 以上的经费用于高等职业教育。新加坡"立交桥式"的职业教育体系将学生的培养目标定位为一般科技人员，而非技术工人，从而使得学生有较为宽广的发展空间，向上可以发展为具有科技研发能力的工程师，向下可以发展为具有较强操作能力的技术工人。新加坡职业院校的"教学工厂"模式更是很多国家校企合作的学习典范。对职业教育和职工培训的足够重视与良好的制度设计是近几十年来新加坡人口素质大幅度提高的关键，也是新加坡能够创造经济奇迹的一个重要原因。

3. 德国

德国是经济发展水平和发展质量都极高的国家，其全球竞争力一直排在前 5 位左右。我们分析发现，2015 年德国的"基础设施""市场规模"

"企业成熟度""创新"等支柱都位于世界前10，表现出了稳定的竞争实力。事实上，欧洲大多数国家在金融危机的冲击下一直没有走出困境，而德国经济却一直充满活力，成为欧洲国家成功应对危机的一面旗帜。我们对德国强大的工业、强大的创新能力、高度发达的市场经济等进行了分析与总结，概括为以下几个方面。

第一，先进的高端制造业。从全球来看，德国和日本的制造业占GDP的比重最高，德国产品的知识密集度和高技术附加值居全世界之首，因此德国出口产品备受青睐。

第二，中小规模企业高度发达。德国的绝大多数企业都是中小规模的家族企业和家庭企业，企业经营时间长，产品口碑好。时至今日，约有1000多家德国中小企业在世界同行业中位居前列，具有很强的竞争力。

第三，完备的专业技术工人队伍。德国专业技术工人的数量、质量和结构能够较好地应对国内产业结构调整对人才的需求。各类人才的培养得益于德国教育体系中最具特色的职业技术教育。德国职业教育在培养专业技术工人方面经验颇丰，实行学校和企业平行培养的"学徒制"模式。

第四，完善的基础设施。从2015年全球竞争力排名看，德国的"基础设施"排名第7，而且近几年该支柱的排名非常靠前，为国家经济发展提供了强有力的支撑。德国国内良好且完善的港口、公路、机场等基础设施为国内市场和国际贸易的发展创造了良好条件。

4. 丹麦

丹麦是一个土地贫瘠、资源短缺的国家。虽然丹麦拥有一定的石油和天然气储量，但与其他国家相比，并没有形成能够支撑经济发展的特殊优势。丹麦的其他矿藏也很少，煤炭等资源全部依赖进口。然而丹麦却是当今发达的工业国家，是欧洲八大经济体之一，人均GDP位居世界前列，拥有现代化技术水平极高的农业和工业，而且在许多领域都积累了先进的生产技术和经验。一个国土面积狭小、市场空间有限的国家之所以能形成如此大的竞争优势，我们认为主要是因为丹麦能够根据自身的地理环境确立以工业为主、农林牧渔为辅的产业发展格局。在工业部门中，丹麦充分利用特殊的地理位置，大力发展食品加工、机械制造、石油开采、造船、水泥、电子、化工、冶金、医药、纺织、家具、造纸和印刷设备等行业，并且结合国内市场空间有限的实际条件控制企业规模，一般以培育中小企业为主，降低生产成本。同时，丹麦工业产品的市场定位也着眼全球，形成了出口导向明显的工业特色。与工业发展相匹配，丹麦还具有较强的农畜产品出口竞争力，其中猪肉、奶酪和黄油出口量居世界前列，并且拥有农林牧渔相结合、以牧为主的农业产业格局，形成了协调发展、互利互补、重点突出的农林牧渔产业竞争优势。此外，我们发现，丹麦的服务业也具有一定特色，例如，电信、金融、保险、旅游服务等行业非常发达，成为支撑其国家竞争力的要素之一。

丹麦经济对国际贸易高度依赖，所以非常重视对市场投资和国际消费的开发。丹麦通过扶持高新技术产业和生物技术产业，不断刺激市场投资与消费，促进 GDP 和外贸总额持续增长，扩大国际收支与公共财政盈余。近年来，丹麦政府坚持适度紧缩的财政政策，采取积极措施稳定金融市场及汇率，保持了较为稳定的通胀率水平，为经济持续增长创造了有利条件。

5. 以色列

与丹麦相似，以色列在发展中也同样面临自然资源短缺等问题。但与一些国家依赖对外贸易的战略不同，以色列确立了重视教育和人才培养、走科技强国之路的竞争策略。以色列对于教育的高度重视使得高科技产业扮演的角色越来越重要，以色列在软件开发、通信和生命科学领域都处于世界顶尖水平，被称为"世界第二硅谷"。以色列发表的学术论文数量就人均统计也是全世界最高的，平均10000人有109篇。以色列也是世界上专利权申请数量最多的国家之一。从世界范围来看，以色列在研究和开发花费上排名第3，在技术准备上排名第20，在科技创新上排名第11，在高科技出口总额上排名第16。更值得一提的是，以色列有西亚地区最高的平均受教育年限，与日本并列为平均受教育年限最高的亚洲国家。以色列有十分自由的市场政策，而且注重企业家创新精神的培育，所以大部分企业家精于创办科技公司、面向全球新兴市场行销科技产品，以及开创新的经济环境与领域。通过发达的教育培养教育程度高、充满创业精神的高科技人才，利用自由的市场环境稳步推进高科技产业的发展，形成突出的国际竞争力，这些成为以色列重要的发展特征。

此外，以色列的农业以科学灌溉闻名于世。以色列地处沙漠边缘地带，水资源匮乏，因此，以色列不断创新农业技术，逐步在农业方面形成了特有的滴灌节水技术。不仅如此，以色列还充分利用现有水资源，将大片沙漠变成了绿洲，不到全国总人口 5% 的农业从业者在满足自己国民农产品需求的前提下，还大量出口优质水果、蔬菜、花卉和棉花等农产品。得益于高度发达的产业格局与技术水平，以色列被视为中东地区经济、商业和整体发展水平最高的国家。

（二）自然资源丰富的国家

丰富的自然资源可以为一个国家的发展提供优越的物质条件，但如何充分利用既有优势，创建协调一致的经济发展格局，进而形成较强的国际竞争力，依然是这些国家需要解决的重大问题。

1. 美国

美国的全球竞争力排名不断上升，2012 年为第 7，2013 年为第 5，2014 年和 2015 年均为第 3。具体来看，美国在高等教育与培训、劳动力市场的效率、金融市场的发展、市场规模、企业成熟度、创新等多个领域都保持着全球领先的地位，有力地促进了国家经济社会的繁荣发展。

第一，美国的国家竞争力表现在极具竞争力的先进制造业上。2001年以来，制造业在美国 GDP 中的比重不断下降，先进制造业产品贸易出现逆差[1]，2003 年制造业产品贸易逆差为 170 亿美元，2010 年则扩大到了

---

① Tassey G. Rationales and mechanisms for revitalizing U. S. manufacturing R&D strategies ［J］. Journal of Technology Transfer, 2010, 35（3）: 283.

810亿美元。① 造成这一结果的原因，一方面是国外低劳动力成本的竞争，另一方面是美国国内的技术创新相对不足。为了提升制造业全球竞争力，美国从2011年开始实施"先进制造业伙伴计划"，着力调整制造业经济发展模式，从研发在国内、生产在国外的模式转变为研发与生产环节都在国内的模式，整合政府、高校和企业资源，加大对高端制造业岗位的投入，不断推进高精尖技术在生产实践中的应用，使美国近些年在先进制造业领域重新回到全球领先地位。

第二，美国的国家竞争力表现在先进的服务贸易上。20世纪80年代以来，美国的知识经济推动了产业结构的逐步优化，服务业在美国经济中的比重持续上升。近年来服务可贸易性的增强为美国服务业打开了通往世界舞台的机会之门，截至2014年，美国服务贸易的规模达到了11877亿美元。② 从世界范围来看，美国的服务贸易出口额排名全球第1，且在数额上比排名第2的国家多出近一倍。美国的服务贸易总体实力强劲，在多个分行业中都表现出很明显的竞争优势，其中专利与特许费的竞争优势更为显著，这与美国以知识经济为强大后盾的贸易特征相符。金融服务、保险服务出口占美国服务贸易总额的比重较高，也印证了美国金融体系的健全和金融市场的高度发达。

美国拥有强劲国家竞争力的重要原因之一是其实施了创新性国家战略，大致可以分为三个阶段。第一阶段是实施产业技术创新战略。20世纪80年代末90年代初，随着日本和欧洲的崛起，美国经济竞争力相对下降，肯尼迪（P. Kennedy）感觉到了美国国际地位的下降，便着手制定保持经济可持续发展的战略，计划利用产业科技创新来推动经济增长和提升国际竞争力。③ 在此背景下，美国提出以产业技术为国家创新战略的核心，加大投资力度并引导固定资本投资，对研发实行倾斜政

---

① Pakko M R. What happens when the technology growth trend changes?: transition dynamics, capital growth and the "New Economy" [Z]. Federal Reserve Band of St. Louis, 2001: 35.

② 魏苗月. 中国、美国与印度服务贸易竞争力比较分析 [D]. 海口：海南大学，2015.

③ 肯尼迪. 大国的兴衰 [M]. 北京：中国经济出版社，1989：637-648.

策，实施有针对性的行动计划，包括先进技术计划、技术再投资计划、新一代汽车计划、平板显示器计划等。一系列的政策推动了美国经济的快速增长。第二阶段是实施保守科技创新战略。在 21 世纪初的前八年，美国实施了比较保守的科技创新战略，主要从研发民用技术转为针对反恐和应对新兴国家挑战，经济发展一直比较疲软，其间金融创新过度又导致了金融危机，为美国经济的发展埋下巨大隐患。第三阶段是实施务实创新战略。从科技创新的角度看，网络经济的泡沫破灭后，美国始终没有足够的创新成果来支撑新兴产业的发展，而主要依靠金融创新和房地产发展刺激经济增长，最终导致了金融危机爆发。这一时期金砖国家稳定而快速的发展，对美日同盟的科技研发优势构成越来越严重的挑战。在此背景下，美国政府于 2011 年 2 月发布《美国创新战略：确保我们的经济增长与繁荣》，强调实施务实创新战略，从保守向务实转变，提出政府、企业、民众应当合力创新并形成举国创新体系。在具体措施上，美国加大研发投入力度，打造创新组织新模式，进一步明确优先突破技术领域等。[①] 近几年，美国经济逐步复苏并快速发展，虽然高失业率仍然困扰着美国政府，但既有战略的显著作用已经显现，近年来美国国家竞争力的不断提升就是最好的印证。

2. 挪威

挪威的自然资源十分丰富，主要有石油、水利、渔业、森林和矿产等方面的资源。挪威生产的油、气，除满足本国自身消费外，还能大量出口。挪威经济在很大程度上依赖石油产业，正是因为存在这种高度的资源依赖，挪威政府有针对性地建立了国家石油基金，将石油产业的部分利润用于海外投资，以避免经济过热问题的发生。因此，从长期发展来看，进行国外投资是挪威经济的一大特征。挪威经济也是市场自由化和政府宏观调控结合的成功范例。我们分析发现，工业在挪威国民经济中占有重要地

---

① 张换兆，林娴岚. 美国创新战略的三个阶段及对我国的启示 [J]. 创新科技，2011（9）：14-15.

位，除石油工业外，其他主要传统工业部门有机械、水电、造纸、木材加工等，但政府只控制最主要的经济领域，例如石油工业。从企业规模来看，挪威的企业以中小型为主，集中在医药工业、电子业、服务业、养鱼业和传统的船舶制造业。此外，挪威还为世界各地的船队提供零部件和各种服务。总体上看，面向国际的中小企业发展机制是挪威独具特色的企业竞争战略。

3. 沙特阿拉伯、卡塔尔、阿联酋

众所周知，地处阿拉伯半岛的沙特阿拉伯、卡塔尔和阿联酋的石油、天然气资源非常丰富，国家的经济部门也主要由石油和天然气部门及相关工业部门组成，包括炼油厂、石化工厂、化肥厂、钢铁厂和水泥厂，同时还有造纸厂、洗涤剂厂、颜料厂、食品厂和塑料厂等。从地理区域及气候特征来看，因为这些国家均为沙漠国家或沙漠气候国家，耕地稀缺，农业不具优势，因而对进口农产品有很大的依赖性。但这些国家实行自由经济政策，不断鼓励私有经济的发展，以减少国家经济对石油出口的依赖，为快速增长的人口提供更多的就业机会。同时，这些国家大力发展银行业，取消外汇受限障碍，实行自由贸易和低关税政策，合理利用外国直接投资，保证货币交换自由和汇率稳定，大力建设和改造国内基础设施和生产设施，不断推进经济结构多元化。这些做法极大地促进了上述各国经济的平衡发展和稳步增长，并且使它们形成了持续发展的基本模式和强劲的竞争优势。

通过总结归纳，我们发现这些国家的政府都十分重视教育和人才培养。政府允分利用各种资源，重点发展文教、卫生事业，完成和扩大相关在建项目。政府实行免费教育，并针对专业人才紧缺的状况，设立专业院校，保证各类人才的充分供给。当然，免费医疗服务等全面的社会福利也为国民拥有良好的健康状况和进一步投资教育奠定了良好的社会基础，形成了社会发展的良性循环。

（三）发展中国家

马来西亚是发展中国家，地处亚洲，自然资源较为丰富，与中国的总体发展水平和所处阶段相近，但在全球竞争力排名中却能跃居中国之上，其背后的原因令人深思。下面就马来西亚经济发展的特点进行总结，以期找到能为中国所借鉴的成功经验。

20 世纪 70 年代前，马来西亚是一个以农业经济为主、依赖初级产品出口的国家，但 70 年代以来政府不断调整产业结构，大力推进出口导向型经济的发展，在此背景下，电子业、制造业、建筑业和服务业发展迅速。90 年代末的东南亚金融危机使马来西亚经济遭受严重打击，经济出现负增长。之后，政府以征收撤资税取代对短期外资的管制，外资开始回流，经济逐步复苏。在此期间，马来西亚确立了国家层面的宏大发展规划，出台了国家跨世纪发展战略，力争在 2020 年迈入发达国家行列。从 20 世纪末开始进行的产业结构调整是马来西亚经济社会发展的重要举措。

21 世纪以来，马来西亚大力发展国际贸易，目前已经成为世界最大的贸易国之一。马来西亚通过国际贸易不断拓展国内产品的国际市场，其产品包括电子电器、棕榈油、原油、木材产品、天然气和石油产品，国外市场主要有美国、新加坡、欧盟、日本和中国。同时，政府通过制定相应的政策大力吸引外资，主要外资来源地为日本、荷兰、澳大利亚、美国和新加坡。近年来，马来西亚开发了一个"马来西亚第二家园计划"，通过吸引外国人到马来西亚侨居和投资来带动当地的经济发展。可以说，国际贸易和外资是马来西亚经济发展的主要驱动力。

从国内来看，服务业已经成为马来西亚经济的重要支柱。其快速发展的服务业范围广泛，包括水、电、交通、通信、批发、零售、餐饮、金融、保险、不动产及政府部门提供的服务等。这些行业的发展速度较快，就业人数迅速增加，可以占到全国就业人口的一半以上，是马来西亚就业人数最多的行业。随着产业结构调整的深化，服务业得到了持续稳定的发展，已经成为马来西亚国民经济的支柱性行业之一。

更为重要的是，马来西亚拥有完整的教育体系和高水平的教育质量，为国家经济发展提供了各种层次的人才。在马来西亚的教育体系中，小学分为以马来文为主的国民小学和以华文为主的国民小学。而中学则分为五年制的国民中学和六年制的华文独立中学。高中采用科班制，即分为理科、商科和文科，还有针对性地开办了中级职业教育班。在高等教育方面，马来西亚目前有十余所公立大学，若干所外国大学分校。政府制定了《私立教育法》，为私立高等教育的发展提供了法律保障。目前，全国共有650多所私立学院，每年招收的学生有几十万名，具有相当大的规模。为了保证教育质量，马来西亚教育部成立了私立教育及国家学术鉴定局，对私立教育机构的课程设置、学费及师资进行监督和调控，确保教育政策落到实处、学生培养质量不断提高。同时，马来西亚还十分注重对本国独特文化的传承，政府努力塑造以马来文化为基础的国家文化，推行"国民教育政策"，重视马来语的普及教育，充分利用教育来传承和发扬本国的历史文化。

总之，在经济社会发展过程中，马来西亚在经济结构调整、国际贸易、服务业发展及教育体系建设和质量提升等方面积累了较为丰富的实践经验。在《2015—2016 全球竞争力报告》的排名中，马来西亚在商品市场效率、金融市场成熟度等方面均表现出了很强的竞争实力，同时其教育与培训、教育系统的质量等指标的排名也非常靠前。相比而言，中国在这些方面的竞争力还显得比较薄弱，因此，今后还需要针对自身的现实问题，借鉴他国的成功经验，投入更多资金和智慧来推动经济发展，以确立竞争优势。

五、基本结论与启示

本部分基于世界经济论坛公布的《2015—2016 全球竞争力报告》的核心内容，通过分析竞争力较强经济体的相关指标，着重阐释了具有代表性的经济体可持续发展要素的特征与构成，并由此梳理出中国在经济转型过程中可以借鉴的国际经验。我们认为，在当前全球经济波动较大的背景下，通过学习外部发展经验，快速推进经济发展方式的转变，对于提高中国的全球竞争力、顺利实现国家发展战略目标具有特殊意义。

（一）与经济发展相适应的制度设计是提高竞争力的基本前提

制度是前提也是保障。制度设计要与经济发展的基本目标和路径密切相关，既要满足经济发展的需要，又要对发展的过程起到约束和规范作用，使经济平稳增长。当经济发展到一定阶段时，需要进行制度创新，通过结构调整等手段为经济发展注入新的动力，促进经济的可持续发展。所以，在现有的生产条件下，通过创设新的、能更有效地激励人们行为的制度与规范体系来实现社会的持续发展和变革，是当今世界发展趋势对各国提出的基本要求。对竞争力排名靠前的经济体的分析结果表明，制度优越性是它们共有的最基本特征。这一结论的启示意义是十分明显的，即中国提高国际竞争力的首要任务是建立健全相关制度，并在发展中不断调整、平衡效率与公平之间的关系，以提高社会生产和分配的效率，提高国际竞争力。

（二）技术准备与创新是未来竞争力的核心内容

技术是经济发展的原动力，技术是知识进化的主体。对相关经济体竞争力指标的分析表明，最新技术的可获得性是影响未来国家竞争力的重要因素。受此启发，我们认为对于一个经济体来讲，必须从宏观和微观两个层面，对技术创新与利用进行全面提升，通过高校、科研机构及生产部门不断进行技术创新，并且建立在生产实践中应用和推广技术成果的标准体系，发挥科学技术对国家竞争力的持久推动效果。同时，对创新的理解要更加全面和深入，明确技术性变化的创新与非技术性变化的组织创新的区别和作用，并且要建立有效的创新激励和成果转化机制。作为技术准备的重要主体之一，普通高等院校和职业技术院校应该发挥其重要作用，在理论型和技术技能型人才的培养方面更加贴近社会发展和生产实践的需求，同步提升人力资本的数量和质量，并且调整相关专业的规模和结构，提高毕业生供给与劳动力市场对人才需求的匹配度，实现人尽其才，使人才在有效应用所学知识和技能的生产实践中推动技术进步。

（三）进行教育数量、质量和结构的同步调整是充分发挥教育服务功能的迫切要求

全球竞争力研究的基本结论表明，拥有高质量的教育与培训是拥有强劲竞争力的经济体所具有的共同特点。教育与培训作为最主要的人力资本投资方式，通过提高人才的劳动生产率来促进社会生产效率的快速而持久的提升。当然，不同发展时期的社会生产活动对劳动者的需求不同，即不同的经济结构需要不同的人力资本结构与之匹配，所以要求教育与培训在规模、结构方面也必须进行动态调整，以适应经济发展的需求。但值得注意的是，支撑人才培养规模与结构的根本因素是教育和培训的质量，例如，教育系统的质量、管理院校的质量、职业教育的质量、职业培训的充足程度等，所以提高教育系统的运行质量、推进职业教育的发展是从教育入手提升国家竞争力的两大支点。

当前，中国的产业结构调整需要大批技术技能型劳动者。另外，新技术发展带来的生产工艺和流程的变革，也要求教育提供大量技术技能型人才。但社会对职业教育的偏见，导致职业学校的生源质量偏低，加之用人单位对职业学校毕业生的聘用也存在合同不规范等诸多问题，这些都在一定程度上影响了中国职业教育的健康发展。因此，我们强调，良好的教育理念是教育健康发展的前提。我们建议通过改变普通高校与职业学校的对接和认同机制，尽快引导社会对职业教育给予客观评价，以建立真正平衡的教育结构。

（四）快速推进职业教育发展是健全国家教育体系、满足社会对技术技能型人才需求的必然选择

各经济体工业化的历程表明，教育尤其是职业教育是一个经济体实现经济社会可持续发展的重要基础。国际竞争是以产业与人才体系为基础的综合性竞争。中国正处于加快经济发展方式转变的关键时期，而决定经济发展方式转变的第一要素就是人才。现代职业教育是面向现代生产方式、培养生产服务第一线技术技能型人才的教育类型，是培养实体经济和新兴经济所需人才的主要阵地。但目前高素质的技术技能型人才严重短缺仍然是制约中国经济发展的重大瓶颈，职业教育仍然是中国教育体系中最为薄弱的环节。中国若要提升全球竞争力，实现从效率驱动阶段到创新驱动阶段的跃升，必须重点发展相对落后的职业教育，提高排名靠后的与职业教育相关的 10 项指标的名次，从规模、结构、质量等方面提升职业教育发展水平，使其由中国提升全球竞争力的严重制约因素转变为强力驱动因素。

（五）建立相互协调的市场机制是实现在动态均衡中快速发展的稳定器

我们的分析结果表明，全球竞争力较强的经济体均拥有发达的市场经济和相互协调的市场机制，如统一的劳动力市场、成熟的金融市场、良好的商品市场等。事实上，经济的稳步增长、经济发展方式的转变、整体竞争力的提升，都要求有健全的市场机制来分配生产要素、调节生产过程。但中国当前的劳动力市场还存在明显的分割，劳动力资源的配置效率较低，中西部地区的此类问题更加突出。同时，中国金融市场的成熟度不高，金融产品种类少且运行机制不够健全，影响了资本的配置效率。另外，中国商品市场的整体情况也与发达国家存在明显差距，商品流通及生产与销售的衔接环节都存在诸多桎梏。这些都成为影响经济增长及国际竞争力提升的不利因素。此外，上述市场机制之间又存在十分复杂的纽带关系，既相互促进又相互制约，因此，在前文进行的国内外比较分析的基础上，我们建议从国家整体着手，引入市场机制，并以能否提高经济社会效率为判断标准，全面推进各项机制的完善工作。这样做有两点重要意义：一是可以保证对各项市场机制进行改革与完善的基本目标是一致的；二是可以在改进中较好地协调各种机制之间的关系，避免不同机制之间产生冲突，保证经济发展的稳定性与可持续性。

（六）立足国情、挖掘和发挥自身比较优势是提高可持续竞争能力的长久对策

世界各经济体的发展都必须立足本经济体的情况，发挥自身特点，在充分利用国内外市场的基础上确立比较优势，《全球竞争力报告》的内容也充分印证了这一点。中国现已进入全面建设小康社会的关键时期，人均

GDP 已达到中等收入国家水平，加快经济发展方式转变已成为当前一个时期的主要任务。与发达国家相比，虽然现阶段中国经济发达程度较低，但中国国土面积辽阔，市场半径十分巨大，自然资源种类较多且部分资源储量丰富，而且人口众多，所以自然资源和劳动力供给相对比较充分，挖掘内部经济需求的空间非常大。这些因素既对中国未来的发展提出了挑战，又为经济社会改革确立了明显的比较优势。如前所述，在《2015—2016全球竞争力报告》中，中国的"宏观经济"支柱和"市场规模"支柱的排名靠前，充分显示了宏观经济发展稳中有升、国内外市场规模逐步拓展的良好态势。我们认为，中国今后的发展战略必须建立在充分利用自身优势条件的基础上，厘清世界各经济体竞争力的优势所在，把握和利用发展中国家经济增长的基本规律及与发达国家竞争的比较优势。

总之，本节透析了全球竞争力较强的经济体所具有的普遍特征，归纳了它们的经济社会发展的基本规律，并力求从经济可持续增长的视角逐步归纳出值得我们借鉴的经验，其中包括制度、市场、教育等诸多方面的内容。同时，我们还剖析了在自然资源、经济水平等方面具有一定特殊性的一些国家的特征，以帮助我们进一步探索在国际竞争中发挥自身比较优势的基本策略。一言以蔽之，只有发展才能应对日趋激烈的国际竞争，因此我们希望通过梳理其他经济体提升竞争力之经验，为思考和推进未来改革发展、确立中国的国际竞争优势提供参考。诚然，本节虽然是基于全球竞争力展开的分析，而且从一些经济体经济发展所形成的基本特征入手，叙述了诸多因素的支撑作用，但因为相关分析主要是基于教育发展的观点，所以将"教育通过提升一个经济体的人力资本水平进而作用于经济发展"这一思路贯穿其中。事实上，经济发展和教育的关系绝非如此笼统，我们认为经济和教育之间还存在复杂的相互作用机制，还需要基于相关理论进行严密的定量分析，这也是后续研究的任务之一。

第二节　瑞士教育对国家竞争力的提升作用分析

进入 21 世纪以来，全球经济经历了从稳步增长到危机蔓延的转折，全球经济格局发生了深刻的变化，各国利益诉求分化明显，出口、科技创新等方面的竞争更加激烈，全球合作和政策协调难度明显加大。所以，各国需要认清世界经济的新趋势、新特点，从经济博弈的不确定性环境中突围出来，进而找到新的发展机会。

当前，许多国家都制定了发展实体经济、新兴产业、促进创新、加强人力资源开发等中长期战略规划，以培育新的竞争优势和经济优势，究其实质就是要通过培养创新型人才，开展技术创新、产品创新、产业创新。中国已经进入转变经济发展方式、加强公共服务体系建设、协调区域经济发展的新时期，思想观念、经济结构、体制机制都经历着一场深刻的变革，而创新正是推动这一变革不断深入的基本手段和长久之计。因此，从国际形势与国内发展两个视角考虑，我们都要不断培育创新性人才，为参与国际竞争做好人才储备，为经济可持续发展提供人力资源保障。

近年来，在全球竞争力排行中，瑞士这个地处欧洲中部的国家尤其引人注目，其综合指标和多数分项指标均表现不俗，显示出强劲的综合实力。[①] 瑞士作为多山的内陆国家，位于欧洲中部，其国土面积为 41285 平方公里，人口约为 770 万；农业产值约占 GDP 的 4%，农业就业人数约占全国就业总人数的 7%；工业产值约占 GDP 的 50%，主要工业部门包括钟表、机械、化学、食品等；第三产业中的旅游业、银行业和保

---

① Schwab L, Sala-i-Martín X. The global competitiveness report 2014–2015 ［R/OL］. （2014–08–21）［2016–11–18］. http：//www. weforum. org/reports/global-competitiveness-report-2014-2015.

险业也非常发达。瑞士大部分国土属于山地，资源欠缺，但政府根据本国自然资源极度贫乏的特点，为国家发展找到了准确的产业结构定位，最终形成了强大的国家竞争力。事实上，通过研究，我们发现，瑞士在发展过程中积累了颇多成功的经验，特别是在教育、科研与生产实践的结合，以及以人力资源开发助力创新等方面有很多值得我们借鉴的地方。

瑞士在第一次世界大战之前就已经从农业国转变为以工业与服务业为主的市场经济国家，具有典型的资源和产品销售"两头在外"的特点，形成了出口导向型的经济结构，食品、仪表、化工和机械是其四大支柱产业，许多产品在国际上享有极高的品牌知名度。瑞士的全球竞争力强于美国、日本、德国、英国、法国等主要发达国家，其总排名更是多年保持第1。我们认为，瑞士之所以能取得如此成就，主要原因在于其制定了立足本国特色的产业发展战略和极具针对性的中长期教育与人力资源开发战略，尤其是高等教育、职业教育为瑞士综合竞争力的提升提供了重要的人力资源支撑。本节将以此为研究切入点，对瑞士高等教育和职业教育的基本特征及其对国家竞争力的提升作用进行总结，为中国借鉴其成功的教育模式提供思路。

一、独特的经济与教育发展过程提升国家竞争力水平

瑞士的工业原料及燃料缺乏而水力资源丰富，所以最初工业分散在各个有水可用的地区，因此工业的集中、大城市的出现都比其他国家晚。瑞士一直强调经济自由，政府干预很少，征税也少，所以工业发展虽然较为迟缓，但很扎实。瑞士经济比其他西方国家更多地保留着自由资本主义时代的痕迹，这些痕迹影响到它的上层建筑。瑞士更多地强调民主自由、劳资协调，阶级矛盾与党派对立都较缓和，这样的政治环境反过来又有利于经济的自由发展。同时，瑞士是一个以教育为本的社会，一贯重视发展教育事业。政府一再强调，本国人多地少、自然资源奇缺，又是内陆国家，

唯一可利用的是人力资源，而人力资源的开发完全取决于教育①，因而瑞士一直把重视和发展教育看成实现国家现代化的国策，这也奠定了其教育发展的主要基调。

在全球经济下行压力逐步增加和欧盟国家经济衰退的双重打击之下，瑞士仍能表现出强劲的经济恢复能力和稳定的国家竞争优势，其经济的发展得益于教育在人才培育方面提供的必要支撑。事实上，瑞士国内拥有密集的高等教育网络，包括 2 所联邦理工学院、10 所高等学校和 8 所职业技术学校。外国学生占高校学生的比例约为 23%，高等教育的国际化程度很高，而且教育经费占各级政府预算的比例很大（约占联邦预算的 8% 和州及市镇预算的 25%）。② 另外，瑞士实行九年义务教育，并且具有高中比例小、职业教育比例大的结构特征，适应了经济发展的需求。

二、多样化的高等教育体系适应经济发展需要

瑞士从本国实际出发，扬长避短，充分利用和结合本国自然地理环境，走出了独特的经济发展之路，形成了独特的产业结构。瑞士的第三产业在国民经济中居于主体地位，70% 的在职人员效力于服务行业。鉴于此，瑞士确立了教育和研究的双重体系来培养各产业所需的理论型和实用型人才。瑞士广义上的第三级教育机构包括 5A 类大学和 5B 类高等职业教育与培训学院。一般所指的高等学校为普通大学和应用技术大学，普通大学又包括州立大学和联邦技术学院。普通大学主要开展基础研究和教学。应用技术大学则重视实践性教学，突出应用性研究和开发。基础研究类型的大学主要培养理论和科学研究型人才，应用技术大学则主要培养技能型的人才。瑞士对这两类人才的培养都特别强调创新能力，并实施严格的职业资格考核制度，保证学生达到参与实际工作的基本能力标准。

---

① Schultz T W. Investment in human capital: the role of education and of research [M]. New York: The Free Press, 1990: 30.

② 经济合作与发展组织. 教育概览 2011：OECD 指标 [M]. 中央教育科学研究所，译. 北京：教育科学出版社，2011：50-100.

三、创新性的科研体制契合高端产业技术路线需求

瑞士将产品的立足点放在高质量和高品位上，注重产品的品牌效应和优良信誉的维护。高质量需要高端技术，高品位需要高素质的工作人员。瑞士能够长期坚持并实现这一高精尖技术路线主要依靠两点：第一，重视教育的开放性与满足社会需求能力；第二，重视科研开发、科技创新，积极将科技成果应用于生产实践。瑞士的高等教育始终采取开放态度，以就业为导向，强调创新能力和服务能力的培养，学校的学科分类针对就业市场的需求做了精心调整，以确保学校教育与社会需求的一致性，使学生毕业后能够从事与所学专业相关的工作。为了保证学生掌握最新的技术知识，高等教育包括职业技术教育与培训始终面向国际市场，更高效地利用国际资源。高等职业教育培养目标和发展视角瞄准欧洲和世界，如位于瑞士洛桑的国际管理发展学院、洛桑酒店管理学院及苏黎世翻译学院等学校已经开始培养世界型的跨国人才。同时，瑞士重视研发投入，鼓励和吸纳各种资金投入科研领域，创立了优良的科研创新环境和科学的激励机制，建立了世界领先的科研机构，而且确立了企业与科研单位直接接轨的高效机制，使企业愿意投资于研发，也能够高效地将研发成果转化为生产力。创新是瑞士提升竞争力的根本动力。

四、针对性较强的国际合作模式形成科技比较优势

瑞士早在 2002 年就以与欧盟成员国同等的地位参加了欧盟科研框架计划及其他相关科研计划。[①] 在从科技领域融入欧盟的同时，瑞士还由联邦科研领导小组牵头，组织相关政府部门官员和大学科研机构专家对近年来由政府主导的国际科技合作进行深入评估，并确定瑞士的国际科技合作要以科研机构、大学和企业间或科研人员间的项目合作为主要形式。评估

---

① 张茂明. 欧洲联盟国际行为能力研究：一种建构主义视角 [D]. 北京：中共中央党校，2002.

还指出，瑞士要加强政府层面的双边科技合作，将绝大部分科研计划和经费用于开展与欧洲国家的双边和多边科技合作，以及参与国际性科研计划和国际性科技合作组织。这种模式使得瑞士的科研针对性强、效率高，很容易在某些特定领域形成自己的优势并将其发展为核心竞争力。在管理模式方面，瑞士的协商机制保证了科研尤其是高等教育机构的科研质量。瑞士是一个联邦国家，涉及联邦、州和区三个层级。对于高等教育的管理，在联邦层面由联邦国内事务部和联邦经济事务部两个部门分管。联邦国内事务部设有教育和研究国务秘书处，负责管理普通教育、大学、科学研究的相关事宜；联邦经济事务部设有联邦专业教育和技术办公室，负责管理职业教育和培训、应用技术大学、革新政策的相关事宜。此外，瑞士还设有科学和技术委员会，它是联邦政府有关科学、教育、研究和技术的独立咨询机构，其成员是享有盛誉的科学家，直接由联邦委员会任命。同时，高等教育采用自治、协商和合作模式，有各种高等教育利益群体的联席会议。高等教育机构在自治的基础上运用相应的质量保证机制以确保和提升研究与科技合作的质量，如瑞士设有大学质量保证和认证中心，瑞士大学联席会则负责监督该中心的工作。

五、现代化的职业教育体系助力产业集群式发展

瑞士产业的竞争优势来源于产业集群，而且基于产业集群形成的集群经济已成为瑞士经济的重要板块和亮点，如钟表、纺织机械、医药、食品、银行、保险、旅游等产业都形成了高度集群的特殊模式。集群式的产业发展需要充足的人力资源储备，瑞士先进的职业教育体系为产业发展提供了充足的劳动力资源。联邦法令明确规定了职业培训的方向和项目，提供可供选择的职业方向，对工业、手工业、商业、银行业、保险业及旅游业等服务行业的培训做出了严格的规定。同时，瑞士确立了一套完备的职业考试和资格认证制度，以各种资格证书和文凭为桥梁，将中等、高等和继续职业教育及劳动力市场相互连接起来，由联邦政府负责认可并颁发有关文凭，即"联邦职业技能证书"和"职业高中毕业证书"。此外，中等

职业教育的学生在两年的学徒期结束后，通过考试后可以获得"联邦职业技能证书"，从而取得从事某种职业的资格，再经过1—2年的学习，通过考试后将获得"职业高中毕业证书"，升入高等专科学校学习或选择就业。获得"职业高中毕业证书"的学生，通过升学考试获得"职业会考文凭"后，可以直接升入应用技术大学。这样，通过开展富有特色且管理严格的职业教育，国家可以不断培养集群产业发展所需要的各类型、多层次的职业人才队伍，助力产业竞争力的提升。

六、高质量的教育促进银行业务发展和外销竞争力提升

瑞士国家竞争力位于世界前列的重要原因还包括其拥有发达的金融力量和强劲的外销能力。瑞士银行的汇兑、保险、股票及贵金属买卖的交易数额很高，而且担任了很多外国企业和商号的代理，这使得在瑞士进行的股票交易额仅次于伦敦及纽约，国际黄金交易量的2/3通过瑞士银行完成。同时，瑞士还从事转口贸易，瑞士工业产品的2/3靠外销。在当前西方工业国家构筑关税壁垒、实施出口补贴与削价倾销的贸易战中，瑞士始终强调自由贸易，凭产品质量进行竞争。瑞士依靠充足的资金，以及高质量的教育所培养的具有较高科技水平及文化水平的劳动者，用提高生产率来抵消由高工资所形成的高成本。瑞士还通过专业设置、培训课程等教育引导手段，培养特定工业生产所需的人才。

七、高素质的人力资源持续吸引国际投资

瑞士的投资环境及经济均具有较强的比较优势。这些优势包括政治稳定、法律法规健全；经济基础雄厚；金融体系健全完善，货币体系独立，银行保密严格、服务良好；经济主体构成合理，产业优势独特，以"高、精、尖、特"产品著称；等等。从土地、资本、劳动力这三大基本生产要素来看，高素质的劳动力资源是瑞士逐步形成上述竞争优势的基本保障。瑞士联邦政府重视教育，构建了先进的教育体系，鼓励创新，注重知识产权保护，通过积累丰厚的劳动力资源不断增强其吸引外资的能力。同时，

为了满足外部投资对人才的需求，瑞士高等教育十分注重国际化。有关统计数据显示，瑞士高等教育的国际化程度很高，总体来看，大学中约 1/5 的学生、超过 1/2 的博士后和约 1/3 的教师均来自国外[1]，明显高于其他主要发达国家的水平。

总之，自 20 世纪 80 年代以来，瑞士的 GDP 一直居于西方发达国家前列，即使在国际经济萧条和欧债危机的共同影响下，瑞士依然保持着平稳和高速的经济增长。近年来，瑞士的全球竞争力始终名列前茅，是世界上竞争力最强的国家之一，这与瑞士的经济投资环境、外放型和开放型的经济政策是密不可分的。但我们认为瑞士发达的教育体系和科学的人才培养机制更是不可忽视的重要因素。事实上，瑞士高等教育尤其职业教育的竞争力是排在国际前列的。众多研究表明，正是包括职业教育在内的高等教育为瑞士增强国家竞争力提供了重要的人力资源保证。

第三节　德国保持全球竞争优势的教育要素分析

一、德国教育体系对经济的助推作用

德国是自然资源匮乏的国家，除硬煤、褐煤和盐的储量丰富之外，其所需的原料和能源等在很大程度上依赖进口，如 2/3 的初级能源需要进口。此外，德国的人口规模也不大，2014 年人口约为 8099 万人，相当于中国一个人口大省的人口规模，其中 14 岁以下人口占比为 13%，65 岁及以上人口占比为 21%，属于典型的老龄化国家。[2] 目前，德国的城镇化率超过了 73%，每平方公里的人口密度达到了 230 人，仅次于比利时、

---

① SER and OEPT. Higher education in switzerland [R]. Bern, 2006：12.

② CIA World Factbook. Germany demographics profile 2014 [EB/OL]. (2015-06-30) [2016-11-18]. http：//www.indexmundi.com/germany/demographics_profile.html.

荷兰等国，是欧洲人口最稠密的国家之一。如此单一的资源结构和老龄化的人口结构却能支撑起一个世界级经济强国，一个重要原因就是德国的教育体系在培养劳动者技能、提高劳动者素质方面做出了巨大贡献，从而助推了德国经济竞争力的不断提升。教育对经济的助推作用，概括起来就是教育体系推动知识创新，强化知识应用，促进教育过程与产业发展对接，增强教育与产业部门间的互动联系。德国高效率的教育体系不断培养适应新产业需求的各类人才，并将其成功输送到新产业部门，真正实现了人才的"以用为本"。

创新能力作为知识经济最重要的驱动力，是提升生产力水平的关键要素，是一个国家产业结构不断升级、社会经济可持续发展、全球竞争力稳步提升的保证。德国产品一直以做工精致、注重创新著称，这主要得益于其极强的科研创新能力。我们分析发现，德国在多年的发展实践中，构建起了一个由政府、学校、企业、科研机构共同参与的教育主导式的科研创新体系。

（一）教育体系创造新知识的能力强，助推技术创新

德国的科研任务主要依托三类机构来完成，一是高等院校，包括综合大学、应用技术大学；二是高等院校以外的公立研究机构；三是其他非公立研究机构。通过对相关材料的分析，我们发现，在长期的实践中，德国已经形成了以高等院校为主体、各类研究机构积极参与合作的研究模式。这种模式主要通过充分发挥各类院校的学科优势、整合研究资源来有效地促进科研分工与创新。因此，可以认为，德国正是通过确立这一教育机构主导的科研体系，经受住了竞争日益激烈的经济大潮的考验。这一体系充分发挥了引领国家技术创新的重要作用。

1. 综合大学强调基础研究，引领理论知识创新

德国的综合型大学通过培养创新型人才、创新科技成果、为企业提供智力支持及加强产学研合作等形式，提高人才培养的质量并推动国家整体创新能力的建设。例如，近十年来，"大学卓越计划""高等教育协定2020""研究与创新协议"的实施显著推动了大学与科研机构的深度合

作，培养了大量高水平的科研后备力量，促进了德国基础研究的发展，增强了国家的科技创新能力。

2014—2015 年度德国拥有约 107 所综合大学，学科齐全，均设有博士点，其中大部分综合大学建校普遍较早，例如，海德堡大学于 1386 年建校，科隆大学于 1388 年建校。德国的综合大学学科较多、专业齐全，特别强调系统的基础理论教学和科研创新，研究氛围非常浓厚。综合大学的基础科研活动在很大程度上引领和推动了理论知识创新，从而为社会整体的应用型知识和技术的创新打下了坚实基础。以柏林大学为例，学校的创建者洪堡（A. von Humboldt）认为，现代大学应该是"知识的综合"，大学内应该同时进行教学活动和研究活动，大学应当讲求学术自由，举办大学要完全以知识传授和学术探究为最终目的，而实务人才的培养应该交给其他类型的专业院校。[①] 根据纯科学的要求，大学应该按照"寂寞和自由"的基本原则组织起来，这意味着大学不为政治、经济和社会利益所左右。此外，费希特（J. G. Fichte）、施莱尔马赫（F. Schleiermacher）等学者也先后提出大学的办学理念，他们均认为新的大学应该享有自由的学术氛围，应该注重"研究"。在此理念的指导下，德国的综合大学不仅发展成为传承人类文明的载体，更发展成为创造知识的摇篮。柏林大学就是最好的代表，其大学自治、学术自由、教学与研究自然结合、以追求人类理性为宗旨的校风，是德国综合大学在人才培养与科研创新方面的基本理念的体现。

2. 应用技术大学强调应用研究，引领应用型知识创新

应用型知识是指那些与生产过程联系更加紧密的知识或技能，与纯粹的理论知识相对。在德国，应用技术大学是开展应用型知识创新的主体。具体来看，应用技术大学与其他职业学校，从服务地方经济发展的角度出发，开展紧密结合自身行业并贴近生产需求的应用型科学研究，不断推动应用知识和技能的创新。

---

① 张震旦，韩欣汝. 洪堡的大学理念 [J]. 学海，2011（6）：218-220.

应用技术大学是德国高等教育体系内不同于综合型大学的一类高等教育机构，2014—2015学年德国约有217所应用技术大学，学校没有博士学位授予权，但是可以与综合型大学联合培养博士研究生。德国结合应用技术大学的专业特征和教学特色，制订了"应用技术大学联合经济界科研计划""应用技术大学联合企业界科研计划"等科研计划与实施办法，由联邦政府资助应用技术大学在通信、电子、材料、自动化、建筑工程、机械制造和企业管理等专业方面的科研活动，以改善并加快应用技术大学与企业之间的应用型科技成果创新与转化。

德国应用技术大学的科研活动主要依托两类研究机构。一类是校内由国家全额拨款建立的研究所。另一类是校内依靠自筹资金建立的研究所，该类研究所是应用技术大学为适应市场机制而创立的科研机构，与全额拨款建立的研究所具有同等重要的学术研究地位。在研究内容的确定方面，应用技术大学的科研课题主要以企业需求和应用为导向，课题成果主要用来解决企业特别是中小企业亟须解决的生产技术问题，以及如何将技术或工艺转化为企业实际生产能力等问题。在研究对象的筛选方面，应用技术大学主要遵循职业导向原则，研究对象涉及与工艺紧密相关的创新产品开发等，如产品研究、工艺过程研究、企业经营过程优化与咨询报告等。

除应用技术大学以外，德国还有6所教育学院、16所神学院、52所艺术和音乐学院、29所公共管理学院①，都是非常专业化、注重专业知识传授的机构，它们共同为德国应用型知识的传播与创新做出了重大贡献。

3. 非营利性科研机构注重与高校合作，共同助推技术创新

非营利性科研机构参与高校科研，是德国政府基于公益性目的而构建的旨在推动社会创新的特殊模式，也是鼓励　部分因市场机制失灵而未能

---

① Statistisches Bundesant. Total of higher education institution ［EB/OL］. ［2016 - 11 - 18］. https：//www. destatis. de/EN/FactsFigures/SocietyState/EducationResearchCulture/InstitutionsHigher - Education/Tables/TypeInstitution. html.

通过招投标的领域进行补偿性研究的有益机制，是德国分工明确、统筹互补、高效运行的多层次科研体系的重要组成部分。这一成功做法，对中国探索高校与非营利性科研机构合作模式、完善国家科研机制具有一定的借鉴意义。

具体来讲，非营利性科研机构与高校的合作形式主要有：就双方共同感兴趣的开发项目和研究计划开展合作；接受工业界的委托开展合作研究；以许可证形式向工业界转让研究成果等。在此基础上，德国政府整合专业科研队伍的研究成果，确立了绿色制造、信息技术和尖端制造三大创新目标。现在看来，正是这些高附加值的科技成果使德国工业能够一直保持快速发展的态势。

在非营利性科研机构与高校开展合作方面有个典型的例子。成立于1948 年的马克斯·普朗克学会目前拥有 80 多个研究所，超过 12000 名职工，其中 4400 多位是科研人员。每年有超过 9000 名博士研究生、博士后、访问学者和科研助理在这些研究所从事科研工作。另外，与弗劳恩霍夫协会合作的院校也很多。据统计，该协会有近 15000 名科研人员，科研人员多为合作院校的教授及参与实习的研究生。该协会一年能为 3000 多家企业客户完成约 10000 项科研开发项目，并将至少 40% 的经费用于社会性、非商业化的科研工作。[①] 这种由政府和企业共同出资、完全依靠市场机制来运行的科研模式，堪称德国式分散化、产业导向型创新生态系统的典范。

4. 高校注重与企业合作，促进科技成果的转化

我们需要强调的是，德国教育机构主导的科研体系之所以能在创新型人才培养和生产工艺创新方面发挥优势，是因为其拥有一套高校与企业合作的良好机制。总结起来，这种合作包括两类：一是合作研究，二是委托研究。两者互相补充，相得益彰，共同促进创新成果的转化。

---

① 佚名. 打通孤岛，化零为整，建立工业 4.0 协同创新生态圈 [N]. 南方日报，2015-02-03 (FC05).

德国高校科研项目的专业分布较为分散，有关数据显示，德国高校科研费用约占国家研发投入的 18%，科研项目中有 21% 为技术工程专业项目，29% 为自然科学项目，24% 为医学项目，4% 为农业项目，其余为人文和社会科学方面的项目。[①] 德国高校的大量科研项目并不是独立地开展的，而是积极地与企业科研和专业科研结合起来的。为了使高校科研项目更好地适应经济社会和产业发展需要，使科研成果迅速转化为企业生产力，高校与产业界及相关企业开展了多种形式的密切合作，包括合作研究和委托研究等。为此，很多大学设立了专门与企业联系的部门并安排了专门的工作人员。同时，各大学为促进成果转化，都把建立科技园看作加快技术由实验室走向市场的一项重要措施。

（二）教育体系深度对接新产业，助推产业成长

由于经济社会环境和生产投入要素相对价格在不断发生变化，产业具有一定的生命周期，其发展会呈现出兴起、扩张、成熟、衰退等方面的特点。但教育体系的发展却相对比较稳定，而且会形成一定程度的路径依赖，产业发展的动态性与教育体系发展的相对稳定性之间存在着某种程度的不匹配。德国经验表明，良好的教育体系，不仅能够与经济发展需求有效匹配，而且能够针对国家各个产业的生命周期与比较优势，输送结构合理、数量充分、质量优良的各类人才，这对于提高企业成熟度、引领产业升级发展、提高社会技术就绪度、提升国家竞争力具有重要意义。教育体系与产业的对接主要体现为人力资本供给结构与产业需求结构紧密结合、学习形式与产业组织模式紧密结合、教育体系结构与产业发展周期紧密结合。

1. 人力资本供给结构与产业需求结构紧密结合

教育作为最重要的人力资本投资方式，通过提升受教育者知识和技能水平来提高其生产力，进而推动整个社会人力资本质量和结构的改变。社会整体人力资本积累存量结构的改变，一方面可以满足经济发展对人才的

---

① 柴野. 从实验室到车间：德国科技创新路径揭秘 [N]. 光明日报，2012-11-17 (5).

需求，另一方面也能对经济发展起到一定的引导作用。所以，从教育视角来看，通过教育体系的改革，实现人才在数量、质量、结构上的合理供给以适应经济发展的需求，进而实现与产业发展的深度对接，是教育投资活动获得较高社会经济效益的重要体现。

起重机制造、电子电气、汽车和化工是德国的四大标志性产业，随着服务业、电子信息、通信产业的迅速发展，第三产业所占比重逐步超越第一、第二产业，成为德国经济的主导产业，吸引着最庞大的就业群体。制造业在德国的重要地位和高新技术产业引发的产业结构调整，促使德国对教育体系，尤其是职业教育、高等教育的专业结构进行相应调整，以满足社会经济发展需求。

德国职业教育、高等教育的专业设置能够覆盖若干个类似的职业群，具有较强的应用性和灵活性。学校会针对经济增长较快的领域开设新的专业，同时加速现有专业的现代化。例如，德国应用技术大学的专业设置集中在农林、食品营养、工程学、社会服务、行政管理与司法服务、计算机技术、卫生护理、设计、通信、传媒等领域，其毕业生主要就业领域为服务业和制造业，且主要以本地区就业为主，充分发挥了应用技术大学服务地区经济发展、助力产业结构调整的重要作用。

在实施绿色经济战略进而引发技术变革、职业变革的背景下，德国注重通过教育改革解决欧洲各国普遍存在的技能型劳动者的结构性缺失问题。其采取的主要措施包括以下几点：一是提高劳动者的现有技能，如向熟悉相关专业的员工提供包含新概念和新技术的教育与培训，提高现有教育课程的现代化水平，以使他们适应绿色经济的生产方式；二是注重劳动者通用能力的培养，如培养所有职业都适用的领导能力、商业沟通与管理能力等；三是针对新兴的、创新的、高科技的行业，以及增长迅速的生产性服务业，实施双元制职业教育文化，使德国企业更多地参与职业教育，将企业对劳动力的能力需求直接转化为教育内容。

德国产业集群的发展具有速度快、规模大的特点，呈现出"单个集群内部主体间的合作—单个集群整体创新—集群间合作"的发展路径，从"自下而上"和"自上而下"两个方向促进集群的形成。产业集群在发展过程中既需要充足的人力资源储备，又需要能够快速调整培养规模的能力。德国的经验表明，产业集群的培育不仅要考虑地理因素，更应利用创新合作网络和开展集群间合作。产业集群应根据地区特色、传统、优势和发展目标，向深度和宽度扩展，而推进其扩展的关键力量在于人力资本。德国职业教育体系一方面为产业发展提供了充足的人力资本，另一方面也具备了迅速扩大培养规模的能力。近年来，德国通过改进从普通教育到职业教育的过渡管理、开发各类双元制职业教育学习模块、保障各类职业教育的衔接和贯通、推进成年人职业继续教育等改革措施，提高了人力资本输送与产业集群发展需求的匹配度。

2. 学习形式与产业组织模式紧密结合

德国教育体系，尤其是职业教育的一大特色，是学习形式与产业组织模式紧密结合。一些产业组织以大规模流水线生产为主，需要更多的熟练技术工人，学习形式也根据产业组织模式调整为团队化协作培养；也有一些产业组织以小而精的作坊生产为主，需要更精而专的技能专家，学习形式也调整为学徒制。

德国经济的成功，与其高度专业化的生产是分不开的。德国的汽车制造、机械、化工、电气、精密仪器等生产部门非常发达，专业化程度和技术水平非常高，这在很大程度上要归因于德国教育能够很好地将学习环境与工作环境相衔接，直接缩短了学生向工作人员转换所需要的适应期。德国教育推行的双元制学习模式，能够实现学校与企业的无缝对接、学习环境与生产环境的无缝对接，从而促进了生产技能从技能熟练的生产工人向新进入的生产工人的传递，维持并提升了德国工业的专业化水平，使企业能够不断生产出做工精致、质量优良的产品。

在法律保障方面，德国从联邦法律和州法律两个层面对"校企合作、工学结合"的人才培养模式予以规范，为职业教育的发展创造良好的制度环境。在联邦层面，联邦政府颁布的《联邦职业教育法》主要对双元制中的企业主体予以规范；在州层面，各州通过立法对双元制中的学校主体予以规范。① 这种学习环境与工作环境紧密结合的模式，对实施主体的权利与义务、监管主体的法律责任、学生在学校和企业不同环境下学习与工作的相关权益的保护、考试与资格获取、经费投入与使用等各方面均做出了详尽的规定，使得跨界式的思维方式与教育方式能够充分发挥作用。

在具体执行方面，德国职业教育由政府和产业界共同承办，这不仅体现在法律责任、教育教学实施、办学经费构成等方面，也表现在毕业论文设计中的企业参与等诸多细小的教育环节中。在产业主体参与方面，产业界多层次参与教育活动，不仅为教育提供了宽领域、多层次、多样化的实践场所，还提供了经费及课程方面的保障。在德国，约有643000家企业、公共服务机构在培训年轻人，其中80%的培训职位由中型企业提供。德国双元制的职业教育以中等职业教育为主，无入学条件，生源主要来自普通教育中实践能力较强的学生。其教学分别在企业和学校中进行，70%的时间在企业，30%的时间在学校。近年来，应用技术大学和职业学院开始应用双元制模式，即理论学习在学校完成，实践学习在企业完成，两方面轮流进行，从而逐渐建立起一个从学徒培训直至硕士培养水平的、连续的双元制职业教育途径。

3. 教育体系结构与产业发展周期紧密结合

德国的"企业成熟度"支柱在全球竞争力体系中排名前10，其数量众多、质量一流、具有较长价值链和强大国际竞争力的企业，不仅能够确保德国支柱产业的世界领先水平，同时也为其国家竞争力的不断攀升提供了重要动力。德国横向沟通融合、纵向衔接延伸的终身教育体系，不仅能够为其产业价值链的不断延伸输送各级各类人才，同时也能够通过对现有劳动者的技能提升进一步带动产业的升级发展。德国的经验表明，只有经济发展需求与教育结构体系高度匹配时，才能有力提升国家竞争力。

德国已形成了中等教育与高等教育相贯通的、职前教育与职后教育相

---

① 姜大源. 德国"双元制"职业教育再解读 [J]. 中国职业技术教育，2013（33）：5-14.

结合的、与劳动力市场结构相适应的职业教育结构。初等职业教育培养初级技术人才，主要是开展职业指导和技能方面的基本培训，包括企业内的初级技能培训、职业预校及实科中学等对初中生的基本职业技能的指导；中等职业教育培养中级技术人才，使其具备与生产和服务的技术、工艺、流程相适应的相关技能，实施机构包括双元制职业学校（学制3—3.5年）和全日制职业专科学校（学制1—3年）等，毕业后直接就业；高等职业教育培养高级应用型、技能型人才，实施机构包括应用技术大学、职业学院，以及部分综合大学。各类教育机构在德国职业资格框架下，能够实现良好的融合互通。

在德国，终身教育被认为是人们进一步提升职业技能和社会适应能力所必需的。在终身教育体系下，德国职业教育体系呈现出多样的特点：较强的连贯性；教育对象、内容、方法的开放性；教育形式的灵活性；政府、企业、学校合作办学的协同性等。德国实行双证制教育，同一套课程既提供职业资格教育又提供升学资格教育，双证制教育的毕业生既具备继续上大学深造的资格，又具备从事一种专门职业的资格。德国实行带薪教育休假制度，政府每年给予劳动者一定天数的教育假，休假期间的学习内容广泛，并不局限于职业教育，这促进了终身教育的推广。此外，德国一直在为发展职业继续教育进行不断的探索，在促进各个教育领域的融合互通的同时，进一步扩展职业继续教育，包括职业适应教育、职业晋升教育等，并用法规性文件《职业进修条例》等加以规范。这种带有强烈职业教育色彩的终身教育，有助于不断提升人力资本要素对经济发展的贡献度和驱动作用。

（三）教育体系培训新技能的效率高，助推充分就业

教育体系对经济的助推作用，还体现在教育体系能够以较高的效率培养市场所需的技能型人才。德国教育体系具有较大的灵活性，一方面培养模式能够迅速升级，满足最新的市场需求；另一方面培养规模能够迅速调整，适应市场就业率的最新变化。德国教育体系所具有的灵活性特点，极大地提高了技能与岗位的匹配度，有助于实现毕业生的充分就业。统计数据显示，德国具有中等职业教育及以上文凭的青壮年人口失业率仅为7.5%，而经济合作与发展组织（以下简称 OECD）国家的平均失业率达到了 10.6%。① 职业教育对青年人口的就业促进作用非常显著。

只有实现了毕业生的充分就业，才能够真正地发挥教育对经济的长期促进作用。正是由于做到了这一点，德国经济才能够长期保持稳定增长的态势，德国失业率才能够保持较低的水平，德国社会才能够形成较强的抵御风险和自我恢复的能力。

1. 迅速升级培养模式，满足新产业扩张对高技能劳动力的需求

德国经济技术创新非常活跃，新技术消化应用的周期大大缩短，这要归功于教育体系能够高效地察觉市场需求的最新变化，升级技能培训和人才培养模式，满足新兴产业对高技能劳动力的需求。

新能源产业是德国目前的新兴产业。为解决资源不足带来的问题，2010 年，德国政府发布了其面向 2050 年的能源总体发展战略《能源规划——环境友好、可靠与廉价的能源供应》，将可再生能源（包括风能、太阳能、水力和生物质能）作为德国未来能源消费供应的主体，将能源再生与持续供应作为发展绿色经济的重要战略。目前，新能源产业的发展面临着较大的技能劳动力缺口，合适的技能工人处于供不应求的状态。考虑到主流的工业、商业和生态产业在绿色技术方面日益增长的需求，双元制职业教育迅速运用整合的方式进行了调整和升级，促进劳动者对绿色技术的应用和非环境职业中更高绿色标准的实施。升级措施主要体现在两个方面。第一，创设新的培训职业，更新现有的双元制培训职业目录。1996年至 2009 年，德国创设了 82 个培训职业，219 个培训职业实现了现代化。② 2002 年新增了 4 个"绿色"的双元制培训职业，即回收和废物管理技术员，给水工程技术员，污水工程技术员，管道、下水道和工业服务技

① OECD. Education at a glance 2014：OECD indicators ［R/OL］.（2015 - 11 - 24）［2016 - 11 - 18］. http：//www. oecd. org/education/education-at-a-glance-2015. htm.

② 徐峰. 绿色经济背景下职业教育的回应与变革：丹麦、德国的经验与启示 ［J］. 外国职业教育，2011（17）：33 - 37.

术员。第二，在现有教育内容中增加适用于绿色经济的相关内容。例如，为传统的供暖和空调技师提供相应的继续教育内容，以培养太阳能设备安装技术人员。双元制教育还将持续加强工作安全、健康和环境保护方面的培训，以提高劳动者的绿色意识。

2. 迅速调整培养规模，满足产业集群对高技能劳动力的需求

培养规模是德国教育体系的基石，是制订普通教育和职业培训教育发展计划的必要前提。在产业的不同发展时期，会形成不同的高技能劳动力需求结构和规模。教育体系既要在结构方面做出调整，又要在规模方面做出调整。

对德国职业培训教育来说，其培养规模一般依据"培训金字塔"① 所呈现的技能层次来确定。处于金字塔底部的技能，其培养规模也较大；而处于金字塔顶端的技能，其培养规模也相对较小。在德国，没有职业或没有受过职业培训的 15—19 岁青少年相对较少，只占总数的 12%。随着产业集群的不断升级，德国对于能直接创造新价值的高水平专业人才的需求不断增加。2010 年，在德国整体职业教育培训中，高水平人才的比例逐渐提高到 17%—18%。德国双元制职业教育体系所培养的具有较强适应力的劳动者与学术性教育体系所培养的工程师，已经成为支撑德国社会经济发展、助力产业集群发展的重要力量。

3. 打造高度融通的终身教育体系，满足社会的不同需求

德国的终身教育体系非常健全，不同教育层次和教育种类之间的融通性非常高，学生在不同类别教育之间的升学或转换渠道非常畅通。这样的教育体系，给不同类型的学生提供了更多可能的选择。即使学生入学后发现学校和学习类型无法满足自身的兴趣和发展需要，都有改变学习轨道的机会。这样的教育体系，不仅能够促进个人职业生涯的发展，更能够使社会经济发展维持在较高水平。

---

① "培训金字塔"指培训的技能越低，有需求的人越多，培养的人才层次相对较低，处于金字塔的底端；培训的技能越高，有需求的人越少，培养的人才层次相对较高，处于金字塔的顶端。

德国人讲究逻辑，讲究精确、务实、条理；不注重彰显个人特色，而注重做好分工和完成好自己的任务。这些文化传统不仅使得职业教育的主体——学生在选择学校类型、完成理论学习和实践任务时能够求实认真、一丝不苟，也使得社会无论是对于职业学校，还是对于选择接受职业教育的青年人都十分认可。因此，职业教育体系能够不急不躁，在与其他教育的融通中获得良性发展。这一融通体现为三个方面。第一，职业教育与普通教育的互通。2013 年实施的《德国国家资格框架》收录了包含学位资格和职业性资格在内的 22 种资格类型，学位资格包括学士学位、硕士学位和博士学位三种，职业性资格分为非学位类职业资格和学位类职业资格两类。通过这一体系，德国初步实现了各类职业资格之间、普通教育与职业教育之间的融合与贯通。第二，职业教育与职业培训的融合。在德国，约有超过 60% 的中学毕业生会选择 350 多种职业培训中的一种，并在受过职业培训之后开始自己的职业生涯。这种青年人开始职业生活的独特方式有别于其他国家的纯粹的校内职业教育。第三，高等教育体系中应用技术大学与综合大学的沟通。在应用技术大学接受职业教育的学生，达到一定的优异程度，可以到传统大学继续深造。

德国 25—64 岁人口群体中完成了高等教育的人口比例，2005 年约为 25%，2010 年约为 27%。据统计，2012 年约有 53% 的适龄青年进入学术导向的高等教育项目，还有约 22% 的适龄青年进入一些短期的职业化导向的高等教育项目。[①] 这些数据从侧面反映出德国的职业教育发展非常成功，对适龄青年的吸引力非常强，使得适龄青年不再重点关注读高中上大学这一条发展途径。

4. 发展中小企业，大力实现各层次教育毕业生的充分就业

中小企业既是德国的经济支柱，又是德国吸纳毕业生就业的经济主体。德国中小企业的蓬勃发展发挥了"加速器"的功能，为实现各层次教

---

① OECD. Education at a glance 2014：OECD indicators ［R/OL］. (2015-11-24) ［2016-11-18］. http：//www.oecd.org/education/education-at-a-glance-2015.htm.

育毕业生的充分就业做出了巨大贡献。

统计数据显示，德国青年的失业率比较低。2011 年德国青年人口中，既没有进入教育体系学习、又没有参加工作的比例约为 11%（其中不想参加工作的比例约为 6%，想工作却失业的比例约为 5%），而 OECD 国家的平均比例约为 16%。德国如此低的青年失业率，与发达的中小企业体系是密不可分的。

德国政府不遗余力地为中小企业的发展提供便利，先后通过了一系列法律来推动企业开展创新活动，以保持企业竞争力，创造更多的就业岗位。德国规定，只要中小企业安排研究任务，公布需要攻克的难题，就可得到相关政府部门的奖励基金，企业则可利用这笔奖励基金聘用科技人员。例如，有关政策规定，任何国家级大型科研项目，必须至少有一个中小型企业参加，否则就不予批准。企业通过参与科研项目的整个研究过程，深入了解其中的设计思路、工程结构和工艺方法等全部细节，强化了企业自身的技术基础，从而更有信心和热情开展创新。而科研机构选择科研项目时，首先必须想到要为将来的产业化服务。企业为了保持或提升竞争力，就必须始终坚持创新。这种压力迫使企业在研发上不断增加投入，更新或改造原有的技术和设备。据统计，2010 年德国企业的科研投入总额高达 490 亿欧元，占全国科研投入总额的 70%。欧盟企业研发投资排名前 25 的企业中，德国企业占了 11 个。

总之，德国经济在世界上处于领先地位，其生产的机械、汽车、化工产品和多种日常生活用品在国际市场上都拥有极强的竞争优势。但"德国制造"的优势不是来自廉价劳动力，而是来自不断累积的人力资本、层出不穷的科技创新成果与可靠的产品。事实上，很多人将德国比作一个高质量的世界工厂，就是因为其先进的生产工艺和高质量的产品赢得了国际消费者的广泛赞誉，而这与德国制定鼓励创新和成果转化的政策、加强科研机构的创新能力、提高科技成果的转化效率有直接关系。德国的科技创新能力一直领先于其他欧洲国家，这是德国保持传统制造行业竞争优势的关键。

二、德国教育对全球竞争力排名的贡献

德国是处于创新驱动阶段的经济体，其全球竞争力排名从 2006 年到 2012 年始终在第 5 至第 7 徘徊，2013 年上升至第 4，2015 年继续保持第 4，位列瑞士、新加坡、美国之后，成为最具竞争力的经济体之一。这表明，在世界经济增速放缓和欧元区经济危机的影响下，尽管 2013 年德国经济增长速度未能呈现明显改观，实际 GDP 增长率仅为 0.1%，但其积蓄的竞争力已开始逐步释放，2014 年和 2015 年实际 GDP 增长率分别为 1.6% 和 1.7%。通过对近几年《全球竞争力报告》的分析，我们发现，德国竞争力迅速提升的主要原因是教育结构优化和质量提升使得人力资本要素的贡献度提高，以及创新能力和技术吸收能力提高使得经济发展的驱动力增强等。

第一，教育相关因素对德国全球竞争力的贡献体现在社会经济各个领域。从指标分布数量看，全球竞争力指标体系的 114 项指标中"健康与基础教育"支柱的 2 项指标和"高等教育与培训"支柱的 8 项指标均属于教育指标。"技术就绪度""企业成熟度""创新" 3 个支柱也有部分指标与教育存在相关性（见表 2-1）。尽管《全球竞争力报告》仅选取了与经济发展具有密切关系的教育因素，未能涵盖一个经济体教育的全部内容，但足以说明教育的发展已经融入一个经济体社会经济发展的各个领域，并发挥着举足轻重的作用。

表 2-1　2015 年德国教育相关指标的排名

支柱	具体指标	排名	与教育的关系
第 9 支柱：技术就绪度	9.02 企业层面的技术吸收	12	企业对技术的吸收水平在很大程度上取决于企业的劳动者对技术的吸收能力，取决于劳动者的素质，取决于教育对技能型人才的培养水平

续表

支柱	具体指标	排名	与教育的关系
第11支柱： 企业成熟度	11.02 本地供应商的质量	4	企业能否拥有新技术、新工艺，开发新产品，能否拉长出口国内增值链条，能否提高企业的核心竞争力，取决于教育能否为促进企业升级培育相应的技能型人才
	11.04 竞争优势的性质	7	
	11.05 价值链的广度	3	
	11.07 生产工艺的先进性	3	
第12支柱： 创新	12.01 创新能力	5	自主创新的能力、科研机构的质量、大学与产业合作研究的密切程度、科学家和工程师的可获得性的根本决定要素是教育能否培养具有高创新能力的人才与高等教育自身的科研产出能力
	12.02 科学研究机构的质量	9	
	12.04 大学–产业的合作研究	10	
	12.07 科学家和工程师的可获得性	6	

资料来源：*The Global Competitiveness Report 2015-2016*。

第二，教育相关因素是德国全球竞争力优势指标的关键组成部分。从优势指标占比看，《2015—2016全球竞争力报告》显示，德国位列世界前10的优势指标共33项，其中包含2项职业教育指标和7项教育相关指标，优势指标中教育指标占了27%。德国职业教育指标的出色表现与"企业成熟度"支柱的相关指标位居世界前5密切相关，教育系统的质量、数学和科学教育质量这2项指标排名的迅速跃升与"创新"支柱中的科研机构质量、产学研合作、科学家和工程师的可获得性排名的快速提升密切相关。良好的教育和培训能够提升人力资本要素的价值，从而促进企业的发展成熟；增强国民综合素质，从而促进社会的技术吸收；提供智力支持，从而促进国家的创新发展。教育的发展不仅能够带动教育各项指标排名的提升，同时也能够对其他支柱排名的提升产生直接的辐射作用。

第三，德国教育相关指标排名跃升幅度较大。从近年来各支柱排名的跃升幅度看，德国"高等教育与培训""劳动力市场效率""创新"3 个支柱的排名跃升幅度最大。"高等教育与培训"支柱的排名从 2009 年的第22 提高至 2015 年的第 17，"创新"支柱的排名从 2009 年的第 7 提高至 2015 年的第 6，"劳动力市场效率"支柱的排名从 2009 年的第 70 提高至 2015 年的第 28。可见，通过教育与培训实现人力资本的快速输送，通过劳动力市场实现人力资本的充分释放，通过科技创新机制激发人力资本的价值提升是一个经济体竞争力的核心要素，也是德国"实体经济+人力资本"模式在全球竞争力体系中不断取得成效的重要法宝，而其中起到关键性作用的是人力资本，提升人力资本的关键则在于教育。

三、德国全球竞争力教育指标解读

《全球竞争力报告》对教育及其相关指标的选取反映了一个经济体在社会经济发展方面对教育的诉求——各级各类教育的规模、与经济发展相匹配的教育质量、高等教育的创新能力、职业教育的实践能力。德国近年来给予上述关键问题重点关注，抓住了竞争力提升的关键动力。2011—2015 年德国教育指标的排名见表 2–2。

表 2–2　2011—2015 年德国教育指标的排名

指标	2011	2012	2013	2014	2015
4.09 基础教育的质量	36	30	25	22	19
4.10 基础教育入学率	25	33	39	30	30
5.01 中等教育入学率	20	20	24	29	27
5.02 高等教育入学率	—	—	—	37	38
5.03 教育系统的质量	17	20	14	12	10
5.04 数学和科学的教育质量	48	29	21	20	16
5.05 管理院校的质量	36	32	27	29	25
5.06 学校互联网使用率	41	45	42	43	39

续表

指标	2011	2012	2013	2014	2015
5.07 高质量职业培训的可获得性	3	4	2	3	5
5.08 职工培训投入度	16	13	10	13	13

数据来源：历年 *The Global Competitiveness Report*。

（一）教育结构与经济结构的匹配度不断提升

一个经济体教育结构与经济发展需求的匹配程度，是教育能否充分发挥对经济的服务功能、充分激活对其他支柱的辐射效应、充分发挥对全球竞争力的推动作用的关键所在。近年来德国教育结构与经济发展需求的匹配程度逐渐增强，基础教育的质量、数学与科学的教育质量、管理院校的质量均有显著提升，从而带动了教育相关指标排名的整体跃升。

第一，为了提高国民素质和社会创新能力，德国政府不断提升基础教育、数学与科学教育的质量。5—18 岁青少年的数学与科学教育，是全民科学素质提高和国家科学建设的重要环节。近年来德国通过中小学课程改革，从关注输入转向关注输出，从知识导向转为实践导向，不断提升其数学与科学教育的质量，不仅使全球竞争力的相关指标排名有所提升，也使其在"国际学生评估项目"（PISA）和"国际数学和科学趋势研究"（TIMSS）中的得分与排名获得了显著提升。

第二，德国政府以服务社会经济发展为出发点，推行了一系列旨在提升高等教育质量的改革。改革内容涉及增加教育和研发经费投入，促进教育公平，鼓励创新，培养高端人才，加强对高校、校外科研机构和企业的战略统筹，以及加快国际化进程等。2007 年开始实施的《高等教育协定 2020》与侧重资助尖端科研而惠及少数高水平大学的"大学卓越计划"形成互补，旨在促进德国高等教育整体规模的扩大和质量的提升，增强德国高等教育对经济发展的贡献度。该协定的相关计划主要包括三方面内容：一是联邦政府与州政府共同出资购买高校学习名额，使更多的年轻人接受高等教育，缓解德国就业市场对高素质专业人才的紧迫需求；二是联邦政府通过对高水平科研项目的额外资助，帮助德国高校在国际竞争中形成自己的科研特色和优势，进而推动德国科技的创新与发展；三是通过改善德国高校的教学条件，使更多的教师和专业人员进入高校，向学生提供更好的咨询和辅导，提高德国高校的教学质量和教学效果。相关计划分三个阶段来实施，分别为 2007—2010 年、2011—2015 年、2016—2020 年。目前，第一阶段已收到良好的效果，高校入学率（大学新生占同龄人口的比例）由 2005 年的 37% 增加至 2010 年的 46%，其中，应用技术大学的招生人数比 2005 年增加了 38%，教师的数量也有大规模增加。

（二）双元制职业教育的办学质量不断提升

一个专业化、高质量、企业积极参与的职业教育培训体系所培养出的具有高技能水平和高职业素养的人力资本是一个企业提供高品质产品与服务的基础，也是一个经济体经济可持续发展的根本所在。德国双元制职业教育不仅被誉为第二次世界大战后德国经济腾飞的秘密武器，也是 2008 年经济危机后德国经济稳步增长的坚实平台。德国政府认为，德国经济强势的根本原因在于有一个统一而卓越的职业教育和职业继续教育体系。[①]

第一，突出职业教育培养技能型人才的功能。德国双元制职业教育通过具有行动导向的理论学习与实践锻炼，培养青年从事未来职业的基本能力，以及应对劳动力市场变化和经济发展周期的适应能力。这一模式成功的关键在于职业学校与企业的合作、联邦政府与州政府的合作，实践与理论的结合、工作与学习的结合，职业教育供给与劳动力市场需求的无缝对接。作为双元制的主体，职业学校主要受各州法律的调整，企业主要受联邦层面的《联邦职业教育法》的调整。《联邦职业教育法》经过了多次修改，赋予具有职业教育资格的企业法律地位和法律责任，使企业的营利性与学校的公益性、教育满足个人需求与服务经济发展的目标得以在同一框

---

① 姜大源. 德国"双元制"职业教育再解读 [J]. 中国职业技术教育，2013（33）：5-14.

架下实现。同时，德国进一步促进了终身教育体系内的职业教育的发展，制定了职业教育与继续教育的衔接措施，包括确定了补充性培训、进修性培训、提高性培训等培训成绩的相互折算方法等。双元制职业教育中基于企业工作过程的学习，有利于职业教育紧跟技术发展的最新水平，提高学生对技术的吸收和应用能力。基于《德国国家资格框架》标准的学习，有利于普通教育与职业教育的衔接与沟通，促进个人职业生涯的多样化发展，降低劳动者的失业率，提高劳动者的劳动效率。

第二，推进职业教育向各级教育尤其是高等教育的延伸。当前，德国双元制职业教育的改革方向是促进双元制向各级教育的延伸。双元制职业教育是德国教育的第二阶段（即高中教育阶段）Ⅱ级，属于中等职业教育范畴。加强第二阶段Ⅰ级教育和高中后教育与双元制的衔接，是德国教育关注的重点。在第二阶段Ⅰ级教育中，德国注重为学生提供实践导向的、系统的职业指导，使学生能够更顺利地过渡到双元制职业培训系统中。在高等教育阶段，巴登-符腾堡州的双元大学，采取学校学习与企业学习三个月一轮换的双元教学形式，这种教学形式已经逐渐扩展至德国的应用技术大学、职业学院及部分大学，促进了双元制职业教育向高等教育的延伸。但上述高等学校并不属于高等职业教育范畴，因此，如何实现双元制职业教育的真正升级，仍是德国职业教育未来改革的重点之一。

（三）注重激发高等教育的创新能力

创新能力作为知识经济的重要驱动力，是提升生产力水平的核心要素，是一个国家产业结构不断升级、社会经济可持续发展、全球竞争力稳步提升的原动力。作为科技最发达的国家之一，德国在基础研究、应用研究、科研成果转化等方面走在世界前列。德国具有一个在政府和企业共同支持下的，能够充分激发创新活力的环境体系。德国通过培养创新型人才、开展科学研究、为企业提供创新智力支持与开展产学研密切合作等，推动国家创新能力的提升。

第一，通过"卓越计划"推动高校科技创新。"卓越计划"旨在通过政府重点资助，培育高水平的大学科研机构和科研项目，打破德国大学传统的均质化结构，促进国内高校的竞争，提高德国大学在世界上的影响力。该计划的实施内容包括创建博士研究生院、打造卓越团队和实施大学未来战略三个方面。该计划的实施已经历了两个阶段：第一阶段是 2006年 7 月至 2011 年 12 月，共投入资金 19 亿欧元；第二阶段是 2012 年至 2017 年，共投入资金 27 亿欧元。尽管该计划在实施过程中饱受争议，但还是在一定程度上推动了大学与科研机构的深度合作，培养了高水平的科研后备力量，促进了德国基础研究的发展，提升了德国大学的国际地位，增强了国家的科技创新能力。

第二，利用多种"联合计划"加快科技成果转化。德国实施了"应用技术大学联合经济界科研计划"和"应用技术大学联合企业界科研计划"，由联邦政府资助应用技术大学在通信、电子、材料、自动化、建筑工程、机械制造和企业管理等方面的科研与开发，以改善和加强应用技术大学的应用型科技成果的转化。计划的实施有利于发挥应用技术大学与生产实践关系密切、成果转化周期短的优势，对促进应用技术大学的科研创新能力起到了示范作用。

四、德国教育对中国的借鉴意义

（一）德国发展教育的基本经验

德国是当今世界上名列前茅的经济和工业强国。在百余年的现代化发展历程中，德国曾多次遭到战争的严重破坏。但无论遇到的阻力和困难有多大，德国都能再次迅速崛起，位居世界强国之列。究其原因，就是德国经过了数代人的努力，形成了极具生命力的科学的教育体系，建构起了以教育带动科技经济腾飞的发展模式。

在现代化进程中，德国始终把教育放在经济社会发展的中心地位，教育和科研被德国联邦政府定义为经济和社会进步的基础，是一项公民权利。国家必须与"教育贫困"做斗争，为民众提供公平公正的教育机会。德国发展教育的主要经验可总结如下。

第一，一贯重视和大力扶植教育事业。德国政府对教育的重视由来已久，曾提出"正因为贫穷，所以要办教育，要通过教育来振兴国家"的基本主张。2009年德国联邦议院和联邦参议院在经济大萧条的背景下审议通过了"第二次经济刺激计划"，其中涉及教育和科研的经费约172亿欧元，约占总经费的35%。德国希望通过发展教育来提振经济。[①]

第二，注重加强产学研的横向联系。德国联邦政府的办学宗旨之一是"国家服务于教育，教育服务于理性国家"，学校为企业培养高素质的人才，企业充分挖掘人才潜能，校企之间不断加强合作。具体来看，高校为企业输送优质人才和新型专利技术，而企业则为高校提供科研经费。德国人认为，拥有高素质的人力资源是对德国经济和工业的惊人进步及德国超过英国、法国这两个强大工业国的内在原因的最令人满意的解释。德国教育造就了大批世界一流的高级人才，他们又创造出了世界一流的新发明和新成果，缔造了德国经济的一个又一个奇迹。

第三，确立创新、普及和提高相结合的教育模式。德国政府将教育和科研定义为经济和社会进步的基础，按照计划，联邦政府在2013年增加经费投入120亿欧元，并继续执行"精英计划"和"研究与创新协议"，继续通过"高校协议"确保27500个新的学习位置。[②]

第四，制定制度化、民主化的教育政策。首先，联邦政府与地方政府的教育决策范围和决策权限在法律中有明确的规定，双方在教育行政管理中的分工与合作具有法律依据。同时，社会各界人士参与教育政策与决策的权限有明文规定，参与的形式和途径也比较明确和规范。其次，教育政策的制定程序比较规范，有些教育政策的制定还有相关的法律规定，如联邦职业教育政策的制定。这种制度化的方式可以排除一些消极因素的影响，消除教育政策制定的随意性，是教育政策制定科学性的重要保证。

此外，德国教育行政重视咨询机构和专家的作用及社会各界人士的广泛参与。在教育政策制定过程中，各领域的专家们能及时地提供自己的研

---

① 陈仁霞. 德国"第二次经济刺激计划"重在教育 [J]. 德国研究, 2009 (1)：16.
② 李国强. 德国新一届政府定义教育与科研为"经济和社会进步的基础" [J]. 德国研究, 2009 (4)：56.

究报告和建议，并能得到决策部门的重视和采纳，这对教育决策的科学化和教育效率的提高发挥了极大的促进作用。社会各界人士的广泛参与，为教育政策的制定奠定了坚实的群众基础。这种教育政策制定机制既体现了教育决策民主化的精神，又提高了教育决策与管理的效率。

第五，规范法令法规并贯彻执行。德国的教育改革通常都有完整而详细的法令规定做保障。通常联邦政府所制定的法律多为纲领，或对全国一致性框架做出的规范，以及有关新兴教育改革措施的相关规定，各州可以根据其文化教育自主范围颁布具体法律，学校也可以在法律授权的范围内制定自治规范。历经数次修订之后的法规常常多如牛毛，难能可贵的是德国上上下下对这些法规都能不折不扣地贯彻执行。为了符合民主程序与国家精神，法令规范的制定通常要经过繁复而冗长的各种程序，其缺点是缺乏弹性。以职业教育中的行业更新为例，目前要在400多个认可的职业教育行业中新增加或减少一个行业项目，至少需要3—5年的时间，这些更新需要取得各州职业学校教师代表、工会团体与业界团体代表的同意。冗长的时间与程序旨在保障所有利益团体的利益与程序正义，但是现代经济发展甚为迅速，在信息化、科技化与全球化的压力下，企业常常无法容忍这种比较缓慢的程序。

第六，重视教育研究与培养批判反省精神。德国教育的发展历史其实就是教育理论与教育实践不断交互辩证的过程。德国的教育学研究历史悠久，自成体系，而且与师范教育和学校教育实践的发展密切相关。重视教育研究与培养批判反省精神形成了德国教育改革的特殊路径。教育学者可能先从不同的角度观察与批判教育问题，进而形成反省的思潮与全面改革教育的诉求。这一过程既不是单纯的"自上而下"，也不是完全的"自下而上"，而是教育研究者与决策者互动的过程。

第七，注重学术定向、追求卓越、个性发展与课程改革。国际教育竞争相当激烈，为了兼顾学术定向、追求卓越、个性发展等理念，德国初等教育素以延长"基本教育"时间为首要手段，同时加大部分内容的难度。此外，初等教育还强调"以鼓励代替淘汰"，即改革教学测量与评估的实施办法，如在低年级废除以分数为具体评价指标的传统做法。

学术定向与追求卓越的特色同样反映在师资培养制度的变革中。目前德国师资培养制度已经确立了分阶段师资合流培养、三阶段式教育（职前教育、实习教育与进修教育）、科学化与专业化等原则。所有学校教师至少都具有第二阶段国家考试（相当于硕士）的学术水平，而且也都要不断接受进修教育。

（二）德国职业教育助推经济发展的基本经验

19 世纪 50 年代，德国工业开始兴起，企业家希望获得大量熟练的技术工人，于是手工业首先开办了职业学校。随着工业的发展，职业学校种类增多，渐成体系。魏玛共和国时期，将公民教育与生产劳动、职业技能结合起来，以及通过职业技能教育实现"为国家服务"的思想顺应了国家发展的需要，这些思想被吸纳到《魏玛宪法》中，职业教育成为推动生产力发展的重要工具。1933 年，希特勒（A. Hitler）宣称要实现"每个德意志职工拥有一辆小汽车"的目标，他一方面指令大众汽车公司去美国福特汽车公司取经，另一方面命令学校培养适应汽车工业发展的技能型人才。"军事工业化"要求国家将所有资源都投入战争经济中，包括让妇女、农民等社会成员都从事军工行业。尽管战争留给德国一片废墟，但在此期间德意志民族也拥有了众多具有生产经验和生产技能的熟练劳动力。1969年，《联邦职业教育法》正式颁布，首次以法律的形式确立了双元制职业教育制度，明确了双元制职业教育利益相关方的责、权、利，这是双元制在德国职业教育发展史上真正得以确立的标志。

双元制是德国职业教育的基本形式，是指学生在企业接受技能培训和在学校接受理论培养相结合的职业教育形式。技能培训对象以初中毕业生为主。接受双元制培训的学生，按照相关法律规定，与企业签订职业教育合同，获得培训机会，之后再到相应的职业学校注册以取得学习理论知识的资格。通常，学生有 2/3 的时间用于企业实训，1/3 的时间用于在职业学校学习技能理论。值得注意的是，职业教育合同是双元制的重要保障，保证了培训有章可循，突出了企业在培训中的主体地位。双元制充分结合了企业和学校各自的优势，学生在企业中可以直接看到技术更新，获得宝贵的实践经验，在学校中则可以学习系统的专业知识，为今后的发展打下坚实的基础。显然，双元制既继承了学徒培训传统，又融合了现代职业教育的发展特点。

20 世纪 60 年代，德国经济进入高速发展时期，第二产业在三大产业中占据了明显的优势地位，制造业成为经济的主要增长点。与之相呼应，职业教育在此时期也达到了一个发展高峰。60 年代中期，以高等专科学校的出现为标志，职业教育进入大发展阶段，每年为企业提供大量的熟练技工。由此可见，德国工业的腾飞离不开职业教育持续不断的人力资源供给。

（三）对中国的借鉴意义

第一，改变教育理念。教育制度本身的变革并不是解决教育问题的关键，重要的是改变教育观念。从德国教育的发展历史可以看出，在历经数次统一教育发展的努力之后，德国放弃了教育的"大一统"，下放权力，给地方以充分的教育自主权。德国采取了多元化的教育发展模式，鼓励学校进行教育实验，以及改进课程设置、教学模式、评价方式、师资培养制度。德国创办了综合中学及各种教学组织，以满足不同学生的有差异的学习需求。而我国的教育更为强调统一，忽视了学生的不同背景、不同禀赋和不同需求，在教育改革中往往缺乏这方面的系统考虑。我们应该对此予以充分的注意。

第二，必须把教育改革当作社会改革的重要组成部分。教育改革是国家改革的重要一环，但是随着经济的发展和社会的进步，教育改革也应适度超越原有范围，发挥引导社会进步的功能。教育改革实质上就是一种社会改革，或至少应该在社会改革的框架下进行，这样才能取得成效。我国在一定程度上存在着教育改革与社会改革脱节的现象。我们应该认识到教育对社会和经济的促进作用的发挥要依靠社会其他系统的配合，单靠教育的发展来解决各种社会棘手问题显然是不可能的。在某种程度上，教育改革应该是经过系统化思考且基于充分准备的变革措施，而不是治疗"教育病"的特效药。任何教育改革的计划、政策、模式都必须具有自我反省与自我发展的机制，否则在教育改革短暂的"药效"过后，这些计划、政策、模式反而容易成为另一种僵化体制的来源。在德国教育的发展过程中，教育研究人员通过教育研究从多角度对教育改革措施进行反省和批评，同时也将相关教育理论、教育决策和教育实践相互印证，这样就避免了教育改革的盲目性和走弯路的可能性。我们应当看到，在中国的教育改革中，教育研究人员尚不能充分发挥对教育改革的指导和评价作用。今后我们应该充分发挥教育研究的作用，切实使教育决策和教育实践建立在科学、全面的论证的基础之上。

第三，用制度来保证教育决策的科学化、民主化。与德国相比，中国的教育政策制定缺乏明确的制度规范，这就使科学化与民主化的教育决策失去了重要的依托与保障。基于现实，我们应做出以下努力：在中国现行的法律还没有对教育科研做出具体规定的情况下，教育管理部门要为专家、学者的研究提供支持，对承担研究的组织机构、管理职责、人员经费、时间进度等做出一系列规定，用制度化的管理为研究任务的完成提供保障。教育行政主管部门在做出教育决策之前，应先请咨询机构做深入研究或提出意见，并把这种决策程序制度化。此外，教育管理部门还应制定相关制度，明确社会各界人士参与教育决策的形式和途径。只有经过深谋远虑和集思广益，制定出来的教育政策才能周全完善，易于推广执行。过去，由于缺少制度的规范，致使有些决策的制定过于草率，这在一定程度上会影响教育行政质量和效率的提高。

第四，逐步凸显大学学术人员的社会地位与价值。德国大学教授拥有很高的社会地位和很大的学术自由，这有利于他们充分发挥教学和科研的优势，在各自的学术领域不断探索和创新。事实上，世界发达国家的成功经验表明，大学建设必须凸显学术人员的价值，尊重学者的学术自由，鼓励探索和创新。具体来讲，国家要在政策中塑造大学教授和研究人员等学术人员的崇高形象，坚决杜绝学术腐败现象，营造良好的学术氛围，挖掘学术人员的价值；要进行大学内部管理制度和考核机制的改革，真正确立能够激励优秀学术人员脱颖而出和广大教师踏实教学的制度环境。

第五，进一步促进高等学校的合理分工和定位。高层次人才培养的合理分工是一个国家经济健康发展的重要保证。在许多发达国家，普通教育和职业教育是整个教育体系中两个不可缺少的组成部分，它们之间无轻重之分，贵贱之别。事实上，高等职业教育培养出来的应用型、技能型人才与普通高等教育培养出来的理论型、学术型人才一样，都是社会所必需的。德国有举办职业教育的传统，在古典经院式大学培养精英人才的同时，学徒培训、实训工场和职业学校培养了大量技能型人才，形成了双元制职业教育制度。近年来，我国进行了高等教育体制改革，基本上改变了由行业部门直接管理高等学校的局面，实现了向中央和地方两级管理的转变，但是在办学形式上还没有真正形成以国家办学为主、产业办学为辅、社会力量办学为补充的多元格局的开放式办学体制，还没有突破学历教育的范畴，初等、中等、高等教育领域还没有形成普通教育与职业教育横向沟通、纵向衔接的体制。因此，我国应进一步调整教育结构，促进高等教育的合理分工与定位，要在传统的主要培养学术型人才与工程科技型人才的基础上，大力培养实践能力强的高级应用型、技能型人才。

第六，通过高等教育分类改革和结构调整，提高教育对经济发展的贡献度。比较中国与德国全球竞争力各项支柱的发展程度可以发现（见图2-1），与德国均衡发展的各项支柱相比，中国的相关支柱呈现非均衡发展态势。中国在市场规模、宏观经济、商品市场效率、金融市场成熟度、健康与基础教育等领域与德国的差距正在逐步缩小，而在高等教育与培训、技术就绪度、企业成熟度和创新等领域仍与德国存在较大差距，而发展上述支柱的关键抓手是教育。通过研究中国、德国的教育相关指标可以发现，两国教育的差距主要表现为高等教育和职业教育的差距，尤其是职业教育的差距（见图2-2）。鉴于教育相关指标在全球竞争力指标体系中的重要地位，以及教育通过人力资本积累和科技创新转化对全球竞争力其他支柱的驱动效应，中国应当通过高等教育结构调整和质量提升，通过发展现代职业教育，提高教育对经济发展的贡献度，提高"高等教育与培训""劳动力市场效率""技术就绪度""企业成熟度"和"创新"这5个支柱的排名,进而推动中国全球竞争力的提升。

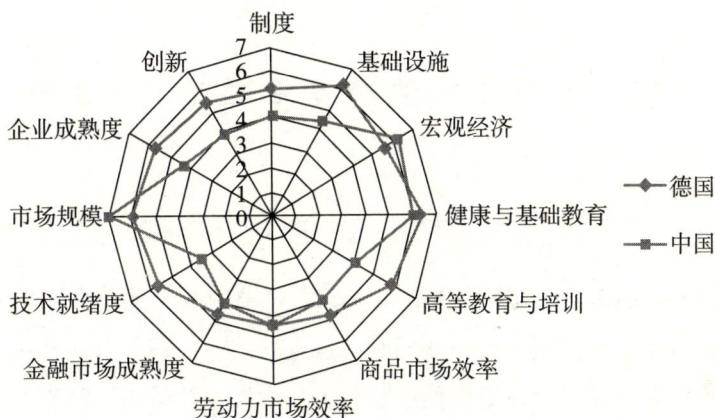

图 2-1 中德各项驱动要素对比

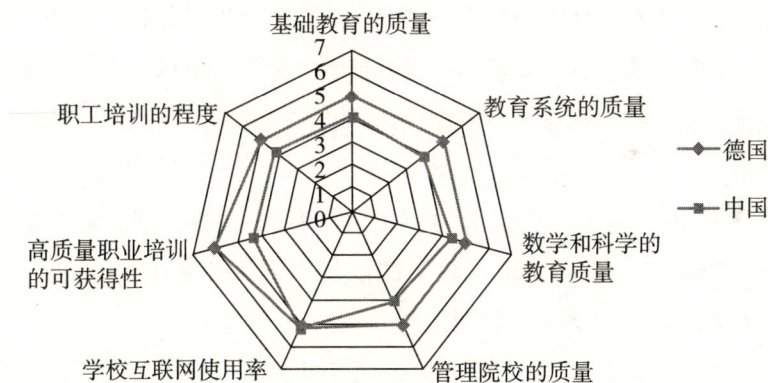

图 2-2 中德主要教育指标对比

第七,加强与同类型高等学校的国际交流。高等学校的发展离不开开放的环境。开放的环境不仅能使高等学校了解世界科技发展的前沿问题,更重要的是可以扩展高等学校的办学思路,拓宽高等教育的发展渠道。中央和地方政府应在学术交流、合作办学、直接与国外学校进行合作等方面给予高等学校相应的开放政策和鼓励措施。在调整高等教育结构、大力发展现代职业教育的关键时期，中国尤其要注意学习西方国家的职业教育、应用技术大学的发展经验，设计出切实可行的改革与发展方案。

第四节　美国全球竞争力重返三甲原因分析
——从中美对比角度

《2015—2016 全球竞争力报告》指出，"第四次工业革命正在加速催生全新的行业与经济模式，与此同时，这也导致一些现有行业和模式的快速衰落。要在新的经济环境中保持竞争力，人们在此时需要特别重视促进生产力增长的关键要素，比如人才与创新"。该报告在分析中发现，一个经济体培养、吸引、利用和支持人才发展的能力与其竞争力高度相关。排名领先的经济体在这些方面均表现良好，而在排名相对落后的许多经济体中，人们获得高质量教育和培训的机会很少，劳动力市场的灵活性也存在明显不足，制约了整体竞争力的提升。

从中国与美国的全球竞争力排名变化来看，近年来，中国的排名自2012 年下降至第 29 后，提升动力不足，在第 28 左右徘徊。美国排名自2012 年下降至第 7 后，表现出较强的修复能力，排名逐年上升，2014、2015 年已稳定居于世界三甲之列。

对比中美两国在 12 个支柱上的表现可以看出，近年来，尽管中国在基础设施、宏观经济、技术就绪度、企业成熟度和创新等方面的表现呈上升趋势，尤其是基础设施、技术就绪度和企业成熟度有较大提升，但是制度环境、高等教育与培训的欠佳表现制约了整体排名的进一步提升。而美国的表现或维持原有较高水平，或小幅提升，其中，制度环境、高等教育与培训、金融市场成熟度、企业成熟度、创新等领域不断向好的表现，成为美国全球竞争力排名重返三甲的重要动力。

一、稳定可信的制度环境是一个经济体经济高效运行的前提

稳定可信的制度环境对于一个社会的利润分配方式、政策成本分摊方式、投资决策和组织生产等都具有重要影响。美国"制度"支柱的排名从2011 年的第 39 跃升至 2015 年的第 28，提升幅度较大。近年来，美国在保护知识产权等财产权利、惩治腐败、提高政府管理的透明度和效率、实现公司治理的透明高效等方面的力度明显加大。政府制度和企业制度的改进为经济恢复与重建创造了良好的外部环境。相比而言，中国在制度领域的表现有所下滑，尽管政府节约开支、贪污腐败治理、政府透明度、抑制犯罪等方面的表现有所改善，但知识产权等财产权利的保护、司法独立性、政府管理的效率、企业行为的道德性、公司治理、投资者保护等方面的表现都呈现下滑趋势，尤其是企业制度各项指标的表现都不甚理想。这也进一步说明，中国在改革调整的阵痛期应进一步转变政府职能，创新行政管理方式，增强政府公信力和执行力，建设法治政府，完善产权保护制度，健全协调运转、有效制衡的公司法人治理结构，加强对股东和投资者的保护。

二、高质量的教育与培训体系是提升全球竞争力的重要引擎

教育质量的提升能够对其他领域竞争力的提升产生直接的辐射作用。在遭受金融危机重创后，美国全球竞争力能够重返前三甲的重要原因是其"高等教育与培训"支柱的排名快速提升，从 2011 年的第 13 提升至 2015年的第 6，其中排名提升最明显的指标包括教育系统的质量、数学和科学教育的质量、管理院校的质量及学校互联网的普及率。上述指标排名的提升应归功于 2011 年以来美国推出的一系列旨在重振经济的教育改革，具体举措包括提高科学、技术、工程和数学的教育水平，提高大学毕业率，加强各类培训中的公私合作伙伴关系等。美国一直以来以市场为导向的教育模式具有较强的自我修复能力，在遭遇经济危机后能够通过迅速调整再度绽放活力。通过提高教育质量来提高人力资本水平，从而促进社会经济

发展，是美国竞争力重返巅峰的重要法宝。

相比而言，中国在高等教育与培训领域的排名不仅远落后于美国，且呈现下滑趋势，从 2011 年的第 58 下降至 2015 年的第 68。尽管我国的中等、高等教育入学率均有所提升，但教育系统的质量、管理院校的质量、数学与科学教育的质量、学校互联网普及使用率、高质量职业培训的可获得性、职工培训投入度等指标的排名均呈下降趋势。尽管 2014 年以来中国开始推进以加快发展现代职业教育、促进高等教育结构调整为重点的高等教育和职业教育改革，但由于原有办学体制对结构性改革形成较大阻力、人才培养周期的滞后性、社会对教育的认识纠偏需要时间，所以改革的效果有待在未来释放。高等教育与培训既是中国当前全球竞争力提升的主要掣肘，也是未来全球竞争力提升的重要抓手，人才红利的释放将对各个支柱的发展产生推动效应。当前，中国一方面亟待提高各级各类教育的质量，以社会经济发展需求为导向超前制定教育规划，以新科技革命为契机促进教育现代化；另一方面需要实现学校教育和职业培训并举，促进学校与企业发挥各自资源优势并联合开展高质量的、有针对性的职业培训，发挥企业职工教育培训经费、就业经费、扶贫和移民安置资金等各类资金在职业培训中的作用，加大职工培训投入力度。

三、良性竞争的商品市场、灵活高效的劳动力市场、健康成熟的金融市场是经济修复的共生要素

经济的恢复与增长、整体竞争力的提升都有赖于发达的市场经济和相互协调的市场机制。健康有序、运转高效的商品市场是提高企业生产力的重要驱动因素，灵活有效的劳动力市场是实现人力资本充分释放的最终平台，较为成熟的金融市场是实体经济发展的必要支撑。近年来美国"商品市场效率"支柱的排名呈逐年上升趋势，由 2011 年的第 24 升至 2015 年的第 16，2013—2015 年"劳动力市场效率"支柱的排名始终为第 4，"金融市场成熟度"支柱的排名大幅回升。在商品市场效率方面，由于市场竞争强度的加大、反垄断政策的日见成效、农业政策造成的经济负担的减

轻、对外商直接投资的不断扩大及顾客导向程度不断加强等一些指标的表现显著向好，商品市场资源的配置效率不断增强。在劳动力市场方面，金融危机后美国采取的一系列旨在促进就业、增强劳动力市场活力的举措渐显成效，具体表现为劳资关系有所改善、工资决定的灵活性显著增强、薪酬与生产率的关联度趋于密切、解雇成本不断降低、内部管理专业性日益提升。可以说，美国劳动力市场正在逐步恢复至金融危机前的水平，这既是宏观经济向好的良性结果，同时也是进一步促进经济复苏与发展的重要动力。"金融市场成熟度"支柱的排名从 2011 年的第 22 提升至 2015 年的第 5。金融服务可获得度、金融服务的购买力、当地资本市场融资能力、银行的稳定性等指标的排名均有大幅提升，进一步诠释了金融市场恢复与实体经济复苏的共生关系，金融市场的修复能力成为支撑美国竞争力排名重返三甲的内因之一。

近年来中国商品市场表现下滑、劳动力市场表现缓慢提升、金融市场表现停滞不前，是中国竞争力整体排名停滞不前的重要原因。在商品市场方面，尽管垄断抑制、外资所有权占比、创业手续简化、顾客导向程度等指标表现有所好转，但税收及其他政策对于工作和投资的阻抑、农业政策造成的经济负担、贸易壁垒对进口商品的影响、买方成熟度等指标表现欠佳。这说明我国需要进一步完善统一开放、竞争有序的市场体系，清除各类市场壁垒，提高资源配置的公平与效率，促进商品和要素的自由流动与平等交换，实现消费者自由选择、自主消费。在劳动力市场表现方面，尽管工资决定的灵活性有所提升，但劳资关系未有明显改善，税收对于工作的抑制有所增强，薪酬与生产率的相关性有所减弱，管理的专业性有所下降。因此，在应对人口老龄化的过程中，我国需要进一步破除劳动力市场的地区、行业、岗位分割，努力实现劳动报酬和劳动生产率的同步提高，健全工资决定和正常增长机制，促进劳动力要素的有序流动。在金融市场表现方面，除贷款可获得性有明显改善，其他指标的排名变化不大，个别指标的排名甚至明显下降。未来必须进一步破解金融向实体经济传导的体制障碍，提高金融调控的有效性，提升金融服务水平，建立多层次、广覆盖、差异化的金融体系，在防范风险的基础上促进金融创新。

四、卓越的创新能力是经济发展的内在驱动力

创新能力是提升生产力水平和综合竞争力的核心要素与战略支撑，是社会生产方式和生活方式变革的先导。随着科技水平的提高，科技创新对于一个经济体经济增长的贡献率呈现增大趋势。2011 年美国"创新"支柱的排名为第 5，之后逐年下跌，近两年开始止跌回升，2015 年已回到第4，创新能力、科研机构的质量、企业的研发支出等方面的表现非常出色，可见 2011 年《美国创新战略：确保我们的经济增长与繁荣》的颁布，以及一系列旨在促进创新以提升竞争力的举措正在起效。美国将创新作为促进未来经济长期增长和竞争力持续提升的国家战略，更加加强政府作为创新促进者、私营机构作为创新主导者的作用，更加关注教育质量对于创新要素的支撑作用，更加强调创新措施的可操作性和执行力，更加注重创新对于社会民生的支持和引领。在世界各国抢占新一轮科技革命、工业革命竞争制高点的背景下，上述措施助力美国"创新"竞争力再度位于世界前列。

中国"创新"支柱的排名自 2012 年有小幅下降后，近年来已开始缓慢上升。在具体表现上，先进技术产品的政府采购、实用专利权两个指标的排名上升，而创新能力、科学研究机构的质量、大学-产业的合作研究等指标的排名都呈现下滑趋势。当前我国正处于向创新驱动阶段过渡的破冰期，亟须破除制约创新的思想障碍和制度藩篱。2015 年发布的《中共中央国务院关于深化科技体制改革加快国家创新体系建设的意见》提出，以提高自主创新能力为核心，以促进科技与经济社会发展紧密结合为重点，力争在 2020 年进入创新型国家行列。未来中国需要重点关注自主创新能力的提升，突出企业作为技术创新主体的作用，强化产学研用紧密结合，建设若干一流科研机构和高水平研究型大学，加快高素质创新型人才培养，提高全民科学素质和创新意识。

五、良好的技术吸收能力与成熟的企业环境是提高企业竞争力的关键

企业的技术吸收能力与创新能力既密切相关又相对独立，它体现为企业将最先进的技术成果迅速、充分、广泛地转化为现实生产力的最终能力。成熟的企业环境有利于企业在生产产品和提供服务的过程通过提高效率来提高生产力水平，从而最终提升整体竞争力。近年来美国企业的技术吸收能力在徘徊中有所上升，企业成熟度则有大幅提升。从具体指标看，最新技术的可获得性、企业层面的技术吸收、本地供应商的数量及质量、产业集群的发展现状、生产工艺的先进性及价值链的广度等方面的表现不断向好，可见微观层面的企业业务质量的改善会对宏观层面的产业质量的提升产生正向作用，有助于国家竞争力的提升。

2015年中国企业技术吸收能力、企业成熟度的表现较过去几年显著提升，成为2015年中国全球竞争力表现的一大亮点。一方面，企业的技术吸收、转化、应用能力逐渐增强，最新技术的可获得性、外商直接投资对新技术的引进、互联网和手机的普及程度都有所提升。另一方面，企业成熟度大幅提升，企业逐渐向价值链高端攀升，品牌推广、市场营销等业务流程向现代化、成熟化、细分化发展，本地供应商逐渐增多，企业生产工艺的先进性日益提高。这些表现在很大程度上得益于教育所培养的劳动力的吸收和应用新技术的意识、素质、能力的显著增强。

第三章 专题研究

现代职业教育与经济发展
相关专题研究

自 2015 年中央经济工作会议提出"供给侧结构性改革"后，习近平总书记多次对其予以强调，这应该说是最高决策层对中国未来经济发展做出的重大战略调整。其目的在于提高供给质量和供给结构对需求变化的适应性与灵活性，矫正要素配置扭曲，提高全要素生产率。这不仅是适应和引领中国经济新常态的重要举措，也是推动经济结构性改革、促进经济转型升级的重要内容。

供给侧结构性改革的原动力包括劳动力、土地和自然资源、资本、科技创新、制度与管理五大要素，各要素相辅相成不可或缺。其中，劳动力和科技创新与教育密切相关。从某种意义上说，教育作为人力资本这个最重要的生产要素的主要配置渠道，是直接影响供给侧结构性改革的决定性因素之一。职业教育与经济社会发展结合非常紧密、与技术人才培养直接关联，在当前的供给侧结构性改革中的地位和作用愈发凸显。

第一节 发展现代职业教育与供给侧
结构性改革

一、国际化背景下的职业教育发展轨迹

21 世纪是知识经济时代，劳动者技能是经济发展的"全球货币"，而现代职业教育体系是提升劳动者技能的"中央银行"。据统计，在 OECD 国家中，受教育时间每提升半年，将为本代人增加总额高达 1150 亿美元的长期经济价值。发达国家作为技术创新的引领者，已经在要素供给侧做出了大量的政策努力。

世界经济发展与教育发展的理论与实践证明，一个经济体的教育结构是其经济结构、产业结构、社会结构、政治结构、文化传统等共同作用的结果。产业结构的调整需要与之相匹配的人力资本结构，人力资本结构的形成依赖于合理的教育结构。职业教育作为与经济联系最为密切、对经济发展贡献最为直接的教育类型之一，其发展轨迹是经济发展规律、产业发展规律、教育发展规律的共同作用使然。经济结构性改革中的供给侧改革主要沿劳动力、土地、资本、创新、制度管理这一主线来推动。优化劳动力配置是供给侧改革的重点之一，也是现代职业教育体系的宗旨之一。

从世界主要发达国家的经验看，职业教育作为各国经济社会综合发展战略的重要组成部分，对于保证高质量的技能型人力资本供给、保持企业创新能力和生产力水平、支撑经济发展，对于提高就业能力、缩小不合理的收入差距、消除社会排斥、增进社会和谐，对于解决经济发展与资源环境之间的矛盾和城镇化进程中"二元结构"及流动性问题，都发挥了其他教育类型难以取代的作用。因此，在新工业革命来临、金融危机引发经济衰退、实体经济竞争日趋激烈的形势下，美国、英国、德国、日本等主要发达国家纷纷将现代职业教育体系建设上升为国家战略，以应对社会经

济、人口、环境挑战等诸多问题带来的挑战。

世界各国产业结构和发展水平的差异决定了各国职业教育模式的差异，美国社区学院模式、德国双元制模式、澳大利亚技术和继续教育模式、英国国家资格证书模式、瑞士学徒制模式等各有千秋，并在与本国社会经济发展的互动中不断进行着调整。进入 21 世纪，世界各国的职业教育进入了一个在调整中巩固、在改革中发展的阶段。尽管各国的改革措施各具特色，但在与经济发展的互动上也呈现出许多共同点。

（一）经济的可持续发展引致职业教育可持续发展理念的确立

人类在反思工业文明进程的问题后所提出的可持续发展模式，带来了经济社会各领域的发展变革。联合国教科文组织提出了"职业教育可持续发展理念"，认为职业教育必须同时关注社会经济发展的现实性需求与发展性需求，职业教育与培训不仅要培养能够在信息社会就业的人，而且要使他们成为有责任的公民，成为关注环境保护和关心脱贫的人。[①] 围绕上述理念，各国对职业教育进行了一系列改革。

一是提升就业竞争力。为应对科技革命背景下技能更新加速所带来的就业问题，欧盟大多数国家仿效德国制定了职业资格预测方案，美国、法国等国家强化了职业教育中的职业指导与咨询，以提高就业针对性。

二是强化创业能力。鉴于中小企业对全球经济发展的贡献日渐突出，德国、瑞士及澳大利亚等发达国家，以及印度、泰国、印度尼西亚等发展中国家，近年来都特别重视在职业教育中实施以开办小企业为目标的创业教育。

三是培养绿色理念与发展绿色技能。[②] 培养绿色理念、发展绿色技能是当今世界教育的重要关注点。澳大利亚 2009 年通过的《绿色技能协议》、2012 年欧洲职业培训发展中心发布的《把绿色技能和环境意识纳入

[①] 唐林伟. 面向可持续发展的职业教育理念述评 ［J］. 职教通讯，2011（5）：24-28.
[②] 绿色技能是指在掌握完成一项工作所需基本技能的基础上，还具有对包括气候变化在内的环境问题日益增强的意识、实现可持续生活方式的责任感及在工作中践行可持续发展行为的能力。

职业教育与培训》等研究报告都对在职业教育中培养个体的绿色技能给予了特殊关注。

四是坚持"面向人人"。让所有人都有机会接受职业教育是现代职业教育的新理念。联合国教科文组织指出，职业教育与培训应能使社会所有群体的成员都能入学，所有年龄层的人都能入学。近年来，澳大利亚、德国等国家纷纷采取相应措施降低职业教育门槛。

（二）经济社会分工与生产组织方式的变革引致职业教育培养目标的更新

随着发达国家工业社会由"福特主义"转向"后福特主义"①，随着社会分工由"专门化、固定化"转向"灵活性、流动性"，随着生产组织方式由"标准化、规模化、内部化、一体化"转向"柔性化、个性化、全球化、模块化"，岗位需求也呈现出"初级技能型—专门技能型—复合技能型—知识技能型"的变化趋势，职业教育的培养目标由工具导向逐渐发展为价值导向。

一是普职融合趋势、宽口径人才培养趋势加强。在新经济条件下，劳动力需要具备很强的适应能力、知识迁徙能力与转岗升级能力。例如，美国构建了一套以职业群分类为依据、以职业技能标准为核心的课程体系，让学生接受宽口径职业基础上的职业技术教育。同时，美国将技能教育与学术教育有机整合，将职业群课程渗入传统学校教育，从而实现普职相互融通。

二是核心技能培养受到青睐。技术创新周期的缩短促进了社会职业更新频率的加快，"能力本位"的职业教育思想被广为接受，职业教育专业设置与课程设计则突破狭隘的岗位局限，着眼于某个职业群或职业面，着眼于核心技能的培养。例如，英国提出要成为世界技能的领导者，其以行

---

① 福特主义（Fordism）一词，源于葛兰西（A. Gramsci），用于描述一种基于美国方式的新的工业生活模式。它是指以市场为导向，以分工和专业化为基础，以较低产品价格作为竞争手段的刚性生产模式。后福特主义（Post-fordism）是指以满足个性化需求为目的，以信息和通信技术为基础，生产过程和劳动关系都具有灵活性（弹性）的生产模式。

业技能委员会为主体、以英国就业与技能委员会为主导、以行业技能协议为保障，构建职业教育与劳动力市场需求相匹配的新机制。

（三）人类生存阈度的延长引致职业教育由层次到类型的转变

人类生存阈度的延长与发展水平的提升使终身教育不断发展壮大，职业教育既是终身教育的组成部分，也是实现终身教育的主要途径。

一是终身教育语境下的职业教育需要实现由层次到类型的转变，实现职业教育与普通教育的等值。例如，瑞士2004年修订的《联邦职业教育法》明确提出了高等职业教育的概念，第一次将高等职业教育的价值认定与普通高等教育相比照，以推动职业教育由层次到类型的转变。

二是终身教育语境下的职业教育要求职业教育体系内部纵向贯通，形成职前预备教育、职业教育和职后继续教育贯通的职业生涯教育链条。例如，美国职业教育的"生涯教育（career education）—从学校到工作（school to work）—从学校到生涯（school to career）"的发展历程，超越了只关注学生适应现实工作能力培养的职业教育理念，以发展的眼光为学生的职业生涯提供规划。

三是终身教育语境下的职业教育要求建立开放衔接的教育体系结构，实现不同教育类型的相互沟通与转换。例如，英国、澳大利亚通过建立国家资格框架，实现了职业教育与其他国民教育体系的衔接。

（四）全球经济格局的重构引致职业教育开放多元体系的构建

全球经济格局的重构引发了国际体系和国际秩序的深度调整，为各国通过职业教育改革抢占新一轮竞争优势地位提供了契机，由此促进了各国职业教育体系的多元化。

一是职业教育办学模式多元化。例如，实行自由市场经济的日本采用了企业职业教育模式，中央政府调节力度较大的俄罗斯、中东欧国家采用了学校职业教育模式，实行国家调控的市场经济的德国、奥地利采用了企业与学校合作的双元制模式。

二是职业教育机构办学功能多元化。职业教育机构正在由单一的正规教育向正规与非正规教育并存的人力资源开发中心转变。例如，德国双元制职业学校最新的改革目标是向职业继续教育和区域经济发展敞开大门，美国社区学院则力图兼顾升学导向与就业导向。

三是职业教育办学层次多元化。各国已呈现出初等、中等、高等职业教育"竞相争艳"的多元化局面。一些发达国家基于产业升级引发技能升级的需求，增大高等职业教育在教育体系中的比重。与此同时，中等职业教育机构的规模扩展和功能增强，成为多数国家职业教育发展的重点。例如，欧盟成员国中有 11 个国家接受中等职业教育的学生比例超过了 50%。

四是职业教育办学形式多元化。职业教育学习时间、教学地点灵活多样。各国职业学校都发展了全日制、部分时间制教育，以及业余或闲暇时间的培训班，采取了灵活的学分制。教学场所既包括学校课堂、实习车间、实验室，又包括企业培训中心、实习基地、跨企业培训中心。

（五）经济全球化引致职业教育互动性国际合作网络的形成

经济全球化模式正在由少数几国主导的国家全球化逐渐过渡到多级分享的人类全球化，劳动力国内市场与国际市场的界限逐渐模糊，包括职业教育在内的整个教育体系的人才培养目标、结构、模式都受到了广泛影响。在此背景下，各国需要建立国际化的职业教育合作网络和运行机制，发展双边、多边的职业教育合作，关注国际的、区域的、双边的职业教育问题。

在国际层面，联合国教科文组织是世界职业教育领域国际合作的主要组织者，在德国支持下建立的联合国职业教育信息网络已连接了 128 个国家的 192 个职业教育实施中心。

在区域层面，欧盟从 20 世纪 90 年代中期开始，启动了著名的"达·芬奇"计划，建立职业教育制度与实践方面的"欧洲维度"，形成了超国家层面的一体化职业教育与培训制度。《欧洲 2020 战略》提出建立"欧洲资格框架""欧洲职业教育学分转移系统""欧洲通行证"及"欧洲职业教育和培训质量保障体系"，进一步增强职业教育区域联盟的紧密度。

在双边层面，政府间不断寻求新的国际合作模式，大大丰富了职业教育国际合作网络的内涵。各国职业教育证书的互认将为 21 世纪国际劳务合作领域输送更多合格的职业人才。

二、职业教育发展对经济转型和产业结构升级的贡献分析

(一) 职业教育与产业结构的互动

一个国家或地区的产业结构总是处于不断调整变化之中，通过产业转移、产业融合、布局调整，实现从较低级结构模式向较高级结构模式的过渡，同时完成同期性的产业结构升级优化。产业结构向合理化与高层次方向演进，是经济发展的基本趋势和客观规律。

职业教育与经济发展有着紧密的联系，通常经济发展水平越高的国家或地区，职业教育的层次结构越高、专业结构越合理，以高等职业教育为主，以高端制造业和新型服务业相关专业人才培养为主，而经济发展水平较低的国家或地区，职业教育的层次结构也较低，以初等和中等职业教育为主，专业设置也与低端产业更贴近。随着第二产业生产智能化水平的快速提高、第三产业服务水平与质量的不断提升，社会对支撑产业发展的劳动者素质有了更高的要求，相应地，职业教育的层次结构、专业结构也需要做出适应性、引领性调整，要对课程体系、教学模式等进行重新设计或改进。

1. 职业教育层次结构与产业结构的互动

职业教育层次结构与产业结构的互动主要表现在产业结构演变、产业转移、产业布局会推动职业教育层次的提高，同时，合理的职业教育层次可以促进产业良好发展（见图3-1）。互动的吻合程度取决于职业教育对市场需求变化的反应的灵敏度。

首先，在产业结构演变过程中，三次产业生产的技术复杂度不断提高，原有职业教育培养的人才无法胜任现有技术岗位的工作，在就业结构上表现为较高技术技能水平劳动者供应不足，而低技术技能水平劳动者相对过剩。这就需要提高职业教育的办学层次，逐步解决人才供求不平衡问题。可以说，产业结构演变推动了职业教育层次的提高，而当职业教育层次与产业结构相适应，就会推动产业结构的进一步演变。

其次，产业的区域性转移会对转出区和转入区的产业结构形成冲击，有利于促进地区产业结构转型升级，也为职业教育层次的调整开拓了空间。职业教育需要根据产业转移对职业技术人才的需求做出调整。一般来讲，产业转移通过产业集聚效应增加了对高技术技能型人才的市场需求，因而需要提升职业教育的层次。

最后，从产业布局角度来看，合理的产业布局会形成产业集聚效应，使大量同类或相关企业集中在特定的区域，形成一个有机的产业群落完整的产业体系，包括人才培养与供给体系，因而作为服务系统组成部分的职业教育也必须在集聚区内部同步发展。由于集聚区内资源共享便捷，产品互补明显，岗位分工细化，对技术技能型人才的需求层次较高，所以需要更高的职业教育层次与之匹配。

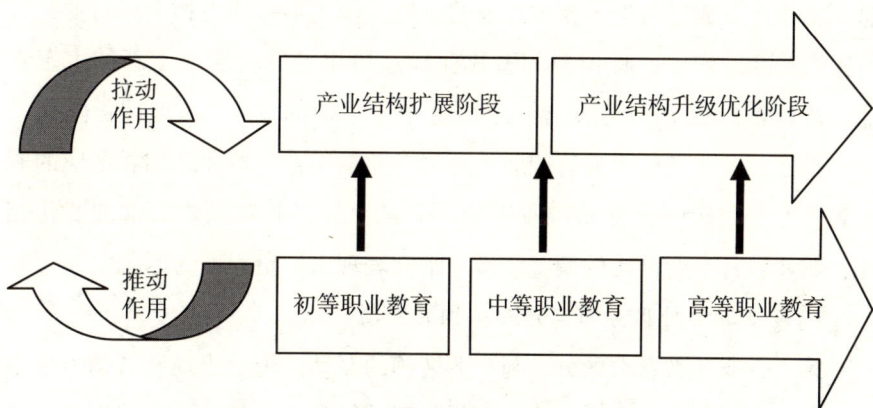

图 3-1　职业教育与产业发展的协同过程

2. 职业教育专业结构与产业结构的互动

第一，专业结构与产业结构演变的互动。从产业结构的内涵来看，产业结构及其演进不仅表现为三次产业比例的变化，更表现为各产业内部结构的调整转变。例如，产业结构升级过程中会不断有新兴行业替代原有行业，这就必然要求职业教育进行相应的专业调整，以适应产业发展需求。例如，我国高速铁路产业发展迅猛，催生了一个高速铁路设计、维护、检修、保养的专业群，对职业教育专业结构提出了新的挑战。

第二，专业结构与产业转移的互动。在产业转移过程中，转入区新产业不断发展壮大，转出区也会有新的产业填补转移出去的产业，这是一个动态的流入流出的迭代过程。因此，区域内职业教育的发展也必须跟进，调整和改变专业结构，以适应新产业对人才的需求。

第三，专业结构与产业布局的互动。产业布局是产业空间分布的基本格局，不同区域具有不同的产业布局特点。为了支撑不同区域内的产业发展，降低人才流动的成本，提高区域内资源配置效率，需要针对本区域的产业特点发展职业教育，包括设置专业、确定教学模式，从而为产业发展培养对口专业人才。

第四，专业结构与产业融合的互动。不同产业通过渗透、交叉和重组三种方式形成新兴产业并提高生产的技术复杂程度。例如，近些年的信息、生物产业通过对电子技术产业的渗透，催生了新的生物电子行业；具有紧密关联的农业、种植业和畜牧业经过重组、融合形成了新的生态农业。职业教育必须根据产业融合的结果，设置新的专业，改变课程体系。

总之，产业结构影响着职业教育的专业结构，与产业结构相适应的职业教育专业结构则会推动产业发展，但是，与产业对人才需求的变化相比，职业教育专业结构的调整缓慢，常常表现出一定程度的迟滞性。

3. 职业教育地区分布与产业结构的互动

第一，职业教育地区分布与产业转移的互动。由于土地和劳动力成本的上升，产业往往会向生产成本更低的区域转移。在气候、环境、交通等生产运输条件良好的前提下，产业会向土地和劳动力资源丰富的地区转移，并产生产业转移效应。由于新转入地区劳动力数量充足，但质量往往相对较低，这就对教育尤其是生产性岗位人员教育与培训提出了新的要求，从而带动了这些地区职业教育的发展。

第二，职业教育地区分布与产业布局的互动。由于产业布局不仅会产生产业集聚效应，当集聚达到一定程度后，还会产生产业扩散效应，即产业向周边地区延伸与扩展。产业扩散对职业教育的影响与产业转移对职业教育的影响类似，同样会改变职业教育的地区分布与发展格局。

第三，职业教育地区分布与产业融合的互动。随着产业的发展及高新技术的广泛应用，产业融合现象越来越普遍，传统的产业边界越来越模糊，新兴产业层出不穷。教育领域借助现代网络技术不断突破传统模式，建立起远程教育、网络教育等新模式，教育的地域分布也随之发生改变。

需要指出的是，由于人才的广泛流动及一些历史原因，职业教育的地区分布难以迅速改变，职业教育地区分布与产业转移、产业布局、产业融合的互动并不是绝对的。

（二）经济转型与产业结构升级和职业教育的关系

经济转型是社会发展的内在需求，遵从着逐步优化生产模式、提高社会生产效率的客观路径。我国由于市场半径辽阔，地域差异明显，所以经济转型不可能一蹴而就，必然要经历一个漫长的动态演变过程，加之诸多体制也要同步转轨，这就使得我国的经济转型具有比西方尤其是东欧转型国家更为错综复杂的特征。改革开放以来，我国的经济转型与职业教育主要经历了三个发展阶段（见图3-2）。第一阶段：1978—1991年，重点任务是在农村进行改革和发展有计划的商品经济，"三教统筹""燎原计划"和"县级职业教育中心"成为具有代表性的职业教育改革活动。第二阶段：1992—2001年，重点任务是建立现代企业制度和完善社会主义市场经济体制，联合办学、产教结合、工学结合、校企合作适应了当时经济发展的要求，成为具有代表性的职业教育改革措施，自发组建的职业教育集团

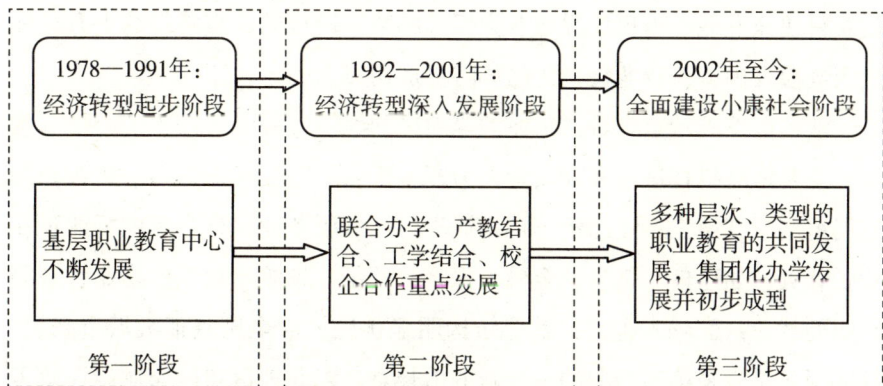

图3-2　我国经济转型与职业教育的主要发展阶段

开始在局部地区崭露头角。第三阶段：2002年至今，重点任务是全面建设小康社会，发挥市场对生产资料的配置作用，职业教育的统筹协调发展成为改革重点，各种职业教育齐头并进，集团化办学逐渐展开，规模化、分类改革的统筹规划开始实施。事实上，我国市场经济体制逐步确立的过程，也是经济、政治、教育、文化等领域进行系统性变革的过程。职业教育作为与经济联系最直接和最紧密的一种教育类型，必然与经济体制改革不同阶段的重点任务相关联，受到经济转型与产业结构升级的显著影响。

1. 我国经济转型期的产业结构特点及变化趋势

改革开放以来，我国经济高速增长并在很长时期内呈现出以第二产业为主导的产业结构特征。重化工业和电子信息业等技术密集型行业快速发展，同时，居民消费能力的提高也对轻工、食品、纺织、医药等行业产生了明显的拉动效应。在第三产业，生活型服务业长期占主导地位，生产型服务业如金融保险、房地产、物流等行业发展滞后，近年来才开始快速发展。统计结果显示，改革开放以来，我国的第三产业得到了快速发展，其产值在1985年前后超过了第一产业，在2013年前后超过了第二产业，我国进入了第三产业比重最大的发展阶段，这一新的产业结构模式成为未来产业转型升级的新起点。在此背景下，我国进入了经济发展方式转变的过渡期，可以预期经济增长速度会有所放缓，产业结构将获得深度调整，第一产业比重将持续下降，第二产业比重保持相对稳定，但内部高端制造业将获得快速发展，以现代服务业为标志的第三产业的比重将继续上升，并进入规模发展期，产业集群化趋势将更加明显。

从地区发展特点来看，京津沪等地区的经济发展已经进入一个新的阶段，主要依靠科技进步和高质量人力资本投入，走技术密集型、集约型的发展道路；其第三产业已经不再拘泥于传统的服务业，许多新的行业正在成长壮大，如通信、信息、金融、保险、贸易、旅游、物流、物业管理等行业的就业份额越来越大，就业结构明显优化。对全国其他大城市来说，社区服务是未来第三产业的一个新的增长点。东北地区在国家倾斜性政策扶持下，经济发展将出现转折，数控技术、石油化工、汽车制造与农产品加工等将会成为该地区的优势产业。而长三角和珠三角地区将继续保持多种产业互联互通的产业格局，并可能会出现大规模集群化产业。西部地区的经济基础相对薄弱，但"一带一路"战略的实施，以及国家在水利、交通、能源等重大基础设施项目上的投入将会有效拉动西部地区的经济发展，使旅游资源、民族特色资源、特色农矿产资源获得深度开发，部分行业将在较短时期内呈现出比较优势。

2. 产业结构升级对职业教育的影响

（1）产业结构升级对职业教育规模发展的新要求

随着产业布局、产品结构的调整，我国劳动力市场的就业结构也将发生变化。沿海大中型城市对较高层次应用型人才的需求明显增加，对高等职业教育人才供给提出了新要求。目前我国第二产业处于以科技进步为先导的重要转型期，技术密集特点突出，但是产业工人队伍中技术技能型人才的数量占比明显过低，技术工人队伍甚至出现了断层，在一线从事实际操作类工作的技术工人严重短缺，尤其是高级技术工人供不应求。地方经济及产业结构的变化通过劳动力市场人才需求传导机制影响人们的职业选择，进而影响人们对职业教育的选择。我国高等职业教育在 20 世纪 80 年代中期率先从沿海开放地区发展起来。这些地区的经济增长、产业结构升级较快，企业发展和生产技术升级急需大批能促成科技成果转化、能带动高新技术产业发展的实用型中高层次技术人才，促进了沿海地区职业教育的快速发展。同时，工业化进程的不断加快，还需要职业院校主动参与新产品研发、技术改造等，这就从产学研结合、工学结合的角度促进了职业教育的蓬勃发展。

（2）产业结构升级对职业教育专业设置及人才培养层次的新要求

地方特色经济与产业结构的形成和发展，需要有相应的区域性人力资本结构与之匹配，即物质资料生产与人力资源开发必须相辅相成。职业教育作为一种就业导向性教育，与地方产业特色结合得非常紧密，所以人才培养与供给具有就近培养、就近择业的特点。因此，区域产业结构的变动会直接影响职业岗位结构，这对职业教育的专业设置与人才培养层次提出了挑战。具体来讲，产业结构的变化会使社会原有的低端职业岗位大批消失，与此同时也会促进高端职业岗位的大量涌现。目前我国中等职业学校有近500个专业，其中有一半以上是近几年根据需要新设立的，这些主导专业实际上反映了地方支柱产业的需求。例如，吉林省的数控技术、汽车制造与维修、石油化工、农产品加工制造、现代中药和生物制药等专业，基本涵盖了吉林省的支柱产业和优势产业。广东省的汽车运输技术、建筑施工、塑料成型工艺及设备、计算机应用与维修、商务英语等专业都是珠三角地区的主导产业所需要的。宁波市港口建设发展迅猛，临港工业不断壮大，高新技术和服务业开始成为领军产业，因此，该市的职业教育重点建设石油化工、生物医药、纺织服装、机电模具、港口物流等专业，中高职人才培养并举，以满足地方经济与产业发展的需要。

（3）产业结构升级对职业教育人才培养模式改革的新要求

职业教育模式是一种强调实用技术和规范应用、突出职业能力培养、强化实际岗位技能训练的教学模式。产业结构的变化势必对职业教育人才培养模式提出新的挑战。例如，在以外向型经济为主的地区，技术密集型产业往往占据主导地位，对技术技能型人才的知识、专业技术能力水平有更高的要求，需要他们有更宽的知识面，更好的理论基础，更强的高新技术应用能力、国际交流能力、创新能力，懂得更多的国际标准和操作规则。这就要求职业教育必须从多个角度入手对人才培养模式进行设计和改革，要求职业学校既要加宽教学口径，又要始终将精力集中于学生技术能力的培养与学生职业生涯的设计。教学目标也要相应地由原来的仅仅满足实现就业，扩大为提高对岗位变化和职业转变的适应能力、继续学习能力。教学内容要由强调实际技能的获得，转变为既重视专业基础理论又重视实际技能训练，以及加强新型技能培养。

3. 当前职业教育发展与产业结构升级之间的矛盾

（1）职业教育人才供给与应用技术人才需求矛盾突出

从发达国家的转型经验来看，产业结构升级对技术技能型人才的需求增长最快。在制造业高新技术替代低端技术、网络信息化快速发展的环境下，生产第一线对技术工人的技能要求明显提高，尤其是高端服务业和高新技术制造业对高端人才的需求大量增加。从我国各地人才需求与预测数据来看，企业不仅需要大量在生产第一线从事操作的高级技术工人，还需要岗位针对性强的技术技能型人才，以及可以将知识创新成果应用于生产第一线，并能进行技术创新、工艺创新、生产组织形式创新的高层次应用型人才。2014年全国劳动力市场求人倍率约为1.45，其中对大专以上人才的求人倍率为1.21，对技术技能型人才的需求大于供给。以宁波市为例，目前人才在第三产业的比重明显偏高，在第二产业和第一产业中的比重却过低，难以满足产业发展的需求。在宁波市的石化、能源、钢铁和电子信息等八大支柱产业中，只有与服装、电子信息和家电三个产业相关的高职专业招生数排在前列，无法满足支柱产业的人才需求。[1] 可见，就业市场上的人才短缺并非数量型短缺，而是结构型短缺。

随着我国第二、三产业的迅速发展，企业产品与服务的技术含量逐渐提高，加上全球市场一体化趋势日益明显，生产与服务的标准化程度越来越高，所以生产活动对能够懂标准、用标准的专业技术型人才的需求也不断增加。基于这样的判断，我们以我国技术技能型人才供需为例，进一步观察当前产业结构背景下的人才需求特征。我们统计了市场需求、人才供给两个总体指标，市场需求是指对技术等级有明确要求的企业比重，人才供给是指具有某种技术等级的职业资格的求职者比重。在人才技术等级方面，我们统计了初级工、中级工、高级工、技师、高级技师五个级别人才的求人倍率，分别对应于职业资格的五级、四级、三级、二级、一级。有关统计结果见表3-1。

从统计结果可以看出，近年来企业对技术技能型人才的需求稳步增加，在总量上供需基本均衡，但需求略大于供给。企业对不同等级技术技能型人才的需求差异明显，对技师和高级技师的需求最大。2009年，对劳动者技术等级有明确要求的企业比重为50.50%，2010年为49.30%，

---

① 周传蛟. 高级技工短缺原因与对策分析：以宁波市为例 [J]. 北方经济，2009 (4)：47-48.

2011 年为 54.20%，2012 年则增加到了 55.90%；2009 年，具有某种技术等级的职业资格的求职者比重为 47.10%，2010 年为 48.60%，2011 年为 54.10%，2012 年则增加到了 54.70%，人才供给的总体结构比较稳定。[①] 在具体的人才需求中，企业对五个级别技术技能型人才的需求均大于供给，且都呈现出了增加的趋势。与 2009 年相比，2012 年企业对初级工的需求增加幅度最小，求人倍率值仅增加了 0.09；中级工和高级工的求人倍率值分别增加了 0.26 和 0.24，增加幅度适中；技师和高级技师的求人倍率值分别增加了 0.48 和 0.32，需求非常大。企业对技术技能型人才的需求增加，尤其是对高层次技术技能型人才的需求强烈，为职业教育人才培养的结构性调整指明了方向。教育主管部门应该前瞻性地掌握不同专业高层次技术技能型人才的需求，保证职业教育人才配置的有效性，提高职业教育服务经济发展的能力。

表 3-1　2009—2012 年我国技术技能型人才的求人倍率

人才级别	职业资格等级	2009	2010	2011	2012
初级工	职业资格五级	1.38	1.47	1.45	1.47
中级工	职业资格四级	1.39	1.48	1.54	1.65
高级工	职业资格三级	1.57	1.63	1.71	1.81
技师	职业资格二级	1.84	1.87	1.88	2.32
高级技师	职业资格一级	1.86	1.89	1.76	2.18

（2）职业教育对产业结构升级的回应不足

近年来，虽然产业结构升级对人才的需求已经通过市场传导机制影响了职业院校的专业设置及人才培养模式，但院校既有的陈旧发展模式与经营方式还没有完全改变，还存在极大的封闭性，与市场需求结合不够紧密。职业院校片面强调学科知识教授的系统性、完整性与课程开设的齐备

---

① 辜胜阻，王敏，李睿. 就业结构性矛盾下的教育改革与调整 [J]. 教育研究，2013 (5)：12-19.

性，盲目追求学科覆盖的全面性和综合性，专业趋同的现象比较严重，严重忽视了学生培养的职业化和专业技能的差异化，绝大部分多科职业院校尚未形成自己的特色和专业品牌。由于具体的教学内容因循守旧，没有形成根据市场需求及时调整的应对机制，许多新技术、新方法、新工艺、新标准未被及时引入课堂。总之，由于职业院校对劳动力市场人才需求变化的反应不够敏感，职业院校适应市场的能力还比较弱，因此，职业教育和地方经济脱节的现象普遍存在，职业院校尚未真正成为面向市场办学的主体单位。

（三）职业教育改革对经济转型和产业结构升级的促进作用

职业教育具有典型的公共产品属性，因而其改革更多地集中表现在供给侧方面。基于前文的分析，我们认为职业教育对我国经济转型与产业结构升级的促进作用主要表现在以下几个方面。

1. 职业教育通过提高劳动生产率来促进经济转型

第一，职业教育可以影响新工种劳动者掌握新技术的速度。新工种的创造和新技术的应用，可以明显提高劳动生产率，而新工种劳动者掌握和熟练运用新技术的能力与其受教育水平和职业培训程度有关，掌握新技术的时间与其受教育的水平和职业培训程度成反比。第二，职业教育可以节约企业培训成本。企业从职业院校中大量招工，节省了时间、人力和其他物质成本。职业院校集中化人才培养具有很强的规模效应，可以起到节约企业培训成本，进而提高企业劳动生产率的作用。第三，职业教育可以降低工作事故发生率。大量事实证明，工作事故责任者多为未受过或受过很少职业教育的劳动者，职业教育层次的提高对避免员工工作事故、减少设备和工具的损毁具有积极作用。第四，职业教育为各级技术岗位提供合格的技术人员，为技术创新奠定了重要基础。各类技术人员对新工艺的使用、传递起着重要的作用，对提高技术水平和产品效益有关键性的影响。

2. 职业教育通过稳定就业来促进经济转型

职业教育更加注重对学生职业技能，包括实践水平和动手能力的培养，以真正实现职业教育的目的，让学生充分就业。经济发展过程是一个不断重新配置资源的过程，这种资源的重新配置表现在存量资源的转移和增量资源的配置两个方面。随着产业结构升级，劳动力不断由第一产业向第二、三产业转移，不断由低附加值、低技术含量产业流向高附加值、高技术含量产业。而新企业的不断出现、社会分工的精细化、新职业和新岗位的不断衍生，则要求劳动者不断更新劳动技能，及时参加职业教育或职业培训，从而有效减少结构性失业，提高就业率，为促进产业结构优化升级提供重要保障。

3. 职业教育通过提高人力资本质量来推动产业结构升级

随着科技进步，经济增长对劳动者素质的要求不断提高。现代教育对经济增长的促进作用，正是通过不断传递知识形态的生产力、提高人力资本质量来实现的。经济发展的初级阶段主要依靠能源、资金和劳动力的大量投入，这种以高投入、高消耗和高污染为特征的经济发展模式是不可持续的。扭转既有的不科学的经济增长模式，开拓一条集约化、高效率、"绿色"的发展道路，实现经济转型，是我国当前面临的新挑战。在劳动年龄人口不断减少、人口老龄化加快的背景下，如何挖掘我国劳动年龄人口的劳动潜力，已然成为摆在我们面前的重要问题。事实上，我国劳动年龄人口的平均受教育水平依然较低，为了能够在今后继续保持经济发展的良好势头，必须高度重视人力资源的开发，变人口大国为人才强国。这就必然要求劳动者通过接受教育、培训等，获取更多新知识和新技能，进而在生产过程中提高劳动生产率。毋庸置疑，在新技术、新工艺不断推出的背景下，职业教育培养的具有较高素质的劳动力，特别是具有较高职业素质的技术技能型人才，是推动经济社会持续发展的重要力量。

4. 职业教育通过推动技术进步来推动产业结构升级

技术进步依赖劳动分工与实践创新。技术进步的过程包括发明、创新、扩散和应用四个阶段，而职业教育本身所强调的职业性包含着专业化特点，在技术进步的四个阶段中发挥着重要作用。技术扩散的主要方式是专业训练和技术培训，因此，技术扩散要求培训者和受训者都具备一定的专业基础。此外，技术扩散的范围和速度与一个国家的人力资本存量也有密切关系，只有通过增加教育与培训的投入，积累大量的专业化人力资本，技术创新才能不断推进。职业教育不仅要让学生掌握基本的科学文化知识，更要让学生学会操作先进生产设备和通晓生产工艺流程，让他们在更大范围内扩散技术，加速技术向现实生产力的转化，促进产业升级。

5. 职业教育通过优化产业结构推动经济发展

产业发展是一个从低级到高级的过程。产业形成有两个关键因素：一是新技术的产生和推广应用，二是企业创新和产业创新。在产业发展的过程中，产业结构随着技术的发展而不断调整、升级和优化。我国经济快速增长，技术进步日新月异，在技术的推动下，生产专业化分工不断深化，新的产业部门不断涌现，同一产业内一些价值增值环节也逐渐独立出来并发展为新的部门，因此，产业结构日趋复杂。当前经济的发展不再取决于简单的劳动力数量，而主要取决于劳动者对科学技术的掌握质量，这就需要专门职业教育机构培养大批量技术技能型人才。但目前看来，我国职业教育还处于改革的关键时期，既有的教育模式远不能适应产业结构升级对技术技能型人才的需求，应用型人才对高端制造业、新兴服务业的推动和引领作用尚未充分发挥。所以，未来我国职业教育不仅要提高对学生专业技能的培养质量，还要不断改进教育模式，培养高度熟练的劳动者及具有组织管理能力的创新型人才，通过这些人才的创造性工作优化生产流程，推动产业细分与结构调整。从全国层面来看，应该尽快建立现代职业教育体系，改善职业教育发展的制度环境。

6. 职业教育对促进就业、提高收入水平具有积极效应

职业教育在促进新增劳动力就业、增加再就业、促进农民非农就业、稳定在岗者就业四个方面具有积极的效应。第一，职业学历教育主要承担着新增劳动力职业准入资格教育的重任。《中华人民共和国职业教育法》（以下简称中国《职业教育法》）规定，根据我国不同地区的社会经济发展水平和教育普及状况，实施以初中后教育为重点的不同形式的教育分流。目前来看，我国高等和中等职业学历教育基本上解决了我国新增劳动

力的职业准入资格问题，为促进新增劳动者就业起到了巨大作用。第二，职业院校通过增强培训的针对性、实用性和有效性，可以帮助转岗下岗人员改变就业观念，提升就业能力、创业能力和适应能力，推动这一群体尽快实现转岗和再就业。第三，在我国农村劳动力流动数量庞大、流动地域广阔、流动频率增加的背景下，职业教育对农村转移劳动力非农就业发挥着巨大的促进作用。我国近年来农民工总量超过 2.50 亿人，其中接受过职业教育和各类技术培训的农民工约占农民工总量的 50%。① 以此推算，大约有 1.25 亿农民工接受过职业教育。第四，职业教育提高了劳动者的技能水平，为劳动者实现高质量的就业打下了坚实的基础。事实上，近年来我国职业院校毕业生就业率、就业质量在不断提高，劳动者收入水平也在稳步增长。职业教育的快速发展可以对提高劳动者收入水平、减少贫困、增加中等收入者群体、缩小社会收入差距做出积极贡献。

三、供给侧结构性改革与职业教育的关系

（一）供给侧结构性改革的内涵

一般而言，供给侧结构性改革指的是通过私有化、降低工资、权力下放、税费减免、福利削减、技能改革等手段减少政府在经济运行中的作用，推动自由市场的发展。但是中国的供给侧结构性改革不能简单与萨伊定律、索罗经济增长模型、供给经济学等经济学理论类比，为了正确认识和理解供给侧结构性改革，我们需要认真学习和领会党中央的系列论述。

2015 年年底召开的中央经济工作会议指出，"推进供给侧结构性改革，是适应和引领经济发展新常态的重大创新"，应当"在理论上作出创新性概括，在政策上作出前瞻性安排，加大结构性改革力度，矫正要素配置扭曲，扩大有效供给，提高供给结构适应性和灵活性，提高全要素生产率"。我国的经济政策的重点转向供给侧结构性改革，是要"矫正

---

① 国家统计局. 中国农民工总量超过 2.5 亿人 [EB/OL]. (2012-04-27) [2016-11-18]. http://finance.sina.com.cn/stock/t/20120427/164211945585.shtml.

要素配置扭曲，扩大有效供给"。"提高供给结构适应性和灵活性"，是指提高供给结构对需求变化的适应性和灵活性。因此，决不能将供给侧结构性改革与扩大需求分离开来甚至对立起来，决不能割裂供给与需求的内在联系。推进供给侧结构性改革是为了通过调整供给结构更好地发展经济，以满足国内外市场需求，这是适应和引领我国经济发展新常态的重大举措。

中国的供给侧结构性改革是一个新的经济术语，是党中央的重大创新，与西方的供给侧改革存在本质上的不同。

一是理论基础不同。西方供给侧改革的理论基础是以萨伊定律为核心的新古典理论和以传统供给经济学为内核的新供给经济学。而中国的供给侧结构性改革是基于马克思主义经济学说与中国实践的综合性理论创新，是中国经济和中国模式在新时期的一次探索性改革，其理论基础是以新常态理论为创新内容的中国特色社会主义政治经济学。

二是经济背景不同。西方供给侧改革产生的主要背景是其宏观经济出现了滞胀。而中国的宏观经济发展正进入新常态，并未出现滞胀的迹象。

三是调控手段不同。西方供给侧改革认为供给是经济增长的唯一源泉，片面强调供给侧，甚至主张与需求管理"彻底决裂"。而中国的供给侧结构性改革在注重供给侧的同时并不否定和放弃需求管理。

四是政策主张不同。西方供给侧改革主张市场自由放任，相对排斥政府的作用。而中国的供给侧结构性改革强调在充分发挥市场对资源配置的决定性作用的同时更好地发挥政府的作用，要求政府把握市场运行规律，加强和改善宏观调控，做出战略性、前瞻性安排。

五是具体措施不同。西方供给侧改革主要采取大规模减税、削减社会福利等措施，不注重全面的政策措施配套。而中国的供给侧结构性改革的主要措施是去产能、去库存、去杠杆、降成本、补短板，且有着全面的配套政策措施，其最终落脚点是实现更高水平的供需平衡。

（二）供给侧结构性改革下职业教育的应对策略

从 20 世纪 80 年代到 90 年代，我国职业教育的规模扩张为经济发展提供了重要的支撑，但是职业教育的结构和质量问题也逐步凸显。从 1996 年至今，政府出台了一系列政策和措施以促进职业教育发展尤其是职业教育质量提升。随着经济增长方式的转变和产业结构的转型，职业教育改革势在必行。2014 年，《国务院关于加快发展现代职业教育体系的决定》提出，"牢固确立职业教育在国家人才培养体系中的重要位置，到 2020 年，形成适应发展需求、产教深度融合、中高职衔接、职业教育与普通教育相互沟通，体现终身教育理念，具有中国特色、世界水平的现代职业教育体系，建立人才培养立交桥，形成合理教育结构，推动现代教育体系基本建立、教育现代化基本实现"。此发展议题的提出，既是出于解决职业教育自身发展问题的需要，也与我国当前整体的经济社会发展战略和趋势相呼应。

提升劳动者技能是发达国家供给侧改革的重点目标，而职业教育与培训是提升劳动者技能的关键所在。为了给深化经济供给侧改革提供支撑，实现以创新引领知识经济发展，各国纷纷升级本国的职业教育和培训体系。我国也应从供给侧结构性改革的要求出发，认识发展现代职业教育的必要性和重要性。以下在把握我国当前职业教育现状的基础上，引介部分发达国家职业教育的发展经验，以资借鉴。

1. 提高职业教育质量，增进职业教育与劳动力市场的契合度

供给侧结构性改革的一个主要目标指向是推动经济增长方式的转变和经济结构的转型，而这与劳动力的有效供给密切相关。经济增长是资本积累、劳动力投入（包括劳动力的数量和质量）及全要素生产率增长共同作用的结果。从劳动力投入来看，人口老龄化必将导致劳动力数量增长率的下降。我国已进入人口红利下降期，人口红利已经消失，因此，通过教育提升人力资本质量，发掘人力资本红利，就成为未来经济增长的重要原动力。此外，产业结构的变动也要求劳动力知识结构发生相应的变动。预计我国第三产业增加值占 GDP 的比重在 2030 年将达到 65%—70% 的水平，

基本形成以服务业为主体的经济形态。① 这客观上要求劳动力供给的类型、知识和能力结构随之发生变动，人力资本如果不与产业结构相匹配，将会导致失业和收入差距扩大。所有这些反映到职业教育中，就要求职业教育提高与劳动力市场的契合度，根据经济社会发展和产业发展的实际需求进行人才培养。与产业发展需求有效对接原本就是职业教育的任务之一，而当前经济结构调整和经济增长方式的转变、技术的迅猛发展及经济全球化，使得在职业教育的供给和劳动力市场的需求之间建立密切的关联愈加重要，这也为职业教育的发展带来了更大的挑战。

我国职业教育存在的一个突出问题是学生的知识能力与产业的需求不匹配。导致这种状况的原因很多，关键原因在于缺乏统一的职业标准与资格体系，以及有效的社会合作机制。荷兰、英国、德国、澳大利亚等发达国家都建立了比较完备的职业资格体系，美国也拥有较为完善的专业认证制度。各国还会根据经济社会的发展状况，适时对职业资格进行修订，调整职业教育项目，从而在教育标准和职业标准之间建立有效的联动机制。例如，荷兰为了使职业教育能够更加灵活地把握劳动力市场未来的需求，基于对劳动力市场的分析和预测，对职业教育的资格框架进行了修订。修订后的资格框架拓宽了资格能力的定义。资格能力包括一般部分（语言、数学、职业管理技能）、基础职业部分（适用于所有职业）、资格结构内的特定模块和选择模块。对资格更为宽泛的界定将给予职业学校更多的空间，以改革课程设置，从而更加契合劳动力市场的需要。② 2012 年美国颁布的《投资于美国的未来：职业技术教育改革蓝图》（以下简称《改革蓝图》）明确规定，职业技术教育必须为学生提供衔接中学教育和高等教育且包含最新知识的结构化课程，为学生颁发行业证书与许可证，确保毕业生在完成职业技术教育之后可以在快速增长的行业中谋得职位。

---

① 胡鞍钢，周绍杰，任皓. 供给侧结构性改革：适应和引领中国经济新常态［J］. 清华大学学报（哲学社会科学版），2016（2）：17-20.

② 王怡伟，孟庆瑜. 荷兰职业教育如何适应和引领工业革命与产业升级［EB/OL］.（2017-01-06）［2017-01-20］. http://www.360doc.com/content/17/0106/20/815848_620582805.shtml.

　　我国虽然已经建立了学历资格和职业资格制度，但是学历资格证书和专业资格证书各成体系，两者缺乏有效沟通，甚至互相排斥。建立统一的资格框架，对各种资格和能力进行明确的界定，并在此基础上进行课程开发和设置，应该成为当前我国促进职业教育发展的核心工作。

　　此外，建立多方合作机制、推动职业教育利益相关者的参与和合作也是在职业教育和劳动力市场之间建立连接的有效举措。在发达国家当前的职业教育发展战略中，推动多方合作是政府政策的重心。荷兰政府积极推动中等职业院校之间的合作，尽力破除院校合作中的各种障碍，如允许在学生的文凭上注明合作院校，并决定于 2017 年 8 月前出台荷兰职业教育学院联盟管理法案；进一步强调与企业的合作，政府斥巨资成立"区域职业教育投资基金"，用于在职业学校和工商业界之间建立联系以推动创新；对中等职业教育"卓越计划"项目提供资金支持，推动学校与工商业合作培养"大师学徒"。在美国，由于相关法案没有为私营部门积极参与职业技术教育提供途径，导致雇主等社会合作者未能充分参与设计和实施职业教育。《改革蓝图》为解决这一问题，设立了一个匹配要求，各州只有达到这一要求，即巩固雇主、产业及劳动力之间的合作关系，才能获得法案资助，这一做法极大促进了关键利益相关者之间的合作关系。

　　德国的鲁尔区曾以传统工业蜚声全球，然而 20 世纪 50—60 年代的新技术革命浪潮给鲁尔区造成了巨大冲击。为走出发展困境，当地政府开始对高等教育和职业教育予以高度重视和持续投入。之后，鲁尔区从一个没有任何大学的地区转变为欧洲境内大学最为密集的地区。为加强科研成果的转化与应用，当地政府还以多特蒙德为起点，经过波鸿、埃森、哈根，以杜伊斯堡为终点，建立起一条横贯全区的"技术之路"，把区域内的经济中心和研究中心联系起来，对产业技术创新和产业发展多元化起到了关键的推动作用。自 2010 年起，德国联邦教育与研究部推出"职业资格教育链"倡议，旨在整合德国职业教育相关法案和项目资源，形成结构化且一贯的资金和政策支持，对联邦政府和州政府在职业教育和培训及以青年学生职业教育为导向的教育议题上的举措进行整合。通过该倡议的实施，联邦政府和州政府之间就《联邦职业教育法》框架内的职业教育政策落实和质量保证达成多项共识。与此同时，德国联邦各部门之间也不断加强合作，在提升职业教育质量、培养未来高质量的劳动力等方面达成相应共识。2004 年，德国文教部长会议和联邦劳动局就中学和职业咨询之间的共同合作达成相应的框架协议，旨在为进入职业教育阶段的中学生提供专业的职业咨询服务，保证长期的、一贯的职业教育的顺利开展，服务于职业教育质量保证和资格框架建设。①

英国也极力推动职业教育的多边协作。截至 2014 年，英国本硕层次的学徒人才培养方案框架体系共有六种，每项框架体系的策划与开发都是行业技能组织、企业、院校、技能培训机构、从业资格认证机构等各类行为主体的"联合行动"。从 2014 年起，卡梅伦政府和英国产业界诸多大型企业开展深度合作，启动"学徒制开路者团队"，开启了各行业领域的高等学徒制标准体系与评价机制的改革进程。新兴高等学徒制人才培养项目的开发主导权归企业界所有，学徒制拨款制改革将拨款使用权交予企业，企业可利用所获资金，根据自身需求，组团开发高等学徒制人才培养项目；各行业学徒制标准体系与评价机制的制定权属于企业界，这意味着企业掌握了高等学徒制人才培养项目开发的最大话语权。

2. 发展高等职业教育，培养高级技术人才

供给侧结构性改革的核心是提高全要素生产率，而提高全要素生产率的一个重要途径就是技术进步和技术创新，这对劳动力的技能水平提出了更高的要求。有学者通过实证研究指出，只有接受过高等教育的人力资本才对全要素生产率有显著的促进作用。目前我国高端技术技能型人才的供给严重不足，高级技工需求存在 2200 万人的巨大缺口，这已经成为经济发展的重要阻碍。② 因此，职业教育必须提升人才培养的规格和水平，增

　　① 中国驻德国大使馆教育处 . 2004 年德国教育改革发展综述［J］. 世界教育信息，2005（5）：11-14.

　　② 段敦厚 . 技工供需缺口在 2200 万到 3300 万人之间［EB/OL］.（2013-03-07）［2016-11-18］. http://news.china.com.cn/2013lianghui/2013-03/07/content_28163114.htm.

加高端技术技能型人才的培养和供给，从而助推技术进步和经济发展。

当前全球职业教育逐步呈现出高等化趋势，即中等职业教育人数下降，高等职业教育人数增加。美国中等职业教育的终结性特征日益淡化，主要表现为毕业生直接就业的比例不断降低，而继续升学的比例稳中有升，中等职业教育逐渐向高等职业教育延伸发展。作为高等职业教育主要载体的社区学院得到了前所未有的扩张。根据美国社区学院协会公布的最新数据，美国现有社区学院1108所，其中公立学院982所，公立社区学院在高等学校中的占比高达26%，能够授予学士学位的机构包括88所公立社区学院和58所独立学院。2013—2014学年，社区学院授予的副学士学位数量达到795235个，颁发的证书达到494995个。[①]

在英国，本硕层次的高等学徒制应运而兴。高等学徒制是学徒制人才培养模式与高等教育的结合，高等学徒生可通过"寓学于工"的学习路径获得高等教育学历证书和较高等级的职业技能证书。2011年，政府在《新挑战、新机遇》报告中明确提出为学徒生提供进入高等职业教育的机会。2013年修订后的《英格兰学徒制标准规范》设立了六、七级学徒制未来发展的相关条款，本硕层次学徒制由此正式成为英国学徒制体系的重要组成部分。在北爱尔兰，一个名为"确保我们的成功"的学徒制新政策在2014年6月颁布。它指出，学徒制将涉及更大范围的职业领域，并且提供继续教育和高等教育的多种通道。[②]

在欧洲的一些国家，提供高等职业教育的主要机构是应用技术大学，其学生人数和硕士学位授予数量呈增长趋势，应用技术大学与研究型大学联合或者独立授予博士学位的现象也屡有出现。荷兰在应用技术大学开设了硕士学位项目，瑞典也提供了一定数量的政府认证的硕士学位，奥地利应用技术大学的硕士学位项目由学校和普通大学联合授予。在德国，硕士学位成为应用技术大学毕业生的标准之一。爱尔兰的应用技术大学还可以

---

① 赵建玲. 美国社区学院职能的嬗变及启示 [J]. 河北企业，2011（2）：71-72.

② Bosworth D L. UK skill levels and international competitiveness 2014 [R]. UK Commission for Employment and Skills（UKCES），2014.

提供博士级别的教育。

职业教育高等化，不仅仅表现为社区学院、应用技术大学等高等职业教育机构的扩张，还表现为包括传统研究型大学在内的其他类型高校提供的职业导向项目的数量和类型逐步增长。近年来德国应用技术大学提供的双元课程，尤其是工程和商业管理专业的双元课程越来越多。该类课程将职业教育和实习结合起来开展。完成该课程的学生可以同时获得两种类型的资格和文凭：一种是由应用技术大学颁发的应用技术大学学士学位或学位文凭，其学位资格或文凭要加上应用技术大学的称谓"FH"①。另一种是参与职业教育和培训所获得职业教育资格。这种课程集中强化了学生培养的职业导向，促进了应用科学的研究和技术转化。应用技术大学也开设硕士学位课程，与研究型大学有所不同的是，该类课程注重实践应用。

各国在大力发展高等职业教育的同时，也在积极推动各学习阶段之间的衔接和转换，包括中等职业教育与高等职业教育的衔接，副学士学位项目与学士学位项目、学士学位项目与硕士学位项目的衔接等。荷兰通过强化中等职业教育对学生语言和数学能力的培养、在职业学校设立"转换选修课"、引入"高级中等职业教育-应用技术大学联合项目"等措施保障学生从中等职业教育阶段到高等职业教育阶段的顺利过渡，政府还推行了从预备职业教育到职业教育再到高等职业教育的持续学习路径，为有志于学习技术的学生提供了更为清晰和有效的学习计划。

为解决职业教育学制的过渡与衔接问题，美国自20世纪90年代以来出台了多部法案。1990年《卡尔·帕金斯职业与技术教育法》引入了"技术准备项目"，第一次以法案形式提出加强中等与中等后教育的过渡。此后，整合中等与中等后教育的建议几乎出现在所有职业教育的相关法案中。2012年颁布的《改革蓝图》要求所有申请州政府资助拨款的联盟都

① "FH"，即应用技术大学（fachhochschule hochschule），此类大学大部分历史较短，规模不大，一般只设几个专业，但其特色极为突出。

必须与一个获得资助的职业技术院校签订中等教育-高等教育衔接协议，学生通过衔接协议可以获得双重学分或并行学分，从而更快获得各行业认可的证书、许可证，以及高等教育证书或学位。

除了法律法规上的支持，美国通过建立学分互认及转换系统、实施大学准备教育及补偿教育等方式实现中等与中等后教育的过渡与衔接，也使职业教育的内容、理念通过课程和项目的方式贯穿在各个阶段、不同层次的教育机构中。以中等职业教育为例，美国的综合高中和区域卓越教学中心（Center for Teaching Excellent）、私立综合高中与公立综合高中不仅可以实现学分互认，也可以与中学后教育机构实现学分互认，如学生在中学里学习，可以得到社区学院甚至四年制大学的认可，不仅避免了重复学习，而且保障了中等教育向中等后教育的过渡。作为美国高等职业教育的重要载体，一些社区学院可以提供认可的学士学位项目，而几乎所有的社区学院都与当地公立大学、私立大学及学院签订了转让安排（即衔接协议），允许已完成规定课程学习的合格学生将最多两年的学分转入学士层次的学习项目中。

德国文教部长会议对进入职业教育高等阶段的各种渠道都做了详细的规定，在不同资格基础上对各教育阶段和类型之间的衔接与转换进行了说明。随着教育形式日渐多元，德国联邦政府和州政府、各州政府之间的职业教育协调机制的建设需求更加明确而突出。为此，各类型职业教育机构的框架协议体系近年来不断得以建立，在该框架体系内，专门学校、高级职业中学等各类型职业教育机构的培养定位和目标及其与其他类型学校之间的通道均得到了详细、严格的界定。

我国的职业教育一直处在较低的层级，虽然也有高等职业教育阶段，但是学习者不能取得学士学位，高等职业教育与中等职业教育、普通教育的衔接和贯通也存在很多问题，因而吸引力较低。《国务院关于加快发展现代职业教育体系的决定》提出，"推进中等和高等职业教育紧密衔接，发挥中等职业教育在发展现代职业教育中的基础性作用，发挥高等职业教育在优化高等教育结构中的重要作用"，"总体保持中等职业学校和普通高中招生规模大体相当，高等职业教育规模占高等教育的一半以上，总体教育结构更加合理"。国家对高等职业教育发展的重视契合了当今职业教育高等化的发展趋势，也为职业教育政策的制定带来了诸多挑战。如何引导和支持地方普通本科院校向应用型高校转型，如何在中等和高等职业教育之间、在各级学历和学位之间建立转换和衔接机制已成为亟待解决的关键问题。我国虽然已将解决这一问题提上日程，在实践中也出现了一些有益的探索，但是，尚未建立起一个比较成熟和完善的制度体系。除了推动各个院校和机构之间的合作，引导各个层级的教育机构制定明确的目标、确立自身的功能定位，我国还需要对各职业教育阶段的资格和能力进行清晰的界定，这也从另一个方面说明了建立统一的职业资格框架的重要性。我国需要在完善职业资格框架的基础上，建立清晰的持续学习路径，并切实推进各教育主体和相关机构的合作。我们可以借鉴德国对进入高等职业教育各渠道的规定和要求，美国中学和中学后教育机构的学分互认，荷兰职业学校和应用技术大学之间的合作及从中等职业教育到高等职业教育的一以贯之的学习路径。

3. 增加继续教育供给，提高继续教育供给的质量和灵活性，提高劳动者的技术技能水平和再就业能力

供给侧结构性改革确立了"去产能、去库存、去杠杆、降成本、补短板"五大任务，"去产能"位居五大任务之首。淘汰落后产能，化解产能过剩，必然会引致劳动力转移和再就业问题。因此，增加继续教育供给，提高下岗劳动力的技能和再就业能力，是职业教育必须承担的重要使命。

供给侧结构性改革也意味着经济发展从依靠廉价劳动力的数量转变为依靠劳动力的素质和技能水平。大规模的廉价劳动力是我国过去经济高速增长的重要支撑，但如今随着人力成本的提升、经济增长方式中结构性矛盾的凸显，依靠廉价劳动力获取比较优势的发展模式已不可持续。2010年我国制造业从业人员人均受教育年限为9.8年，而2006年美国制造业从业人员人均受教育年限已达13.0年。在文化程度上，美国制造业从业人员以高中及以上文化程度为主（占比86.4%），而我国制造业从业人员以

初中及以下文化程度为主（占比 69.1%）；美国制造业从业人员具有大专及以上文化程度的比例达 32.0%，我国仅为 9.8%。① 因此，通过职业技术培训提升农民工等低技能人群的知识和技能水平，优化人力资本结构，是一个迫切需要解决的问题。2015 年我国农民工总数已达 2.7 亿人，其中大多数人的受教育水平为初中以下。学习型经济要求所有从业者必须在持续的自我发展中维持其就业能力，不断获取新的知识和技能，并保持已有的能力。所有这些都意味着必须增加继续教育供给，并提高其灵活性。

继续教育在发达国家职业教育发展中日益受到重视。荷兰教育部、文化与科学部在 2014 年出台的《未来导向的职业教育》中提出，为使中等职业教育的培训项目对成人更加有吸引力，将尝试把职业标准拆分成单元，每个单元的学分在院校之间可以互换（包括欧洲层次），同时探求更为灵活的方式，以应对目标群体对语言、算术、职业技能等方面的需求。此外，为了进一步鼓励国内和国际转换及学生流动，学生的文凭上将会明确标注其在荷兰的国家资格框架中所处的层级。② 在 2015 年发布的高等教育发展文件《知识的价值》中，荷兰教育部提出了一系列继续教育发展计划。该文件提出，未来荷兰拟建立更为灵活的终身教育系统。2016 年 9 月开始"需求融资"实验，即从原来的融资系统转化为"基于凭单"的融资，给予院校更大的采用模块化路径的空间。实验还包括与雇主的更密切的合作，以提供更为灵活的、需求导向的学习项目。参与实验的院校提供的学习项目内容由学习结果单元决定，学分和学习小时数不再挂钩。换言之，学习项目重在控制学习结果（学生获得的知识和技能），而不是学生的学习时间。③

---

① 刘菊香，胡瑞文. 我国制造业人力资源现状及未来十年需求预测 [J]. 高等工程教育研究，2013（4）：17-25，97.

② Fazekas M, Litjens I. A skills beyond school review of the Netherlands [R/OL]. [2016-11-18]. http：//www.oecd.org/edu/skills-beyond-school/A-Skills-Beyond-School-Review-of-the-Netherlands.pdf.

③ OCW. The value of knowledge：strategic agenda for higher education and research 2015-2025 [EB/OL]. [2016-11-18]. https：//www.government.nl/documents.

2014 年，我国中等职业教育招生比例低于 44%，很多中等职业学校招生困难，一部分学校已无法运转，大量资源闲置。[①] 与此同时，数以亿计的进城务工人员，却不能通过职业教育和培训切实提高自身受教育水平与收入水平。这说明我国当前职业教育机构的继续教育供给存在很大问题，一方面是职业教育培训质量不佳，导致用人单位和学习者积极性不高，另一方面则是制度和规则僵化，难以契合在职人群的继续教育需要。

为了提高继续教育供给的灵活性，我国需要创新和扩大教育服务的多样化供给，消除社会资本进入教育领域的"门槛"，放宽对民办教育办学层次和办学硬件的限制，进一步保护和调动社会力量参与和支持教育的积极性；需要探索更为灵活的继续教育供给方式，如在线学习、对学习项目的阶段性参与、模块化的学习项目、对前期学习的认可等。

4. 开展应用型研究，推动创新

创新是现代经济增长最为重要的动力，供给侧结构性改革的重要特征之一就是通过创新创业激发经济活力、转换发展动力，促进"政策刺激"发展转变为"创新驱动"发展。十八届五中全会提出了"创新、协调、绿色、开放、共享"五大发展理念，其中"创新"居于首位。创新发展是"十三五"时期我国经济转型升级的关键驱动因素，也是实现协调发展、绿色发展、开放发展和共享发展的根本支撑。

实现创新驱动发展战略，需要突破技术瓶颈，掌握核心关键技术，加快新技术、新产品、新工艺的研发应用；需要强化企业技术创新主体地位，构建产学研相结合的技术创新体系；需要促进科技成果转化，加强知识产权保护和管理。除了培养高级技术人才之外，职业教育参与创新的另一个重要途径是发展应用型研究。

职业教育与产业及行业的密切关联使之在产学研结合、应用型研发中具有天然的优势。当前发达国家职业教育的研究取向已经日益凸显。在欧

---

① 佚名. 2014 年全国中职招生占高中阶段招生数的 44.12% ［EB/OL］.（2015-09-16）［2016-11-18］. http：//edu. china. com. cn/2015-09/16/content_36597184. htm.

洲一些国家，应用技术大学的功能最初多定位为面向专业性职业活动的教育功能，研究活动很少，但是随着社会经济的发展，研究工作越来越受到重视，一些国家甚至对应用技术大学开展研究活动做出了法律规定。欧盟主要国家的应用技术大学的研发投入逐年增加，应用类科学研究虽然在资金、基础设施等方面面临来自传统研究型大学和机构的严重竞争压力，但是其职业导向、与企业的亲和关系使得其在科学研究和技术转化上扮演了越来越重要的角色。2011 年荷兰在高等教育发展议程中强调了应用技术大学在"基础研究—应用研究—创新"这一"整合知识链"中的作用，为以实践为导向的研究提供财政资金支持。2011 年，荷兰有 30 所应用技术大学与产业界合作，共同开展了近 300 项研究项目，包括致力于大学和产业界知识共享的 RAAK 项目，旨在促进特定经济领域发展的 PID 项目，激发农业教育革新的 KIGO 项目，以及推动健康医疗研究与护理革新的 ZonMw 项目。[①]

（三）西方传统研究型大学的变革——透视现代职业教育观

1. 剑桥大学的经验

第二次世界大战后高等教育的发展为英国造就了一大批科技界精英，研究成果也是层出不穷，仅 1971—1980 年，英国就有 17 人次获得诺贝尔奖。但这些研究成果需要大量技术人员加以利用才能转化为生产力，据估计，英国工业部门中每雇佣 1 个工程师和科学家，就需要 5 个或更多的技术人员将其理论和设计转化为实践。而 20 世纪 60 年代，英国过于强调科学家和工程师的培养，未能相应增加技术人员的数量，导致人才比例失调。科技成果无法转化为产品，就不能为经济发展服务。与西方主要发达国家相比，英国仍是经济发展较慢的国家。

人才培养与产业部门需求之间的差异，影响了教育促进经济发展作用的发挥，同时也对教育本身的发展产生了消极影响。不合理的人才比例不

---

① 中国教育科学研究院课题组. 欧洲应用技术大学国别研究报告［R/OL］.（2013-12-10）［2016-11-18］. http://wenku.baidu.com/view/11f1880c4afe04a1b171de9b.html.

符合产业需求，使大量毕业生找不到工作，而从 1973 年开始的世界性经济危机，使就业形式更加恶化；同时，迫于财政压力，英国政府大幅度削减高等教育经费，英国高等教育的发展被迫进入调整时期。

作为英国的代表性大学，剑桥大学并不是一开始就支持剑桥地区的高科技企业发展的。实际上，早期的剑桥大学一直都是当地高科技企业发展的一个障碍，它不仅反对在剑桥地区发展工业，而且也反对科学家进行科学应用方面的研究。

剑桥大学的这种态度一直持续到 20 世纪 60 年代。此时美国硅谷所取得的成就已经吸引了全世界的关注，硅谷的创业精神也传入了剑桥。剑桥大学的一些有识之士通过美国硅谷与 128 公路地区所获得的成功认识到，如果以科学为基础的工业合理地分布在大学周围，那么不仅会给当地的经济发展带来好处，而且也非常有利于大学自身的发展（如美国的斯坦福大学和麻省理工学院）。

当时剑桥大学研究室和科研所的核心人物已看到，他们自己的研究工作有无生命力和选题恰当与否，取决于剑桥大学周围有无大量不同类型的工业研究机构和其他非大学的研究机构。他们也意识到，在相当长的时间里，工业界将是他们研究经费的一个重要来源。同时，大学经费来源体制的转变也使得英国的所有大学都开始考虑英国政府在数十年来一直提倡的大学应该具备的第三项功能，即对知识产权进行商业化开发和创建新企业，而这一功能一直都是英国最知名的大学所竭力反对的。正是基于以上原因，剑桥大学对在剑桥地区发展工业的态度发生了转变。

剑桥大学开始与工业界加强联系，这使得剑桥大学与企业都获得了很大的益处。一方面，大学的研究成果进入企业，使企业在产品创新方面得到提升；另一方面，大学不仅获得了收入，同时也能把握住市场需求的走向，使科研成果能更好地转化成生产力。此外，由于与工业界建立了紧密的联系，剑桥大学的很多专业技术人员可以更准确地了解市场上的技术需求，因此，当他们产生一个新的有着市场前景的创意的时候，经常会考虑通过创业来实现。

由于剑桥大学发生了上述转变，仅在 1970—1979 年，剑桥地区就出现了 100 多个高科技企业，1980—1984 年高科技企业的数量又翻了一番，最终产生了"剑桥现象"。

2. 哈佛大学的经验

哈佛大学是美国最古老的大学，19 世纪前曾在美国大学中享有较高的声誉。19 世纪上半叶，哈佛大学仍固守传统的办学理念，因而在激烈的竞争中逐渐丧失了其在美国大学中的领导地位。从 19 世纪下半叶开始，哈佛大学随着社会的不断发展而不断更新自身的办学理念，不仅适应了经济的发展和时代的要求，而且引领了社会的需求，从而使自己保持了生机和活力，成为美国乃至全球最负盛名的大学之一。

2000 年后，美国经济增长速度逐渐放缓，而社会对创业、创新的需求逐渐增加，为适应这种形势，哈佛大学在坚持追求真理的办学理念的同时开始注重实践，强调理论与实践合一，推动自身的科研技术转移和科研成果转化，组建哈佛大学技术开发办公室，创建工程与应用科学学院，建立生命科学和物理科学加速器项目，建成哈佛创新实验室和启动实验室，新建"研究校区"作为实现产学研结合和创新创业的中心地带。一流的科学研究加一流的科研成果转化，最终成了哈佛大学十几年来不断推动创新的动力与目标。

2005 年，哈佛大学将医学院和艺术科学学院合并后组建了哈佛大学技术开发办公室。2007 年，哈佛大学创建了工程与应用科学学院，努力扩展计算机科学和工程类学科教育，以弥合科学与商业化之间的工程技术鸿沟，为创新打造学科基础。近年来，哈佛大学技术开发办公室逐渐成为连接科学基础研究和成果商业化的一座桥梁，使哈佛的学者们可以兼顾科学研究和成果转化，也使学校及各学院在技术商业化的过程中获得了可观的收入。更进一步，哈佛大学技术开发办公室先后建立了生命科学和物理科学两个加速器项目，在这两个重点领域推动研究成果的商业化。

哈佛大学的教授和学生如果认为自己的某一项研究成果具备商业价值，便可以在哈佛大学技术开发办公室的网页上直接提交自己的想法。技术开发办公室审阅这些想法，并鉴定其是否有商业化潜力和价值。他们会把有价值的项目提交给加速器顾问委员会，由委员会成员会同来自企业界和风险投资界的专业人士进行项目评估，最终选出一批项目。这些项目中既有专利特许交易项目，也有适合创业的项目，还有一些是适合由企业出资来继续支持研究开发的合同项目。多年来，技术开发办公室先后接到来自哈佛大学教师和学生的近 3000 个创意，成功帮助他们获得了 540 多项美国专利，创办了 80 多家创业公司，促成了 300 多项专利交易，并且获得了来自企业的 2.53 亿美元研究资助。

2011 年，哈佛大学建成了哈佛创新实验室，其主要使命是激励学生创新创业。实验室号召哈佛大学的创新创业活动从"各自为战"向"合作创新"转变，提倡不同学院发挥各自的特长来进行合作，并广泛利用哈佛大学校友的资金和经验优势，共同打造创新企业。在技术研究方面，实验室也更加强调不同学科的融合和交叉，以打造满足人类需求的新产品组合。2014 年哈佛大学商学院建立了哈佛启动实验室，为学生创业提供租金低廉的初始的办公和交流场所。2016 年哈佛大学奥斯陆园区启动建设"研究校区"，将其作为实现产学研结合和创新创业的中心地带。

第二节 建设现代职业教育体系与发展开放型经济、提高对外开放水平的关系

经过改革开放 30 多年的发展，中国已逐步形成开放型经济体系，该体系也深深打上了"全球化"的烙印。这不仅是中国改革开放的重要成果，也是中国经济发展和国际分工合作的客观要求。随着中国融入全球化的程度的不断提高、资源与环境问题的日渐突出、劳动力等要素成本的持续上升，中国的传统比较优势面临严峻挑战，产业调整与升级迫在眉睫，国内企业发展与国家经济安全及国家竞争力都面临新的挑战。目前，中国

的外贸发展还不适应"后危机时代"世界市场的新变化,主要表现为:出口贸易生产的地理集中度过高且仍然处在国际分工的中低端,产业延伸和转移尚未取得实质性进展;以生产性服务为代表的现代服务业发展不足;对外贸易领域缺乏跨国经营的市场主体和全球商业网络;等等。在国家提出的诸多应对策略与措施中,提高劳动者素质、建立人力资源的强有力支撑是重要内容之一。本节以中国提高对外开放水平的具体内涵为基础,指出建立现代职业教育体系与提高对外开放水平之间存在耦合关系,现代职业教育体系所培养的大量技术技能型劳动者在地区、行业、能力上的差异是影响对外开放水平的重要因素,同时对外开放水平的提高也对现代职业教育理念的开放度、结构的匹配性与体系的国际化提出了深层次的诉求。

一、建立现代职业教育体系与提高对外开放水平的耦合关系

建立现代职业教育体系与提高对外开放水平之间存在耦合关系。一方面,提高对外开放水平对现代职业教育的产出——人力资本表现出旺盛的需求,引导现代职业教育发展实现由数量到质量、由规模到结构的转变;另一方面,现代职业教育体系所培养的大量技术技能型劳动者在地区、行业、能力上的差异也直接影响对外开放的水平。

(一)建立现代职业教育体系与提升全球竞争力

人力资本是通过教育、培训、保健、劳动力迁移等获得的凝结在劳动者身上的知识、技能和健康状况的总和,具有创造性和资源配置能动性等特征。经济学理论和实践经验已经阐释并验证了一个经济体的人力资本水平对经济社会发展的重要价值。经济全球化要求各经济体培养大量受过良好教育、具有较强学习能力、能够迅速适应环境变化、满足劳动力结构调整需求的高素质劳动者,因此,高品质的教育与培训对于任何一个经济体全球竞争力的提升都具有重要作用。通过前文对全球竞争力指标体系及近年来各经济体排名的深度分析,我们可以得出如下结论。

第一,即使从经济发展角度评价一个经济体的竞争力,教育也是其中重要的衡量指标,是提升一个经济体全球竞争力的关键因素。在全球竞争

力指标体系的 114 项指标中，有 14 项指标与教育直接相关，覆盖"健康与基础教育""高等教育与培训""创新" 3 个支柱，而且从 14 项教育指标在各支柱中所占的权重看，教育指标所占权重均高于任何一个支柱中的其他指标。教育质量的提升能够对企业成熟度、技术就绪度等其他领域竞争力的提升产生直接的辐射作用。

第二，提高教育系统运行质量、推进职业教育发展是从教育入手提升竞争力的两大支点。全球竞争力研究的基本结论向我们诠释了教育对推动经济发展所做的巨大贡献。当然，不同发展时期社会生产活动对劳动者的需求不同，即不同的经济结构需要不同的人力资本结构与之匹配，所以教育与培训在规模、结构方面也必须进行调整，以适应经济发展的需求。值得注意的是，人才培养规模与结构调整的支撑性因素是教育和培训的质量。从 2015 年全球竞争力排名前 28 的经济体的情况来看，尽管在地理位置、资源禀赋、经济结构、市场规模、社会体制、历史文化方面等存在较大差异，但拥有高质量的教育与培训是这些经济体共同的特点。例如，在教育的系统质量、管理院校的质量、高质量职业培训的可获得性、职工培训投入度等指标方面，这些经济体大都具有非常明显的优势，相比而言，中国相关指标的排名比较落后，尤其是教育系统的质量、高质量职业培训的可获得性两项指标的排名较为落后。因此，我们认为提高教育与培训的质量是当前为国家发展输送和储备人力资本的首要抓手，而提高教育系统运行质量、推进职业教育发展是从教育入手提升国家竞争力的两大支点。

第三，中国若要提升全球竞争力，从效率驱动阶段发展到创新驱动阶段，就必须科学认识职业教育的战略地位，促进职业教育规模、结构、质量的同步提升。职业教育发展对一个经济体全球竞争力的提升具有重要的驱动作用。2015 年全球竞争力排名前 28 的经济体的职业教育相关指标的排名也集中于前 28。例如，瑞士发达的职业教育和培训制度为其全球竞争力的提升和经济繁荣做出了重要贡献。中国的职业教育相关指标的排名不仅落后于自身的全球竞争力总排名，而且落后于排在中国前面的经济体的相关指标排名。因此，中国若要实现全球竞争力的持续提升，必须提高处于落后状态的职业教育相关指标的得分与排名，从规模、结构、质量、投入、创新等五方面提升职业教育发展水平，使其由中国全球竞争力排名提升的制约因素转变为驱动因素。

（二）建立现代职业教育体系与推进双向开放

1. 发展现代职业教育与提高利用外资水平

中国加入世界贸易组织十几年来，外商直接投资不仅规模逐渐扩大，而且随着其投资结构和投资方式的变化，还产生了技术溢出效应、结构调整效应、市场结构重构效应、促进经济社会发展效应及人才培养效应，在很大程度上提高了中国的开放水平，为促进中国经济发展做出了积极贡献。"十一五"时期中国实际利用外资合计约 6500 亿美元，是"十五"时期的 1.7 倍，其中吸收外商直接投资约 4600 亿美元。[1] 2014 年 1—12 月，外商投资新设立企业 23778 家，同比增长 4.4%；实际使用外资金额 7363.7 亿元。[2] 尽管国内外学者对外商直接投资与就业的关系尚未形成定论，在不同的国家、区域、行业、历史时期及研究方法下，外商直接投资对就业的直接效应与间接效应也存在差异，但总体来看，外商直接投资会通过产出的扩张对中国的城乡劳动力就业产生直接促进作用，2009 年外商投资企业直接吸纳就业人口 4500 万人，占中国城镇就业人口总数的 1/8。[3] 与此同时，外商投资也能够通过带动上、下游产业的发展来创造间接的就业机会。

在外商直接投资与中国整体制度变迁的互动下，外商直接投资与职业教育发展也产生了互动关系。一方面，外资企业对职业学校毕业生的吸纳提高了职业教育的就业率，并且对职业教育的培养目标和质量起到了引导作用；另一方面，现代职业教育所培养的大量技术技能型劳动者在地区、行业上的分布差异，也决定了经济发展水平尤其是外商直接投资在不同地

---

① 桑百川. 中国外商投资发展报告（2011）[M]. 北京：对外经济贸易大学出版社，2011：5.

② 商务部. 商务部：2014 年 FDI 同比增长 1.7%，12 月增长 10.3% [EB/OL]. (2015-01-21) [2016-11-18]. http://hn.cnr.cn/hngbcj_1/20150121/t20150121_517489178.shtml.

③ 佚名. 新中国对外开放 60 年成就综述 [EB/OL]. (2009-08-27) [2016-11-18]. http://www.gz.xinhuanet.com/2008htm/xwzx/2009-08/27/content_17524261_2.htm.

区和行业的分布的不均衡状态。《中共中央关于制定国民经济和社会发展第十三个五年规划的建议》（以下简称"十三五"规划建议）提出，"完善投资布局，扩大开放领域，放宽准入限制"，并提出了如下要求。

第一，外商直接投资区域分布的调整，需要大力发展中西部地区职业教育，以提高该地区劳动力生产率，满足外商直接投资的发展需求。中国吸收外商直接投资的地区分布一直呈现明显的非均衡性，2010 年以来，外商直接投资的区域结构变迁加速，虽然东部地区仍然是中国吸收外商直接投资的主体，但随着东部地区劳动力成本的逐步上升，中西部地区外商直接投资的规模显著扩大，比重逐步加大，以"代工大王"富士康为代表的劳动密集型外资企业寻求区位调整的趋势已经初露端倪。[①] 2014 年 1—12 月，东部地区实际使用外资金额 6014.9 亿元（折合 979.2 亿美元），同比增长 1.1%；中部地区实际使用外资金额 666.9 亿元（折合 108.6 亿美元），同比增长 7.5%，增速较快；西部地区实际使用外资金额 661.6 亿元（折合 107.8 亿美元），同比增长 1.6%。[②] 中西部地区职业教育所培养的劳动力的规模与质量，是决定东部地区劳动密集型外资企业向欠发达的中西部地区进行梯度转移能否成功的关键所在。

第二，外商投资行业结构的调整，需要大量与之匹配的技能型、应用型人才。从投资结构看，服务业利用外资保持增长。2014 年，服务业实际使用外资金额 4068.1 亿元，同比增长 7.8%，占全国总量的 55.4%；农、林、牧、渔业实际使用外资金额 93.5 亿元，同比下降 15.4%，占全国总量的 1.3%；制造业实际使用外资金额 2452.5 亿元，同比下降 12.3%，占全国总量的 33.4%。[③] 职业教育应当在保持对外商投资的先进制造业的劳动力供给的同时，抓住国际服务业加快转移的机遇，在继续培养传统的劳动密集型服务业（如零售业、餐饮业）的劳动者的同时，大力

---

① 桑百川. 中国外商投资发展报告（2011）［M］. 北京：对外经济贸易大学出版社，2011：2.

② 商务部. 2014 年我国利用外资规模稳中有进，结构更趋合理［EB/OL］. （2015-01-15）［2016-11-18］. http：//www.mofcom.gov.cn/article/ae/ai/201501/20150100868311.shtml.

③ 同上.

发展服务外包领域的职业教育，加快现代物流、工业设计、软件服务、信息服务等领域的技术技能型劳动者的培养，促进服务业和整体产业结构的优化升级。

第三，中国在"跨国公司"未来战略中的地位不断提升，需要职业教育为跨国公司在华发展输送高端技能型、应用型人才。跨国公司是国际贸易、国际投资和国际产业转移的主要承担者。国务院发展研究中心对近 500 家在华外商投资企业的调查问卷结果显示，中国在跨国公司未来战略中的地位将进一步提升。跨国公司不仅会继续将中国作为其面向全球市场的制造基地，而且会将更多的研发活动、区域总部及先进服务业和高端制造等高附加值的产业活动向中国转移。因此，中国应通过职业教育加强对制造业及服务业相关领域高技能劳动者的培养，发挥中国在劳动力成本及劳动力素质上的优势，为跨国公司投资打造优质的"软环境"。

第四，随着中国劳动力成本比较优势的逐渐消失，职业教育要培养大批高端技术技能型人才，以增加劳动力的附加值。以纺织业为例，近年来，尽管中国纺织行业生产、出口及利润平稳增长，但增长速度出现减缓势头，而从越南、孟加拉、印尼进口纺织品的数量呈现增长趋势。中国劳动力成本上涨是造成这一现象的原因之一。2009 年下半年以来，中国东部沿海地区出现"民工荒"与"涨薪潮"并存的现象。随着中国经济的快速发展，劳动力价格呈上升趋势，从而使劳动力密集型产业逐渐失去成本优势。因此，为了保持"世界工厂"的地位，中国企业必须进行转型升级，抢占高端市场，向高技术含量、高附加值产业转化，同时也要通过职业教育提升传统劳动力密集行业的技术附加值，提高劳动生产率，维持劳动力的相对比较优势。

2. 发展现代职业教育与"走出去"战略

"走出去"战略是中国对外开放进入新的历史时期的必然结果。这一战略的实施目标是要实现从被动接受国际分工到主动打造国际分工体系模式转变，实现从低端和低价竞争到中高端和差异化竞争的战略调整，实现从简单模仿到科技创新、市场创新、管理和组织创新的动力再造，进而形成境外加工贸易生产体系、自主生产体系和与跨国公司合作的混合所有制生产体系之间的要素创造和开放竞争，在全球有效配置中国的资本、产业和市场，建立全球开放风险的对冲机制，以实现开放经济的综合效益最大化。"走出去"是一个经济体利用国际资源和市场的能力及经济国际化水平的集中体现，是直接利用海外资源、转移过剩产能、缓解贸易摩擦、实现与东道国平等合作及互利共赢的有效途径，是我们应对国内外环境变化、扩展发展空间、优化资源配置的必由之路。[①]

"走出去"战略要求现代职业教育为人力资本输出准备分结构、有层次的高素质劳动者和技术技能型人才。随着产业、企业、产品、货币资本的"走出去"，人力资本的跟进成为"走出去"能否取得成功的关键。在全球有效配置资本、产业和市场的过程中，逻辑和现实不仅急需高端研究型人才，也急需职业教育加快培养不同专业、不同领域、不同层次的技能型、应用型人才，主要表现在如下方面。一是中国跨国公司的国际化发展，需要职业教育为其培养具有较高劳动附加值的高端技能型、应用型人才；二是中国企业利用世界资源与能源，需要职业教育为其培养大量"会外语、懂技术"的技术工人；三是中国文化"走出去"，需要职业教育培养具有职业道德和中华民族奋斗精神的海外技术技能型人才队伍；四是扩大劳务合作规模，需要职业教育为高端劳务国际合作培育高端技术技能型人才，打造"中国劳务品牌"。

（三）建立现代职业教育体系与完善区域开放格局

改革开放 30 多年以来，中国的区域开放从南到北、从东到西，从沿海到沿江、沿边，逐步向内地扩展，大体上按照"经济特区—沿海开放城市—沿海经济开放区—沿边沿江经济区—内地中心城市"的序列推进。区域对外开放程度具有明显的非均衡性，由东到西呈现梯度分布。区域开放

---

① 戴翔. 后危机时代中国开放型经济发展方式转型研究［M］. 北京：经济科学出版社，2013：2–5.

水平的差距受区域经济发展程度、市场化程度、自然地理条件、物理资本投资、人力资本、中央及地方政府的政策选择、地区历史传统及文化心理等多方面因素的影响，而在上述因素中，人力资本是影响区域开放程度的重要因素之一。劳动力成本优势与地区开放型经济的发展水平呈正相关，这种优势不仅在于劳动力数量的无限供给，更在于劳动者的受教育水平和技能的持续改善。大量研究表明，中国东、中、西部地区的人口平均教育年限、初中以上教育程度及大专以上教育程度均呈现自东向西依次递减的趋势，这与中国经济发展水平的区域分布及对外开放水平的区域分布是一致的。[①]

实现区域开放的均衡协调发展，必须提高相关地区的人力资本水平，为其配置高素质的劳动力资源和合理的人力资源结构。职业教育能够培养现实的、直接的生产力，职业教育的专业结构和层次结构是否与区域开放的产业结构和发展阶段匹配，是其能否充分释放服务经济效应的关键所在。美国权威机构的研究结果表明：如果一个高中毕业生对社会创造的价值为 1.0，中职毕业生所从事的职业与所学专业对口时对社会创造的价值为 1.2，不对口时只为 0.8。[②]

"十二五"期间，中国职业教育在有针对性地调整区域开放布局方面，取得了一定的成绩。

第一，深化沿海开放。《中华人民共和国国民经济和社会发展第十二个五年规划纲要》（以下简称"十二五"规划）要求："全面提升沿海地区开放型经济发展水平，加快从全球加工装配基地向研发、先进制造和服务基地转变。率先建立与国际化相适应的管理体制和运行机制，增强区域国际竞争软实力。推进服务业开放和国际服务贸易发展，吸引国际服务业要素集聚。深化深圳等经济特区、上海浦东新区、天津滨海新区开发开放，加快上海国际经济、金融、航运、贸易中心建设。"与这一目标相适

---

① 蔡昉，王德文. 外商直接投资与就业：一个人力资本分析框架 [J]. 财经论丛，2004（1）：1-14.

② 白汉刚. 区域经济社会发展与职业教育的关系研究 [J]. 职教论坛，2007（13）：45-47.

应，深圳市已成立职业教育集团，建设深圳职业教育园区。天津市与教育部共建了国家职业教育改革创新示范区，为天津滨海新区的发展培养数量充足、结构合理的高素质技能型人才和应用型人才。上海浦东新区成立了浦东职业教育集团，以"政府引导、市场运作、校企合作、实现共赢"为宗旨，把职业教育与浦东经济发展方式转变和产业结构优化升级有机结合起来。

第二，扩大内陆开放。"十二五"规划要求："以中心城市和城市群为依托，以各类开发区为平台，加快发展内陆开放型经济。发挥资源和劳动力比较优势，优化投资环境，扩大外商投资优势产业领域，积极承接国际产业和沿海产业转移，培育形成若干国际加工制造基地、服务外包基地。推进重庆两江新区开发开放。"与这一目标相适应，重庆两江新区成立了"重庆市两江职业教育中心"，大力发展以订单培训为主的职业教育，以良好的教学质量、办学水平，实现了"人人都有工作"的目标，为两江工业园区的发展提供了良好的人力资源保障。

第三，加快沿边开放。"十二五"规划要求："发挥沿边地缘优势，制定和实行特殊开放政策，加快重点口岸、边境城市、边境（跨境）经济合作区和重点开发开放实验区建设，加强基础设施与周边国家互联互通，发展面向周边的特色外向型产业群和产业基地，把黑龙江、吉林、辽宁、内蒙古建成向东北亚开放的重要枢纽，把新疆建成向西开放的重要基地，把广西建成与东盟合作的新高地，把云南建成向西南开放的重要桥头堡，不断提升沿边地区对外开放的水平。"与这一目标相适应，辽宁省发布了《关于开展对接产业集群省级职业教育示范专业建设的实施意见》，围绕省内支柱产业、振兴产业、战略性新兴产业对技能型人才的需要，以校企共建为载体，实施专业（群）与产业集群对接的示范专业建设计划。云南省成立了玉溪烟草职业教育集团、省旅游职业教育集团、国土资源职业教育集团等富有特色的职业教育集团，整合职业教育资源，充分发挥行业指导作用，增强职业教育服务区域开放的能力。广西壮族自治区不断加强与东盟的职业教育合作，南宁职业技术学院、广西国际商务职业技术学院等职业院校加强了小语种、会展策划与管理、国际经济与贸易等专业人才的培养力度，各职业院校与越南、泰国等东盟国家多所著名职业院校不断深化友好合作，开展跨国联合办学项目，跨国培养实用型和技能型人才。

（四）建立现代职业教育体系与优化对外贸易结构

1. 发展现代职业教育与培育出口竞争新优势

根据 OECD（1994）、杨汝岱（2007）等的研究成果，贸易产品分为资源密集型产品、劳动密集型产品、资本密集型产品和技术密集型产品四个大类。[①] 近年来，中国对外贸易结构呈现如下变化：一是资源密集型产品出口份额迅速下降；二是劳动密集型产品出口不断增加，仍然以纺织服装类为主，但其占国内出口总额的比重呈下降趋势，且随着劳动力成本的不断上升，国际竞争力有所减弱；三是资本和技术密集型产品占全国出口总额及世界同类商品出口总额的比重不断增加，尤其是电力机械、电信设备、办公用机械及自动数据处理设备已具备较强的国际竞争力。[②] 但中国技术密集型产品的出口增长主要是由在华外商投资企业带来的，本土企业的技术水平和国际竞争力仍需提升。

"十三五"规划建议提出："加快对外贸易优化升级，从外贸大国迈向贸易强国。完善对外贸易布局，创新外贸发展模式，加强营销和售后服务网络建设，提高传统优势产品竞争力，巩固出口市场份额，推动外贸向优质优价、优进优出转变，壮大装备制造等新的出口主导产业。发展服务贸易。实行积极的进口政策，向全球扩大市场开放。"出口竞争优势不仅彰显了一国的对外开放水平和国际竞争能力，也体现了该国参与国际分工

---

① 资源密集型产品主要指没有经过任何加工过程的原材料，以及经过简单加工用作直接消费或工业中间品的资源密集型产品。劳动密集型产品包括纺织品、服装、鞋类产品、简单金属加工品、玩具及塑料制品等。资本密集型产品包括摩托车、汽车等自动化产品，化学品、纤维、钢铁等加工工业品，以及机械、船舶、发动机等工程类工业品。该类产品的技术含量虽然不是太高，但规模经济非常突出，主要是资本密集型的重工业产品。技术密集型产品包括电子电信类产品，以及医疗器械类产品、光学仪器类产品和航空产品等。参见：杨汝岱，朱诗娥. 珠三角地区对外贸易发展的国际比较 ［J］. 国际贸易问题，2007（12）：60-67.

② 杨汝岱，朱诗娥. 中国对外贸易结构与竞争力研究：1978—2006 ［J］. 财贸经济，2008（2）：112-119.

和享受经济全球化带来福利的能力。目前中国出口技术复杂度与发达国家相比，尚存在一定差距，特别在高技术密集型出口产品领域差距较大。[①]因此，在当前对外开放格局下，一方面要提升劳动密集型产品的出口质量和档次，通过深加工延长其产业链，从而带动其他相关部门的总产出；另一方面要扩大资本技术密集型产品的出口，尤其是在中等技术密集型产品领域，不断向产品内价值链的高端攀升，培育本土企业在该领域的出口竞争优势。

一般而言，发现、发明、科技创新需要一支素质精良的科学家队伍、工程技术人员队伍和企业管理者队伍。而科学技术的应用和实体经济的运行则需要规模庞大、人数众多、适应现代化大生产和不断创新的行业要求的高端技能型、应用型人才。没有一流的人才就没有一流的产品，没有一流的产品就没有一流的企业。因此，国内增值链条的拉长和技术复杂度的提升意味着出口的各个环节均需要大量专业对口的劳动者，尤其是高素质、高技能的应用型劳动者。以制造业为例，根据第六次人口普查数据，2010 年中国制造业从业人员平均受教育年限为 9.8 年，比 2006 年美国制造业从业人员 13.2 年的平均受教育年限少了 3.4 年。[②] 因此，出口竞争新优势的培育对职业教育的技术技能型人才培养的数量、质量和方向提出了新的、更高的要求。职业教育要为中国具有出口竞争优势的领域培养造就一大批活跃在创新一线、数量充足、结构优化、技艺精湛、勤于实践、善于创造的高端技术技能型人才。

2. 发展现代职业教育与发展服务贸易

鉴于服务业与人力资本的天然联系，大力发展服务贸易对劳动者的技能水平提出了更高的要求。目前中国服务业的比较优势仍为劳动力成本较低，缺乏高附加值和利润的获取力，因此，为了提高服务贸易整体水平、增强国

---

① 戴翔. 后危机时代中国开放型经济发展方式转型研究 [M]. 北京：经济科学出版社，2013：2-5.

② 刘菊香，胡瑞文. 我国制造业人力资源现状及未来十年需求预测 [J]. 高等工程教育研究，2013 (4)：17-25，97.

际竞争力，应通过职业教育体系改革和结构调整，培养能够满足现代服务业、高端服务业需求的技术技能型人才，更好地提升中国服务贸易水平。

服务外包是以生产性服务业为代表的现代服务业的重要组成部分，具有智力的高密集性、产出的高增值性、资源消耗少、环境污染少、吸纳就业能力强、国际化水平高等特点。如果说中国借助制造外包成功地抓住了制造业国际转移的机会，实现了经济的第一次起飞，成了"世界工厂"，那么能否实现第二次起飞，则在相当程度上取决于能否借助服务外包抓住服务业国际转移的机会，尽快成为"世界办公室"，在保持现有加工制造业优势的同时，努力实现从"中国制造"到"中国服务"的跃迁。这就需要职业教育培养大量高素质的技术技能型人才。当前中国服务外包人才培养在规模、结构、专业、质量等方面均存在一些问题，因此，需要构建服务外包人才梯度培养体系，创新服务外包人才培养机制，以市场需求为导向调整职业学校专业设置，以能力为本，调整课程体系设置，培养"外语+专业"的复合型服务外包人才。

（五）建立现代职业教育体系与产业集群式发展

产业集群（cluster）是指集中于一定区域内特定产业的众多具有分工合作关系的不同规模等级的企业、机构、组织等主体，通过纵横交错的网络形成的空间集聚体，是一种新的经济组织形式。同一产业的相关企业聚集在一起，相互竞争和协作，对提高产业的竞争力有很强的促进作用。一般说来，产业集群形成后可以通过多种途径如降低成本、刺激创新、提高效率、加剧竞争等，提升整个区域的竞争能力，并形成一种集群竞争力。这种新的竞争力是非集群和集群外企业所无法拥有的，也就是说，在其他条件相同的情况下，集群将比非集群更具竞争力。随着产业集群的成功，集群所依托的产业和产品不断走向世界，自然就形成了一种世界性的区域品牌。

近年来，产业集群作为推动区域经济发展的一种模式，已经受到国家及地方政府的广泛重视。随着区域经济的不断发展，产业集群已成为各省市经济的重要组织形式，产业集群的人力资本供给也成为人们关注的焦点。增加产业集群的人力资本供给，建立科学的、先进的职业教育体系，通过建设学科集群、专业集群、学校集群满足市场对各级各类技术技能型人才需求，已经成为中国产业集群发展的迫切要求。

（六）建立现代职业教育体系与实现中国和平崛起

中国的和平崛起要求现代职业教育提供具备人文理念的高素质劳动者，并需要职业教育为中国开展对外援助提供有力支撑。

从 21 世纪教育发展的趋势看，科技与人文的和谐统一是职业教育改革的方向之一。当今世界职业教育正逐步从"生存型"（重技术能力培养、轻人文素养）向"发展型"（技术与人文协调和谐发展）转型，我们必须学会平衡技术的物质奇迹与人性的精神需要。

目前中国职业教育受工业化进程的历史影响，偏重于专业技术和职业能力培养而轻视人文社会学科教育。这突出表现为：功利主义教育价值观念流行，片面追求经济性指标，忽视教育"以人为本"的基本原则；课程内容结构中技术与道德、能力与素质失衡，例如，有关中国历史和文化的教育长期处于弱势地位，极不利于职业学校学生的民族精神培养、人格塑造及价值观形成。

随着开放型经济的深入发展，职业教育所培养出的劳动者已经担负起传播中华文化成果、弘扬和平发展理念和展示优秀民族精神的重要使命。职业教育应培养具备人文理念的高素质劳动者，让世界更全面地了解中国，让更多的外国人和主流媒体熟悉中国的文化、行为方式，了解中国的和谐发展意图，从而为中国的和平崛起、建设和谐世界创造良好氛围。2014 年，中国对外劳务合作派出各类劳务人员 56.2 万人，加上在外资企业和跨国企业工作的劳动者，总体数量非常庞大。这些对外劳务人员在工作中所体现的人文精神有助于外国人了解中国。目前相对于庞大的人口总量和巨大的国际劳务市场需求，中国的对外劳务输出仍有较大的发展空间。2012 年《对外劳务合作管理条例》颁布，为保护劳务人员的合法权益、促进对外劳务合作健康发展提供了重要的制度保障。在此机遇下，应当进一步扩大职业教育对劳务人员的技能培养和素质教育，在劳务人员"走出去"的同时，实现技术

"走出去"、民族精神"走出去"、中国文化"走出去"。

中国始终坚持和奉行互利共赢的开放战略,根据自身能力积极开展对外援助,促进世界各国共同发展。对外援助不仅需要资金和设备的支持,更需要相应科技、文化、教育和人力资源支持,职业教育在其中发挥了不可替代的作用。以对非洲国家的职业教育援助为例,该项目自 2001 年开始,在 2004—2007 年开展了一系列活动,如援建职业学校、加强对口行业部门的职业教育援助,以及对非洲国家主管职业教育的政府官员和职业学校校长开展培训等。该项目促进了中国与非洲各国的相互了解,为中非职业教育界的进一步合作奠定了坚实的基础。

(七) 建立现代职业教育体系与实现公民权利

职业教育是面向人人、面向社会的教育,其根本目的是让人学会技能和本领,能够就业,成为有用之才。目前中国接受职业教育的学生大部分来自农村和城市低收入家庭,职业教育使他们能够掌握一定的专业技术,顺利实现就业,摆脱贫困,从而过上有尊严的生活。大力发展现代职业教育对实现公民基本人权中的工作权利和受教育权利具有基础性作用。

《国家人权行动计划(2009—2010 年)》

一、经济、社会和文化权利保障

(一) 工作权利

大力促进就业和再就业,保障劳动者的合法权益。

——落实就业促进法……

——落实劳动合同法……

——扩大职业培训,全国技能劳动者总数达到 1.1 亿,其中技师和高级技师占 5%,高级工占 20%。

——落实安全生产法……

——落实劳动争议调解仲裁法……

（二）基本生活水准权利

（三）社会保障权利

（四）健康权利

（五）受教育权利

优先发展义务教育、农村教育，大力发展现代职业教育，提高高等教育质量，进一步推进校外教育，保障公民平等受教育权利。

在大力发展现代职业教育方面，建设 2000 个专业门类齐全、装备水平较高、优质资源共享的职业教育重点专业实训基地，扶持建设一批县级职业教育中心、中等职业学校和 100 所示范性高等职业院校。

（六）文化权利

（七）环境权利

（八）农民权益的保障

（九）四川汶川特大地震灾后重建中的人权保障

二、公民权利与政治权利保障

三、少数民族、妇女、儿童、老年人和残疾人的权利保障

1. 职业培训——实现公民的工作权利

2009 年，国家出台《关于实施特别职业培训计划的通知》，决定于 2009—2010 年实施特别职业培训计划，重点围绕受金融危机影响的各类劳动者的就业需求，开展针对困难企业在职职工、失去工作返乡的农民工、城镇失业人员和新成长劳动力等四类群体开展技能培训。2009 年，全国共组织开展职业培训 2160 多万人次，其中包括困难企业职工培训 260 多万人次、农村劳动力转移就业培训 1100 万人次、城镇失业人员再就业培训 450 万人次、劳动预备制培训 240 万人次及创业培训 110 万人次。这就

为劳动者工作权利的实现创造了有利条件。

2. 职业教育——实现公民的受教育权利

改革开放 30 多年来，中国政府大力发展职业教育、民办教育和继续教育，为青年受教育权的实现提供了更多的选择。各地积极扩大各类职业教育招生规模，提高职业教育质量。2009 年全国中等职业学校招生超过 860 万人，在校生达到 2200 万人，这意味着所有愿意接受职业教育的学生都可以走进职业学校的大门。在 2009 年经济形势严峻的情况下，党中央出台了中等职业教育免学费政策，有利于增加农村地区和贫困地区青少年接受高中阶段教育的机会，有利于促进教育从形式公平向实质公平的实现，有利于促进公民的受教育权利的实现。

1999 年第二届国际职业技术教育与培训大会召开，会上发布的报告《职业技术教育与培训：展望 21 世纪的建议》指出："接受教育是基本人权，职业技术教育的普及与其提供的学习技能，将会促进全世界的所有公民接受教育……职业技术教育可用一切可能的方法，来使那些弱势群体走上继续学习的道路，包括正规教育系统的辍学生。"[①]

（八）建立现代职业教育体系与提高教育业开放水平

1995 年世界贸易组织通过《服务贸易总协定》之后，教育服务作为一种服务产品，也被纳入服务贸易，成为整个国际服务贸易的重要组成部分。中国加入世界贸易组织后，中国教育也逐步融入了世界教育体系。

加入世界贸易组织给中国职业教育发展带来了机遇与挑战。在机遇方面：一方面，外资进入职业教育市场使职业教育的服务供给进一步增加，为受教育者提供了更多的选择机会；另一方面，国外教育机构带来了新的理念、模式和内容，有利于提高国内职业教育的整体服务水平，促进国内职业教育的多元化发展。在挑战方面：加入世界贸易组织使我国的国际分工发生变化，使国内产业结构和经济结构做出大范围调整，由此直接引发

---

① 戴荣光. 联合国教科文组织第二届国际职业技术教育与培训大会关于职业技术教育与培训：展望 21 世纪的建议 [J]. 中国职业技术教育，2000（5）：52-56.

人才培养需求的变化，引起职业教育专业结构、招生规模和培养质量的调整。此外，加入世界贸易组织使中国职业教育市场进一步开放，外资以服务贸易的形态逐步介入职业教育领域将对公益性职业教育体系造成冲击，对传统职业教育观念提出挑战，对相关法规的完善提出更高要求。

世界贸易组织框架下的职业教育服务是大职业教育概念，在中等教育服务、高等教育服务、成人教育服务和其他教育服务中均有所涉及。世界贸易组织主要关注的是进入服务贸易领域的教育服务，作为各成员方政府职能的公益性教育不在其讨论范围之内。世界贸易组织国际服务贸易的提供方式包括四种，即跨境交付、境外消费、商业存在和自然人流动。与职业教育服务相对应的主要是跨境远程职业教育服务（如跨境网络教学服务、跨境电化教育服务和跨境函授等）、职业教育留学服务、存在于本土的境内外职业教育合作办学，以及外籍教师流动服务等。

我国加入世界贸易组织的教育服务承诺主要包括以下四个方面：

1. 对于小学、初中教育以及军事、警察、政治和党校教育，我国没有做出开放市场的承诺。

2. 对于出国留学和培训，接受世界贸易组织其他成员来华留学生没有限制。

3. 对于高等教育、成人教育、高中阶段教育、学前教育和其他教育做出有限开放市场的承诺，允许其他成员来华合作办学。

4. 具备学士或学士以上学历、从事本专业工作两年以上的外籍教育服务提供者，可以受邀到中国提供教育服务。

资料来源：陈伊玲. 我国加入 WTO 的教育服务承诺 [J]. 四川统一战线，2002 (8)：22.

在教育服务贸易进口方面，中国通过以海外留学为主要形式的境外消费、以在中国境内举办中外合作办学为主要形式的商业存在和以接受或聘请外籍教师为主要形式的自然人流动等三种模式引进教育服务。① 在教育服务贸易出口方面，中国通过以接收海外留学生为主要形式的境外消费、以在中国境外举办孔子学院和孔子课堂为主要形式的商业存在和向外国派遣中国教师为主要形式的自然人流动等三种模式出口教育服务。② 近年来，中国许多高等和中等职业学校都开展了不同形式的中外合作项目，如中澳（重庆）职业教育与培训项目、中德职业教育师资进修项目、中德汽车机电技能型人才培养培训合作项目等。

> 中澳（重庆）职业教育与培训项目是迄今为止由政府组织实施的中澳两国职业教育领域最大的合作项目。项目实施期限为 5 年半，于 2007 年 9 月结束。项目活动主要集中在 5 个行业领域的 5 个项目试点学校和一批职教师资培训基地。项目试点学校的成功经验不仅推广到了重庆市相应的伙伴学校，还在全国范围内得到了一定的推广。该项目达到了预期目标，取得了以下成果：在试点院校和相应的伙伴学校树立了需求导向的职业教育理念；探索出行业引领职业教育的机制；开发了能力本位职业教育课

① 据统计，2001—2010 年，中国到海外留学的各类留学生达到 153 万余人，除了 2003—2005 年相对稳定之外，在此期间的年增长率均超过 10%，而在 2008—2010 年的年增长率则达到 20% 以上。2001—2010 年，中国批准设立并通过 2010 年教育部审核公布的中外合作办学机构和项目多达 400 多个。2010 年，中国新批准中外合作办学机构和项目 20 个。从 2001—2010 年，中国每年从国外引进大量外籍教师充实到各类学校的教师队伍之中。参见：金孝柏. 我国教育服务贸易的新发展："入世"十周年的回顾与反思 [J]. 世界贸易组织动态与研究，2011 (6)：18-22, 36.

② 据统计，2001—2010 年，中国接收海外留学生共 156 万余人，在此期间的年增长率均超过 10%。2001 年至 2010 年，中国举办中外合作海外孔子学院和孔子课堂 300 多个，遍布 80 多个国家和地区。此外，中国每年派出大量的国内教师到海外孔子学院、孔子课堂或其他海外教育机构任教，2010 年中国正式派到海外任教的汉语教师达到 5000 多人。参见：金孝柏. 我国教育服务贸易的新发展："入世"十周年的回顾与反思 [J]. 世界贸易组织动态与研究，2011 (6)：18-22, 36.

程；加强了"双师素质"职业教育师资队伍建设；搭建了中澳院校合作平台；为中国职业教育改革提供了政策参考。

中德职业教育师资进修项目：教育部与德国国际继续教育与发展协会联合实施"中德职业教育师资进修项目"，2004—2006年，通过国内和国外培训相结合的方式，共为中国中等职业学校培训了数控、汽车、电子等6个专业的916名骨干教师。重点学习专业教学法，提高专业教学能力。作为该项目的拓展，中德双方还开展了中国中等职业学校骨干校长高级研修活动，共有375名中国重点职业学校校长赴德考察。在此同时，双方还共同支持东南大学、天津大学与德国马格德堡大学联合开展职业教育学硕士培养项目。

资料来源：香颂. 职业教育政策环境明显改善，并逐渐与世界接轨［EB/OL］.（2009-07-09）［2016-11-18］. http：//www. china. com. cn/zyjy/2009-07/09/content_18103096. htm.

需要指出的是，尽管近年来中国教育服务贸易的数量和类型都呈增长态势，但是中国教育服务贸易存在明显的贸易逆差，而且教育服务贸易的发展水平与区域分布有较大差异。中国有着巨大的教育市场和优质的教育资源，如何有效发展包括职业教育在内的教育服务业，对于促进服务贸易发展具有重要作用。为此，我国应积极发展教育服务业，并尝试建立现代职业教育体系。

二、提高对外开放水平的诉求之一——开放型的现代职业教育理念

全球竞争力研究的基本结论向我们诠释了那些具有强劲竞争力的经济体的教育为经济发展所提供的良好服务。中国产业结构的调整、生产工艺

和流程的变革要求社会提供大量技术技能型人才，但当前社会对职业教育的偏见、职业学校生源质量偏低及用人单位对职业学校毕业生的聘用不规范等诸多问题影响了中国职业教育的健康发展，也成为社会经济发展的掣肘。对此，我们强调，良好的教育理念是教育发展的前提，应当从认识高度、涵盖范围、延伸空间等方面树立正确的现代职业教育理念，将现代职业教育体系建设作为中国全面建成小康社会的主要国家战略，作为实现社会经济发展需求与人的发展需求相融合的重要举措，作为实现劳动者终身发展的基本途径。

（一）国家战略高度上的现代职业教育

在新工业革命来临、金融危机引发经济衰退、各国实体经济竞争日趋激烈的形势下，美国、英国、德国、日本等主要发达国家纷纷将现代职业教育发展上升为国家战略，以应对社会经济、人口、环境等多方面的挑战，实现高水平、可持续发展及社会和谐。

联合国教科文组织教育规划研究所于 2010 年发布的《技术和职业技能发展规划》指出，技术和职业教育与培训已经成为社会应对挑战的重要工具，包括增强经济和企业的竞争力，促进公民从学校到工作的过渡，以及减轻社会贫困问题等。

欧盟于 2011 年 3 月在布鲁塞尔召开了主题为"未来职业教育与培训政策走向"的国际会议，会议提出，"尽管并不是所有的'欧盟 2020 目标'都能通过职业教育与培训得到实现，但是，其中没有任何一个目标在没有职业教育与培训的情况下能够得到可持续的实现"。欧洲职业培训发展中心出版的研究报告《实现职业教育与培训的现代化》提出，职业教育与培训在支持经济发展、促进积极的老龄化、保证充足的技能供给、保持企业创新能力和生产力发展、消除社会排斥及增进社会和谐中发挥着重要作用。[①]

---

① 宁锐，刘宏杰. 近年来国际职业教育发展战略动态［EB/OL］.（2012-06-20）［2016-11-18］. http：//www.cvae.com.cn/www/yj/zhyj/2012/13244.html.

　　美国总统奥巴马于 2010 年 10 月启动了一项名为"为了美国未来的技能"的政策行动。他强调，对职业教育进行投资是对未来经济长期发展进行投资的一个重要部分，是增强美国经济竞争力的关键因素。2011 年 2 月，美国哈佛大学教育研究院发布的报告《走向未来繁荣的路径》提出，国家的经济繁荣和社会和谐依赖于恰当的技能型劳动力，职业教育与培训就是满足劳动力需求的重要路径。《2009 年美国复苏与再投资法案》《2010 年国家安全战略》《2011 年美国革新战略：保障经济增长与繁荣》等一系列法案均从国家战略层面强调了加大技能教育投入对于重建美国经济的重要性。

　　德国于 2005 年 4 月开始实施新的《联邦职业教育法》。《联邦职业教育法》进一步明确了职业教育是国家重要的价值取向和发展战略，重申了职业教育在德国的法律地位，并力图通过改革与创新来主动应对 21 世纪的挑战，使职业教育既满足社会对技能型人才的需求，又满足个人接受高质量教育的需求。

　　英国企业、创新和技能部于 2009 年 11 月颁布了《实现 2020 目标：技能、工作和经济增长》和《为了发展的技能：国家技能战略》两个报告，将劳动者技能水平的增长与英国的未来发展紧密联系在一起。2010 年 11 月，英国又颁布了《为可持续发展而提高技能》和《为可持续发展而对技能投入》两个国家战略性文件，提出要通过提高劳动者技能水平，使英国"具有世界级的技能基础"。[①]

　　澳大利亚技能署于 2010 年接连发布了《澳大利亚未来劳动力开发战略》和《澳大利亚未来职业教育与培训发展方向》两个报告。报告提出，澳大利亚职业教育发展的最终目标是提升澳大利亚劳动力的能力，实现一个更具生产性、可持续性的和谐的未来，使企业有能力开发和运用其劳动

---

　　① 宁锐，刘宏杰 . 近年来国际职业教育发展战略动态 [EB/OL]. (2012-06-20) [2016-11-18]. http：//www.cvae.com.cn/www/yj/zhyj/2012/13244.html.

者的技能，以实现对企业和社会发展的最大效益。①

鉴于此，在中国社会经济转型期，应当将发展现代职业教育放在突出的位置，从促进就业、繁荣经济、消除贫困、保障公平和建设和谐社会的国家战略角度理解职业教育的重要意义，将建设现代职业教育体系作为加快转变经济发展方式、实施创新驱动发展战略的重要基础，作为实现工业化、信息化、城镇化、农业现代化同步发展的重要支撑，作为改善人民生活、增进人民福祉和促进社会和谐稳定的重要保障。

（二）全球"大职业教育观"语境中的现代职业教育

现代职业教育是适应现代科学技术发展和生产方式变革的，主要培养现代产业技术技能型人才的教育类型。它不仅要传授职业的知识、技能及职业理想、职业道德和职业态度，而且要继续发展在基础教育中所培养的正确的世界观、人生观、价值观，是面向人人、面向全社会的教育，既包括技术教育也包括技术培训，既包括职业教育也包括职业培训。

联合国教科文组织自 20 世纪 70 年代以来一直使用"技术与职业教育"这一概念，1999 年第二届国际职业技术教育与培训大会后，该组织在正式文件中首次使用了"技术和职业教育与培训"的提法。教科文组织副总干事鲍维尔（K. Powell）在主题报告中提出："我们需要的不仅是重振活力和更加协调的技术和职业教育与培训计划，而且是技术和职业教育与就业结合的新局面。我们需要把技术和职业教育与培训联系起来的新模式，使教育、培训、就业和社会福利几个方面的工作在一个国家内、在国际范围内联系起来。"②

2001 年联合国教科文组织和国际劳工组织共同发布的《关于技术和职业教育的修订建议》把"技术和职业教育与培训"定义为：一个综合

---

① 宁锐，刘宏杰. 近年来国际职业教育发展战略动态 [EB/OL]. (2012-06-20) [2016-11-18]. http：//www.cvae.com.cn/www/yj/zhyj/2012/13244.html.

② UNESCO. Technical and vocational education and training：a vision for the 21st century, recommendations [R/OL]. [2016-11-18]. http：//www.unevoc.unesco.org/fileadmin/user_upload/pubs/reco-e.pdf.

性的术语，除了普通教育外，教育过程参与的所有方面，学习科学技术和相关科学，获得与经济和社会生活各个领域有关的实践技能、态度、理解力和知识。中国《职业教育法》中也采用广义的职业教育概念，指出"本法适用于各级各类职业学校教育和各种形式的职业培训"。

美国、英国、德国等发达国家的非学历职业教育都经历了强调实用性的零星发展阶段，与学历职业教育并行发展的扩张阶段以及两者的相互渗透、相互衔接，共同构成了职业教育体系的发展阶段。近年来，世界主要国家职业教育的内容不断扩大，形式更加灵活，使得不同个体通过不同途径、不同学习阶段获得的学习成果能够得到认可和保持，以满足个人不同职业生涯发展阶段的各种需求。例如，英国APL（accreditation of prior learning）的实践改革，突破了学校中心的局限，认可学习者在原有学习经验基础上获得的能力，为非正规学习与正规学习的相互衔接提供途径。瑞士高等职业教育既包括通过在高等职业学校学习而获得高等职业学校学位文凭，也包括通过其他学习或培训形式参加联邦职业教育考试并获得联邦职业证书或通过联邦高级专业考试并获得联邦高级职业证书。再如，韩国在实行"个人学分银行"学习管理体制，让学生通过在教育或职业培训机构听课，或在大学或学院作为部分时间制学生进行注册与学习，以获得各种国家资格证书。学生通过学士学位水平自学考试后，可获得学分或学位。

中国在建设现代职业教育体系的过程中，应从"大职业教育观"出发来理解职业教育，打破学校职业教育与职后教育培训"各自为战"的藩篱，有效整合各类职业教育资源，使全日制职业教育与非全日制职业教育相融合，学历职业教育与非学历职业教育相衔接，学校教育与企业培训相结合。我国应当充分发挥各级各类职业学校技能型教师充足、实验实训设备较为完备、与企业和地方政府联系密切的天然优势，将学历职业教育和非学历职业教育并举，充分释放职业教育机构的社会服务功能。对于职业学校来说，首先应改革现有管理体制，建立和理顺非学历教育管理机制，在现有基础上加强学校的职业培训功能，积极为企业和社会学院提供职业技术准备教育、技术技能更新教育、职业资格证书培训教育、残障群体的特殊职业教育，以及转岗、转业、再就业培训教育等，以学分制和模块化课程为基础，建立学历、非学历教育学分累积、互认、充抵机制，使学历教育和非学历教育逐步形成既相对独立又横向衔接沟通的"H"形运行构架。其次，职业学校应树立品牌、突出特色，从本学校的学科优势出发，依托行业、服务企业，以市场准入对技能的要求为导向，建立与行业技能相关的职业教育实践教学和职业技能培训体系，将校内学生与校外学员、企业实习与企业培训、定向输送与定向培养有机整合。最后，职业学校应打造虚实一体、形式多样的职业教育与培训模式，通过虚拟培训和现实培训两种模式相结合的职业教学与培训，突破时间和空间的限制，打造多样化的实践教学模式。

（三）终身教育体系中的现代职业教育

现代职业教育是终身教育体系的重要组成部分。与其他教育类型相比，职业教育的培养对象最广、时间跨度最长，是实现人的尊严、择业自由和全面发展的终身教育，贯穿于人生的不同发展阶段，旨在使人的职业发展成为一个有机的可持续的整体。加强职前预备教育与职后继续教育的衔接，构建终身职业教育体系，已成为 21 世纪以来世界各国职业教育发展的重点。

1999 年联合国教科文组织在第二届国际职业技术教育与培训大会上发布的报告《职业技术教育与培训：展望 21 世纪的建议》指出："职业教育是终身教育的有机组成部分。技术与职业教育对于所有人来说，都应成为一种主流教育渠道，而非只是从普通教育体系中延伸出来的一个庞大的附属品。终身教育的概念不应仅限于作为一种专业进修渠道，只是为了帮助某人在其原有专业领域基础上提高技能，而应作为向人们提供更多职业机会的手段。包括职业教育与普通教育在内的 21 世纪的教育，将使受教育者终身求知进取、终身追求新的价值观与态度、终身提高自己的能力与技术水平。各国都需要以职业技术教育作为基本组成部分并建立前后一致的教育政策和协调发展的教育体制。"① 联合国教科文组织 2011 年修订了"国际教育标准分类",将教育标准划分为 0—9 级,在 ISCED 2 至 ISCED 5 层次将教育分为普通教育和职业教育,在 ISCED 6 至 ISCED 8 层次将教育分为学术教育与专业教育,可见根据新标准,广义上的职业教育贯穿于 ISCED 2 至 ISCED 8 层次。

美国职业教育经历了"生涯教育—从学校到工作—从学校到生涯"的发展历程。进入 21 世纪以来,以满足客户个性化需求为特点的柔性生产方式及不断更新的高科技的应用,使就业模式变得更灵活、就业速度变得更快,这在客观上要求就业者具备终身学习的能力。基于此,美国所倡导的"从学校到生涯"的职业教育,超越了"从学校到工作"只关注学生适应现实工作需要的职业教育理念,以发展的眼光为学生的终身职业发展提供规划,并建立开放的学习体系,以利于个体在学校与生涯发展之间灵活转换和过渡。在"从学校到生涯"理念的指导下,美国构建了一套以职业群(occupational cluster)分类为依据,以职业技能标准为核心的课程体系,使学生接受建立在宽口径职业基础上的职业技术教育。同时,美国将技能教育与学术教育有机整合,将职业群课程渗入传统学校教育课程之中,使普通教育与职业教育相互融通,通过提供严密、连贯的学习计划,对全体学生进行包括职业了解、职业探索、职业选择、职业训练等在内的阶段性、持续性、综合性的职业教育,使学生获得系统的、有利于终身职业生涯发展的知识和技能。此外,"从学校到生涯"的职业教育将学校本位学习与工作本位学习有机整合,注重引导学生在工作过程中不断学习,不断接受技能更新培训,培养学生对工作、技能变化的适应能力,实现职业教育的终身化。②

德国职业教育发展体现了终身教育理念下学习的多元性和延续性,

① UNESCO. Technical and vocational education and training: a vision for the 21st century, recommendations [R/OL]. [2016-11-18]. http://www.unevoc.unesco.org/fileadmin/user_upload/pubs/reco-e.pdf.

② 宁锐,刘宏杰. 近年来国际职业教育发展战略动态 [EB/OL]. (2012-06-20) [2016-11-18]. http://www.cvae.com.cn/www/yj/zhyj/2012/13244.html.

《2001 年职业教育报告》指出，在信息社会和知识社会及经济全球化的背景下，职业继续教育是未来社会和经济发展的钥匙。① 德国要致力于建立一个专业化、个性化、面向未来、机会均等、体制灵活且相互协调的高质量职业教育体系。德国明确要求在职业学校加强普通教育，在普通学校设置职业教育课程。德国职业教育除初等职业教育、中等职业教育外，还包括高等职业教育和继续职业教育，形成了从职业教育到就业、从职业培训到再就业的良性循环。普职沟通、职普等值的德国学历证书与职业资格证书的衔接体系，是德国终身化的职业教育服务于社会、职场和人的发展的具体体现。

当前中国经济社会发展呈现出高速城镇化和过快老龄化两大特征，对现代职业教育终身化提出了较为强烈的诉求。一般而言，当一个经济体的城镇化率为 30%—70% 时，城镇化处于加速发展阶段。1996 年中国城镇化率达到 30% 后，进入高速发展时期，年均增速超过 1%，2014 年城镇化率约为 55%，预计 2020 年将达到 60% 左右。② 与城镇化的速度相比，中国城镇化的质量亟待提高，大量农民工处于"半市民化"状态，仅实现了地域转移和职业转换，没有实现身份与观念的转变。2014 年中国农民工人数约占全国就业总人数的 35%，是中国产业工人的主体，具有高中及以上学历的农民工人数仅占农民工总人数的 24%。加强对农民工的职业教育与职业培训，提升农民工的劳动技能与人文素质，是使农民工真正融入城市、促进产业结构转型升级的根本性举措。在中国城镇人口不断增加的过程中，中国正在经历世界上规模最大、速度最快的人口老龄化发展过程。2014 年中国 60 岁以上老年人口占总人口的 15.5%，老年人口规模呈现总量扩张、增量提速的发展态势。③ 人口老龄化背景下"招生荒"和"用工荒"问题的逐渐凸显，将推动劳动力成本的上升，引起劳动力市场供求关

① 陈仁霞. 德国"第二次经济刺激计划"重在教育 [J]. 德国研究, 2009 (1): 16.
② 佚名. 未来城镇化率提升速度下降: 房地产增速将放缓 [EB/OL]. (2014-06-17) [2016-11-18]. http://money.163.com/14/0617/15/9UUUR85L00253B0H.html.
③ 佚名. 我国 60 岁以上老年人口 2.12 亿, 占总人口 15.5% [EB/OL]. (2015-06-12) [2016-11-18]. http://money.163.com/15/0612/15/ARTVE0BJ00253B0H.html.

系的变化，引起经济发展要素投入结构的变化。破解这些难题的有效途径之一就是在终身教育体系中发展现代职业教育，通过对不同年龄层次的劳动者进行多样化、灵活性的职业教育与培训，提升劳动者素质，增加劳动者的资本积累，提高劳动生产率，以抵消劳动力成本上升和数量减少带来的影响，从而使广大劳动者获得体面的工作、过上有尊严的生活。与此同时，针对老龄化社会对养老服务业的发展需求，职业学校可以适度超前培养相关职业人才。

在终身教育语境中理解现代职业教育，要求建立职业教育与普通教育相互衔接、相互沟通、相互补充的关系。一方面，要建立开放衔接的教育体系结构。英国、澳大利亚通过建立国家资格框架，实现了职业教育与其他国民教育体系的衔接。美国通过课程植入、学分转换和认可实现了普通教育与职业教育的高度融合。中国应当通过普通学校和职业学校教师互教、课程互换、学分互认，建立普通教育与职业教育衔接的立交桥，建立国家资格框架，实现学历证书和职业资格的等值，使职业教育与普通教育、学历教育与非学历教育协调发展。另一方面，要促进各类教育在培养人的全面素质上的相互衔接。按照终身教育的思想，职业教育不仅要给学生传授职业的知识、技能及从事某种职业所具备的特殊态度、行为和特征，而且要继续发展学生在基础教育中已经形成的、为社会所认同的个性特征。职业教育要实现人的全面发展，给人以择业的能力和自由。

在终身教育语境中理解现代职业教育，要求职业教育体系内部实现纵向延伸，建立服务技术技能型人才可持续发展的终身化职业教育系统，形成职前预备教育、职业教育和职后继续教育贯通的职业生涯教育链条。职业预备教育包括义务教育阶段所提供的劳动教育、社会实践教育、职业指导教育和初级技能培训。此外，职业预备教育也包括在高中及普通高等学校所开展的以职业道德、职业发展、就业准备、创业指导等为主要内容的职业教育。职业教育包括初等职业教育、中等职业教育和高等职业教育。职后继续教育是面向学校教育之后所有社会成员特别是成人的教育活动，是对专业技术人员进行知识更新、补充、拓展和能力提升的一种高层次的追加教育。职业继续教育的实施主体包括各级各类学校、各级政府、企事业单位和社会培训机构等。国家应整合职前、职后教育资源，构建综合、完整的课程体系和多元化的学习形式，将其贯穿在学习者的全部学习生涯中，促进学习者职业生涯的可持续发展。

在终身教育语境中理解现代职业教育，强调岗位技能与通用能力并重，关注生涯发展。现代职业教育不仅要培养人们从事职业活动的能力，还要培养其适应职业变动的能力及自我学习可持续发展的能力。近年来，各国职业教育部门逐渐从培养学习者的岗位技能转向培养学习者的通用技能，以提高其适应性。这些通用技能包括沟通能力、人际交往能力、问题解决能力、读写能力和信息技术运用能力等。中国职业教育不能仅仅停留在传授现有知识和成熟技术上，而应注重培养学习者的就业适应能力和继续学习能力，积极开展生涯教育，注重个性化的职业指导，以促进学习者的终身职业发展为目标，使学习者能够随时实现从教育到职业的快速转换。同时，教育界应与产业界建立密切联系，密切关注产业发展动态，根据产业需求及时调整职业技能标准和职业发展路径，培养学习者适应产业发展变化的能力，为其终身职业生涯可持续发展创造有利条件。

三、提高对外开放水平的诉求之二——服务开放型经济需求的现代职业教育布局架构

十八大报告提出："要完善互利共赢、多元平衡、安全高效的开放型经济体系，加快转变对外经济发展方式，推动开放朝着优化结构、拓展深度、提高效益方向转变"。"十三五"规划建议提出要发展更高层次的开放型经济，开放型经济新体制基本形成。《中共中央国务院关于构建开放型经济新体制的若干意见》提出的开放型经济新体制的目标是加快培育国际合作和竞争新优势，更加积极地促进内需和外需平衡、进口和出口平衡、引进外资和对外投资平衡，逐步实现国际收支基本平衡，形成全方位开放新格局，实现开放型经济治理体系和治理能力现代化，在扩大开放中树立正确义利观，切实维护国家利益，保障国家安全，推动中国与世界各

国共同发展，构建互利共赢、多元平衡、安全高效的开放型经济新体制。在开放型经济新体制中，经济增长更多依靠科技进步、劳动者素质提高和管理创新驱动，这对各级各类人力资本的质量和规模提出了更高的要求。现代职业教育作为对经济发展有直接贡献、与经济发展有密切联系的教育类型之一，所培养的技术技能型人才是提高开放型经济水平、促进对外开放从依靠成本优势向依靠综合竞争优势转变的基础要素。现代职业教育规划应着眼于改善开放型经济的要素投入结构，科学预测与优化对外贸易结构，协调"引进来"与"走出去"，完善区域开放格局对技术技能型人才的需求，适度超前培养重点领域人才，培育出口竞争中的劳动力价值优势，提高国内出口增值链条中的人力资本比重，实现开放型经济发展的自主增长、绿色增长和可持续增长。

（一）服务于国家竞争力提升的现代职业教育

国际竞争是以产业与人才体系为基础的综合性竞争。各国工业化的历程表明，教育尤其是职业教育是一个国家成为经济强国和实现经济社会可持续发展的重要基础。近年来《全球竞争力报告》高度评价了中国在发展经济和促进经济多元化方面取得的成就，以及在减少贫困和改善人民生活水平方面取得的进步，认为中国在全球具有巨大市场规模，可为在华企业获得规模收益与丰厚利润提供广阔空间。当前，中国正处于加快转变经济发展方式的关键时期，而实现经济发展方式转变的第一要素就是人才。现代职业教育是面向现代生产方式、培养生产服务第一线技术技能型人才的教育类型，是培养实体经济和新兴经济所需人才的主要阵地。但目前高素质技术技能型人才的严重短缺仍然是中国经济发展的重大瓶颈，职业教育仍然是中国教育体系中最为薄弱的环节。中国若要提升全球竞争力，必须重点发展处于相对落后位置的职业教育，从规模、结构、质量等方面提升职业教育发展水平，具体要求包括以下四个方面。

第一，扩大职业教育的普及面，建立面向全社会的现代职业教育体系。相关指标显示，中国中等教育和高等教育入学率均处于较低水平，但未来十年，中国高中教育阶段和高等教育阶段的学龄人口规模将呈下降趋势，而高中教育阶段和高等教育阶段的学生规模将呈扩大趋势，技术技能型人才特别是高端技术技能型人才的需求也将呈扩大趋势。因此，一方面，应当增强中等和高等职业教育对学生的吸引力，由其吸收高中教育阶段和高等教育阶段毛入学率提高所带来的大部分学生增量，同时为避免未来教育供给过剩，应当促进中等和高等职业教育由扩大规模向提升质量的发展方向转变；另一方面，应当加强各种形式的职业教育培训，加强职业学校面向社会承担职业培训的能力，以应对经济结构调整和产业优化升级对技术技能型人才尤其是高端技术技能型人才的迫切需求。

第二，提高职业教育与产业结构的匹配度，建立适应经济发展需求的现代职业教育体系。相关指标显示，中国教育供给在总体上未能满足经济发展的需要。因此，一方面，应当改变现有人才培养结构，大力发展处于弱势的职业教育，建立"H"形的普通教育与职业教育地位平等且相互衔接的人才培养及评价体系；另一方面，应当提高职业教育服务经济发展的匹配度，针对重点产业结构调整和产业布局优化、现代农业和制造业升级、七大战略性新兴产业和八大现代服务业发展领域，调整专业设置和培养方式。

第三，拓宽职业教育的投入来源，建立政府主导、行业指导、企业参与的现代职业教育办学体系。目前中国企业既是职业教育的实施主体，又是职业教育的直接受益者，因此，鼓励企业参与和举办职业教育，落实企业对职工培训的经费投入和职工培训实施效果，对于拓宽职业教育的投入来源、缓解职业教育经费短缺现象、提高企业生产效率和管理水平具有重要意义。

第四，加强职业教育创新，建立传授先进技术和培育创新能力的现代职业教育体系。目前，中国企业对先进技术的吸收能力、拉长国内出口增值链条的能力及提高核心竞争力的能力严重落后于国家整体竞争力水平。因此，在建立现代职业教育体系的过程中，我国应当培养一大批活跃在创新一线、数量充足、技艺精湛、善于创造的高技能人才，充分发挥其在推动企业技术创新和实现科技成果转化中的骨干作用，从而加快产业结构的优化与升级和生产技术的提升；应当依托职业教育与行业、企业紧密结合的优势，针对产业经济发展中的核心问题，培育职业学校、科研院校或机构、行业、企业、地方政府等多团队深度融合的协同创新中心，为地方政府的战略决策和行业与企业的重大需求提供技术支撑和人力资本支持。

（二）服务于产业结构调整的现代职业教育

职业教育的专业结构和层次结构与对外开放的产业结构和发展阶段是否匹配，是其能否充分释放对经济的服务效应的关键所在。国民经济的总量增长与结构变迁之间存在紧密的联系，实行对外开放会导致产业结构发生深刻的变革，而开放型经济体系的运行又是以特定的产业结构为支撑的。中国经济已进入以新的产业结构调整来触动和支持国民经济总量增长的阶段。调整和优化现有产业结构，需要在人力资本的数量、结构、质量方面做出相应调整，从我国各地区三次产业就业人数的变化情况可以看出，近年来产业结构调整迅速，服务业就业人数增长较快（见图3-3）。这就要求高等教育必须进行相应的分类改革和结构调整，举办适当规模的职业教育，调整专业结构，同时对在校生专业技能培养的层次和结构进行适当规制，提高专业与产业结构的匹配度。

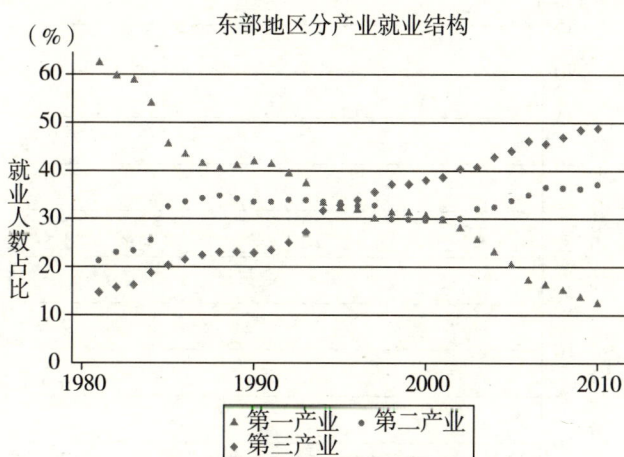

图3-3 分地区分产业就业结构

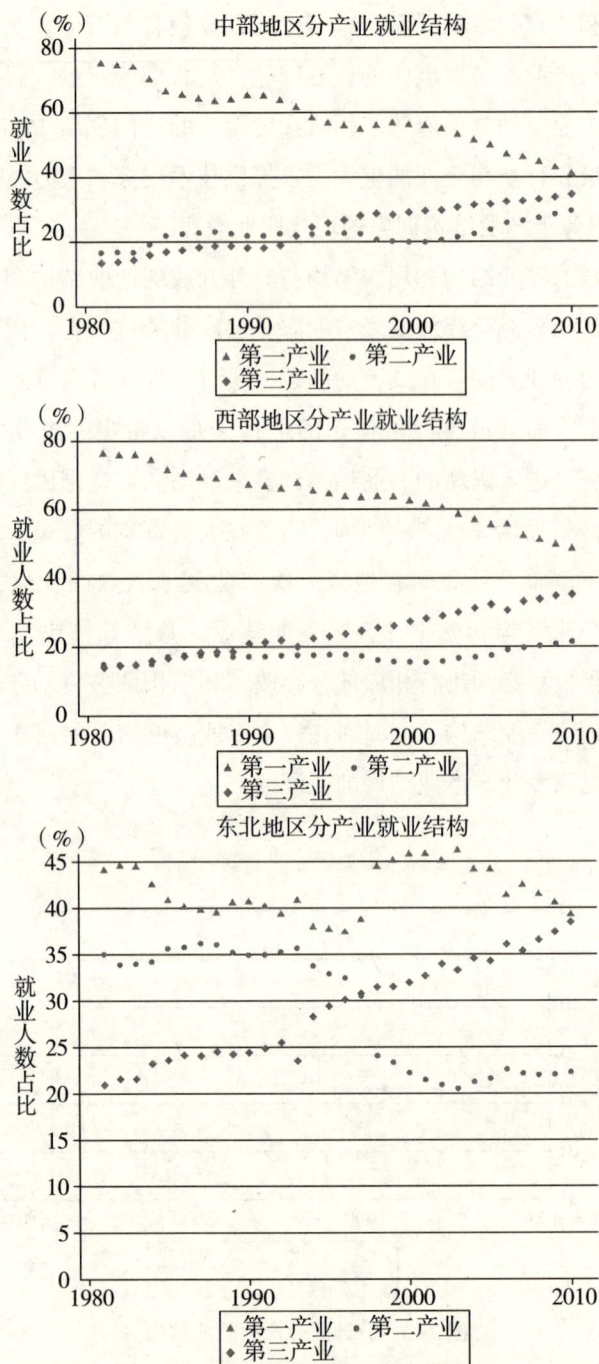

图 3-3（续）　分地区分产业就业结构

资料来源：《中国统计年鉴 2012》《新中国 60 年统计资料汇编》。

从图 3-3 可以看出，东部地区第三产业就业人数占比上升较快，而且在 2005 年前第三产业和第二产业就业人数占比已相继超过第一产业，形成了新的就业格局。中部地区第三产业就业人数占比不断上升，与第一产业就业人数占比接近，预计在未来几年会超过第一产业。西部地区发展相对滞后，所以仍然保持了第一产业就业人数占比较高的格局，但第二、三产业就业人数也表现出强劲的增长势头。东北地区作为产粮区，其农业就业人口占比较高，20 世纪末期实行的国企改制又使得部分国企员工下岗分流，所以第二产业就业人数下降明显，与此同时，东北地区的第三产业就业人数快速上升。总而言之，通过对中国各地区各产业就业人数的结构分析可以发现，改革开放以来，尤其是进入 21 世纪以来，中国第三产业迅速发展，吸纳就业人口的能力明显提高，就业人口增长非常明显，东部地区甚至出现了高端服务业劳动者供不应求的新情况。可见，在中国深化对外开放的过程中，产业结构正在发生着深刻变革，第三产业对技术技能型人才有了质量、结构方面的要求，因此，高等职业教育在培养规模、培养层次、专业结构等方面应当做出相应的调整，建立适应现实需求的教育体系，以满足农业产业化，制造业技术技能传承、积累和创新发展，金融服务、现代物流、高技术服务领域竞争力提高，自主创新和战略新兴产业建设，以及文化产业发展等对职业人才的需求。

从中国利用外资的结构分布可以看出，制造业和服务业是中国利用外资的两大主要行业，2011 年服务业利用外资额首次超过制造业，批发和零售业、交通运输、仓储和邮政业、信息传输、计算机服务和软件业、租赁和商业服务业、科学研究、技术服务和地质勘查业等服务业领域的外商投资额在近年来都呈现出了较快的增长（见表 3-2）。尽管近年来外商投资额逐步攀升，但外商及中国港、澳、台地区投资的企业的用人需求比重基本保持在 15.0% 左右，变化幅度较小（见图 3-4）。

表 3-2　2008—2013 年外商直接投资分布

（单位：亿美元）

行业	2008	2009	2010	2011	2012	2013
农、林、牧、渔业	11.91	14.29	19.12	20.09	20.62	18.00
采矿业	5.73	5.01	6.84	6.13	7.70	3.65
制造业	498.95	467.71	495.91	521.01	488.66	455.55
电力、燃气及水的生产和供应业	16.96	21.12	21.25	21.18	16.39	24.29
建筑业	10.93	6.92	14.61	9.17	11.82	12.20
交通运输、仓储和邮政业	28.51	25.27	22.44	31.91	34.74	42.17
信息传输、计算机服务和软件业	27.75	22.47	24.87	26.99	33.58	28.81
批发和零售业	44.33	53.90	65.96	84.25	94.62	115.11
住宿和餐饮业	9.39	8.44	9.35	8.43	7.02	7.72
金融业	5.73	4.56	11.23	19.10	21.19	23.30
房地产业	185.90	167.96	239.86	268.82	241.25	287.98
租赁和商务服务业	50.59	60.78	71.30	83.82	82.11	103.62
科学研究、技术服务和地质勘查业	15.06	16.74	19.67	24.58	30.96	27.50
水利、环境和公共设施管理业	3.40	5.56	9.09	8.64	8.50	10.36
居民服务和其他服务业	5.70	15.86	20.53	18.84	11.65	6.57
教育	0.36	0.13	0.08	0.04	0.34	0.18
卫生、社会保障和社会福利业	0.19	0.43	0.90	0.78	0.64	0.64
文化、体育和娱乐业	2.58	3.18	4.36	6.35	5.37	8.21
合计	923.97	900.33	1057.37	1160.13	1117.16	1175.86

资料来源：根据中经网统计数据库数据整理而成。

（%）

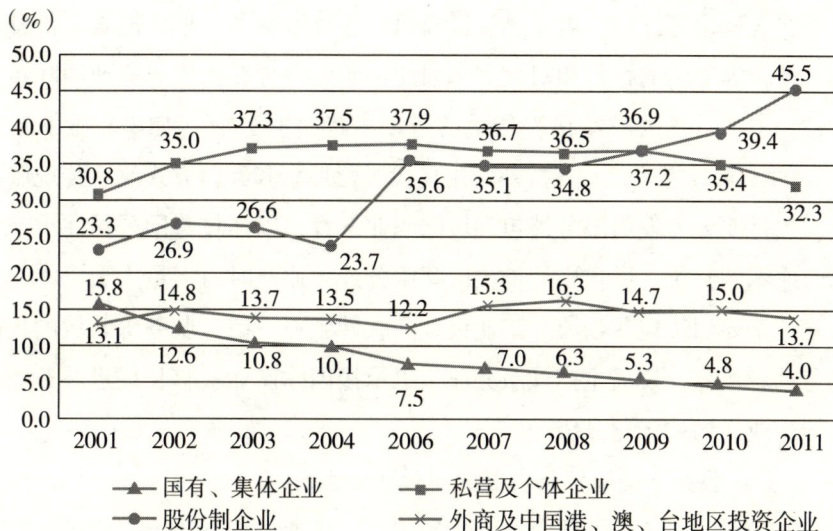

图 3-4　2001—2011 年部分企业需求比重的变化

注：2005 年数据缺失，故图中未显示。

资料来源：中国人力资源市场信息监测中心发布的"2011 年度全国部分城市公共就业服务机构市场供求状况分析"。

以制造业为例，2014 年制造业外商投资额所占比重为 33.4%。① 尽管制造业是外资吸纳就业人口最多的行业，但从业人员仍以初中文化程度为主。若要实现制造业的升级，必须提高制造业的劳动者素质，这就要求调整现有职业学校中与制造业相关的专业设置，为先进制造业培养大批具有高技能水平和高劳动生产率的人才；同时，加强对已有产业工人的职业培训，使其能够适应制造业的发展要求。

与制造业相比，服务业的外商投资具有投资项目规模小、投资金额少、附加值高、引资效应大等特点。国际产业转移的趋势之一就是逐渐从制造业发展到服务业，金融危机并没有改变国际服务业转移的趋势，在一定程度上还促进了发达国家现代服务业向发展中国家的转移。目前，外商对中国第三产业的投资主要集中在房地产、批发和零售、租赁和商务服

---

① 余菜花，周彩红. 由中国制造业实际利用 FDI 下降引发的几点思考 [J]. 发展研究，2016（4）：12-14.

务、交通运输等部门，对金融、科学研究、技术服务、地质勘查、信息传输、教育等部门的投资相对较少。因此，职业教育在承接服务业国际转移的过程中，一是要继续培养传统的劳动密集型服务业（如零售业、餐饮业）的技能型劳动者，支持外资用现代经营理念和经营方式改造传统服务业；二是要大力发展服务外包领域的职业教育，以抓住跨国公司注重节约运营成本的契机，满足中国承接国际服务外包业务时对大量人力资本的需求；三是要加快现代物流、工业设计、软件服务、信息服务等领域的技能型劳动者培养，发展生产性服务业，以承接国际产业转移，促进服务业和整体产业结构的优化升级。[①]

（三）服务于国际贸易发展的现代职业教育

外贸增长方式的实质是要素配置方式，转变外贸增长方式就是要改善要素禀赋及其配置方式，提高要素配置效率和效益。[②] 服务于贸易发展不仅可以优化中国的对外贸易结构，可以提高出口货物的附加值，促进货物贸易的增长方式向集约型转变。此外，服务贸易比货物贸易更具抵抗外部冲击的潜在能力，可以成为一种减缓外部冲击的"减震器"，对在危机期间防止经济发生巨大波动、维持经济与贸易的持续平稳增长具有积极的影响。[③] 研究表明，发达经济体的贸易开放度结构趋于服务化导向，即服务贸易开放度的影响力大于货物贸易开放度，而中国贸易开放度仍过分依赖货物贸易开放度，结构不够合理。因此，在不断完善开放型经济体系结构的过程中，应当适当调控货物贸易开放度，坚持出口商品结构高级化、出口市场多元化的长期发展战略，积极提升服务贸易开放度，鼓励知识密集型、技术密集型服务贸易的发展。交通运输、批发和零售贸易、餐饮、医疗等传统服务业要利用现代高新技术进行改造，提高自身的科技含量和服务水平。国家要大力发展金融、保险、电信、咨询及科学研究与综合技术

---

① 桑百川. 中国外商投资发展报告（2011）[M]. 北京：对外经济贸易大学出版社，2011：2.

② 陈万灵，任培强. 服务贸易配置要素对外贸增长方式转型的影响：基于"中介效应"检验方法的实证分析 [J]. 国际商务（对外经济贸易大学学报），2011（5）：100-108.

③ 戴翔. 后危机时代中国开放型经济发展方式转型研究 [M]. 北京：经济科学出版社，2013：2-5.

服务等新兴服务业。①

改革开放以来，中国的服务贸易有了相当程度的发展。根据世界贸易组织的统计，1982年中国的服务贸易总额约为43亿美元，2015年则达到了7130亿美元，增长了约163倍。从部门看，旅游、运输服务和其他商业服务所占比重最大，是中国服务贸易的三大支柱，而其他行业所占比重较小。随着中国服务贸易总量的增长，服务贸易结构也发生了相应的变化。从进出口来看，中国服务贸易总体上已经由20世纪80年代的顺差转为逆差，特别是加入世界贸易组织以来这种逆差还在进一步扩大。从部门来看，旅游、运输等传统劳动密集型行业发展较快，2015年中国三大传统服务（旅游、运输和建筑服务）进出口额合计3703亿美元，占服务贸易总额的51.9%。计算机和信息服务、文化服务、专业管理和咨询服务等现代资本、技术和知识密集型的行业尽管占比较小但近年来快速增长，2015年其进出口增速分别达到22.1%、25.6%、9.3%。② 高附加值服务进出口的快速增长优化了贸易结构，培育了资本、技术密集型企业，推进了服务贸易结构的调整和升级。

为了增强我国服务贸易的国际竞争力，顺应近年来服务贸易快速发展的趋势，我们认为，应该通过职业教育的体系改革和结构调整，培养能够满足高端服务业需求的技术技能型人才，更好地提升服务贸易的水平。目前中国服务业的主要组成部分是劳动密集型服务业，具有一定的比较优势，但从长远发展看，劳动密集型服务业缺乏高附加值，竞争激烈，获取利润的难度较大。因而，今后我们在充分发挥劳动密集型服务业竞争优势的同时，应通过多渠道培养服务业所需的各类人才，发展技术、资本密集型服务业。③

---

① 武汉大学经济与管理学院课题组. 构建中国对外开放新格局研究 ［M］//国家发展和改革委员会. "十二五"规划战略研究. 北京：人民出版社，2010：1483-1484, 1489.

② 商务部. 中国服务贸易状况 ［EB/OL］.（2015-05-05）［2016-11-18］. http：//zhs. mofcom. gov. cn/article/Nocategory/201505/20150500961987. shtml.

③ 同①.

　　服务外包是以生产性服务业为代表的现代服务业的重要组成部分，具有智力的高密集性、产出的高增值性、资源消耗少、环境污染少、吸纳就业能力强、国际化水平高等特点。有数据表明，服务外包对经济的贡献是制造业的 20 倍，而能耗却只有制造业的 20%。许多国家和地区的实践证明，发展服务外包产业是实现产业升级、优化开放型经济结构、扩大就业的重要途径。从离岸服务外包的承接地看，印度、爱尔兰、菲律宾是当前服务外包的领先者，印度是全球最大的离岸服务外包目的地，其信息技术商务流程外包产业占全球离岸信息技术商务流程外包市场份额的 51%。中国发展服务外包虽然起步较晚但潜力巨大，巨大的劳动力市场和较低的劳动力成本成为中国吸引离岸服务外包业务的主要竞争优势。2003 年中国被福布斯评为最适合承载服务外包业务的国家之一。2014 年中国承接服务外包合同金额首次超过 1000.0 亿美元，达到 1072.1 亿美元，执行金额 813.4 亿美元，同比分别增长 12.2% 和 27.4%。云计算、大数据、移动互联等技术的快速普及应用，推动了中国服务外包产业向价值链高端延伸。离岸知识流程外包业务达 186.7 亿美元，占离岸服务外包执行总额的 33.4%。截至 2014 年年底，服务外包产业吸纳就业人口 607.2 万人，其中大学（含大专）以上学历 404.7 万人，占从业人员的 66.7%。[①]

　　当前中国正处在以服务外包引领的由"中国制造"向"中国服务"的转型过程中，需要不同专业、不同层次的多样化人才加以支撑，而职业教育所培养的大量高素质技能型人才正是支撑这一金字塔的坚实基座。

　　第一，构建服务外包人才梯度培养体系，提升职业教育办学层次。为满足当前服务外包行业对不同层次人才的迫切需求，应当建立服务外包梯度人才培养体系，包括以研究型院校为主的高端人才培养体系、以应用型本科院校为主的中层精英人才培养体系、以职业院校为主的基础技术人员

---

　　① 佚名. 2014 年中国服务外包合同额首次超过 1000 亿美元 ［EB/OL］. （2015-01-29）［2016-11-18］. http：//www.chinanews.com/gn/2015/01-29/7018104.shtml.

培养体系和以继续教育机构为主的某项特殊、专业技术人才培养体系。①
同时，在建立现代职业教育体系、打通职业教育向上发展通道的契机下，
可以在服务外包部分专业进行试点，构建贯通专科、本科、研究生层次的
服务外包技能型人才培养体系，提升职业教育办学层次。

　　第二，产学结合，校企合作，创新服务外包人才培养机制。配合商务
部"服务外包千百十工程人才培训"计划，推动行业、企业与高等职业教
育的有效互动，努力消除产业需求与高等职业教育人才培养之间的错位，
实现教育、产业之间的科学融合与互相促进。一方面，推动高等职业院
校、外包企业之间的校企合作，申请政府支持，建立"服务外包人才培养
基地"，为服务外包企业培养高素质的服务外包人才；另一方面，全面推
行高等职业院校职业资格认证制度，如国际外包管理师资格认证等。②

　　第三，以市场需求为导向调整职业学校专业设置。当前，大量的中国
服务外包仍处于价值链的低端，主要以数据转换、编写代码、基于规则的
流程等商品化程度较高的服务外包工作为主。未来中国服务外包的重点发
展方向之一是中后台商务流程外包服务，既包括客户交互服务、财务与会
计、人力资源、采购等基本通用的后台服务，也包括银行中后台服务、保
险理赔流程服务等专业化服务。职业教育应当据此需求培育能真正理解信
息技术应用及国外业务流程运作惯例的中高端技术技能型人才。《2013 全
球服务外包发展报告》指出，当前传统的信息技术服务外包已经开始减
少，商务流程外包开始成为主流，知识流程外包虽然仅占非常小的比例，
但是上升空间非常大。目前新的服务外包方式——知识流程外包已成为行
业发展新的增长点，它涉及知识产权、股票、金融和保险、人力资源、生
物工程等领域的核心业务流程，属于知识密集型产业，其发展将推动整个
行业进一步提高附加值，并向技术密集型方向发展。目前中国知识流程外

---

① 朱晓明 . 构建服务外包梯度人才培养方案 [Z]. 全国服务贸易（服务外包）人才培养国
际峰会，2011.

② 刘正良 . 国际服务外包发展对中国高职教育的影响研究 [J]. 黑龙江高教研究，2008
（8）：140–142.

包行业人才严重匮乏，职业教育应当适度超前培养能够胜任知识流程外包的高端技术技能型人才，以实现中国服务外包向价值链的高端攀升。

第四，按照以能力为本的原则调整职业学校的课程体系，培养"外语+专业"的复合型人才。一方面，要加强对学生外语应用能力的培养。与菲律宾、印度等国家的企业相比，中国企业在与使用英语的国外客户沟通时存在较大障碍。目前中国在承接日本的服务外包方面有一定的优势，大连等日语基础较好的城市的企业能够为日本客户提供日语呼叫中心服务，面对欧美客户则更多提供在线的文字支持服务。因此，必须加强对服务外包专业学生外语沟通技能的培训，培养"外语+专业"的复合型人才。另一方面，要加强对学生职业技能的训练。例如，在软件行业增加嵌入式软件、数据处理、编码、测试等技能课程，要求毕业生获得职业资格或技术等级证书，注重工学结合，加强岗位实践训练和专业核心能力训练，使学生在毕业时即具备上岗能力。

（四）服务于区域开放格局优化的现代职业教育

1. 不同地区对职业教育发展的需求

改革开放以来，中国的对外贸易发展迅速，2015年中国进出口总额为24.58万亿元，贸易依存度迅速提高。同时自1994年以来中国的对外贸易收支彻底向逆差告别，呈现单边的顺差状态，且一直保持着较大规模，表现出增长性顺差的特点。在地区比较方面，如图3-5所示，东部地区的进出口总额占比较高，尤其在20世纪90年代以后上升明显，贸易依存度保持在80%以上，而中部、西部、东北地区的进出口总额占比较低，这一结构一直保持至今。从具体的出口总额来看，90年代以后东部地区的出口总额占比上升较快，而中部、西部、东北地区有明显下降。这一格局说明中国在贸易总额快速增长的同时，出现了明显的进出口贸易的地区分化。我们经过详细分析还发现，近年来出口贸易中的高端产品贸易也在稳步增长，对高端技术技能型人才的需求不断加大，例如，东部地区出口行业的设备操作型技术劳动力的缺口很大，中部地区则明显缺乏出口行业的服务人员。这些现象都表明，随着中国对外贸易结构的变化，不同地区对人才的需求也在发生变化。这就要求教育体系做出重大调整，建立新时期人才培养的科学体系，并在东部、中部、西部等不同区域建立差异化的职业教育体系，开办侧重于不同专业和学历层次的职业学校，培养适应区域经济发展的各类人才。

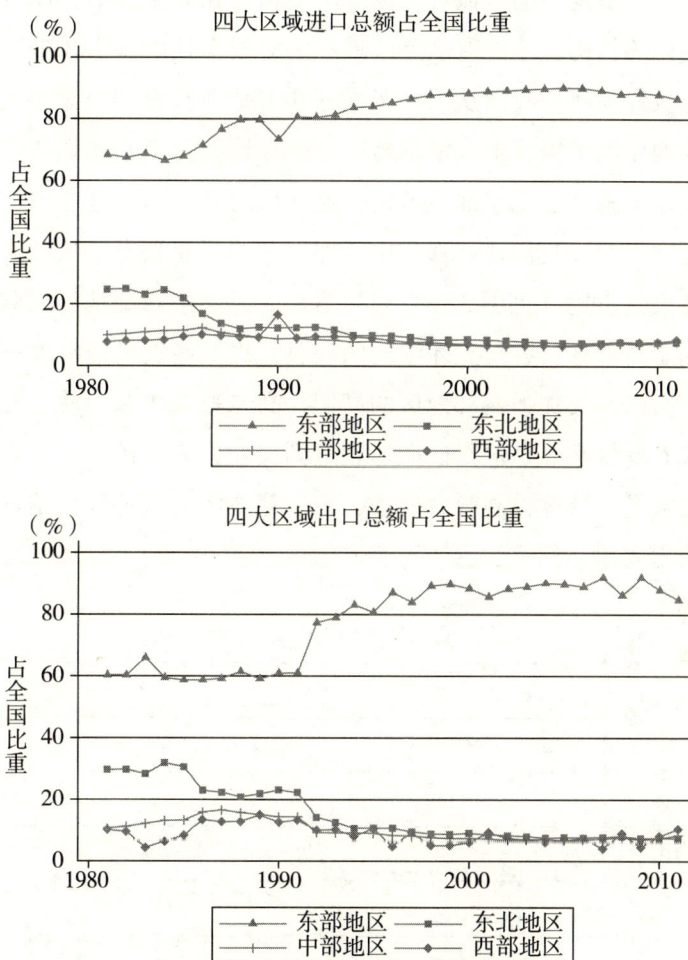

图 3-5　四大区域进出口总额比较

资料来源：《新中国 60 年统计资料汇编》、相关年份《中国统计年鉴》。

2. 职业教育学生比例结构与地区开放水平

随着经济的快速发展，中国各区域GDP总量占全国GDP的比重出现了较为稳定的分化格局，如图3-6所示，2010年东部地区的GDP总量占比在50%以上，而中部地区、西部地区、东北地区的占比都相对太小，这说明经济发展的区域贡献度并不平衡。在此条件下，职业教育也应具有类似的结构，才能够满足区域经济对技术技能型人才的需求。以中等职业教育为例，我们从图3-6关于中等职业教育的在校生人数和毕业生人数的比例可以看出，中部地区、西部地区和东北地区的中等职业教育的人才贡献度也比东部地区低，这一格局并不利于这些地区经济的快速崛起。因此，我们建议强化中西部地区的职业教育。从各区域本科生在校生人数占比（见图3-6）可以看出，近年来西部地区人数占比下降，不利于西部地区各类人才结构的调整，也不能满足经济发展对人才的需求，所以，要加强西部地区的高职、高专教育改革，使之在数量和质量上都有所提高。东部地区职业教育则应在原有基础上，注重吸引与扩大招生数量，持续提高教育质量，为东部地区的对外开放培养与储备应用型技术人才。

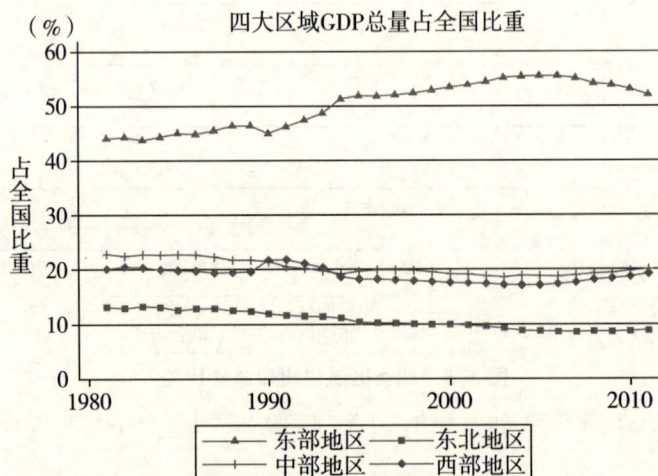

图 3-6　区域 GDP 与在校生及毕业生人数比较

（%）　　　四大区域中等职业教育在校生人数占全国比重

占全国比重

图例：
△ 东部地区　　■ 东北地区
＋ 中部地区　　◆ 西部地区

（%）　　　四大区域中等职业教育毕业生人数占全国比重

占全国比重

图例：
△ 东部地区　　■ 东北地区
＋ 中部地区　　◆ 西部地区

（%）　　　四大区域本科在校生人数占全国比重

占全国比重

图例：
△ 东部地区　　■ 东北地区
＋ 中部地区　　◆ 西部地区

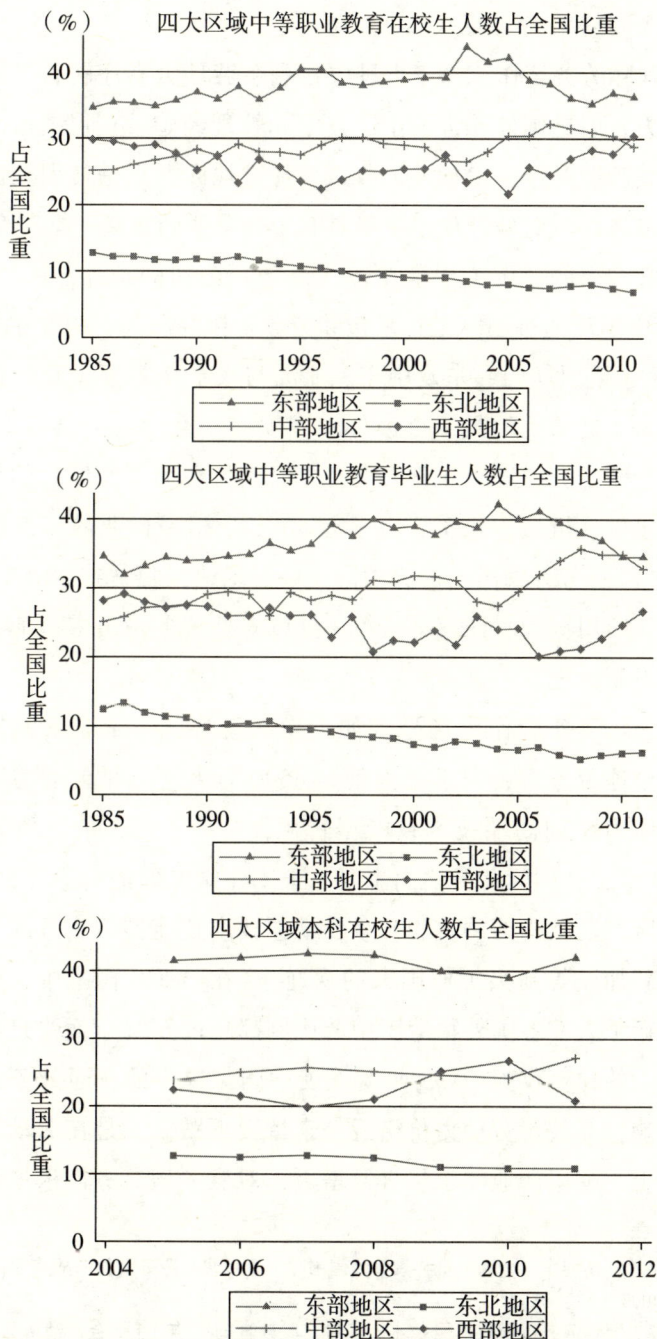

图 3-6（续）　区域 GDP 与在校生及毕业生人数比较

资料来源：《新中国 60 年统计资料汇编》、相关年份《中国统计年鉴》。

3. 国际劳务合作与现代职业教育

开展国际劳务合作，对于促进农村剩余劳动力有序转移、缓解劳动力就业压力、引进国外先进的生产技术和管理经验、获得技术外溢、带动国内相关产业升级、增加外汇收入、促进地区尤其是贫困地区经济发展，以及提高区域对外开放水平等具有十分重要的意义。据对全国 2198 家有涉外签约权的建设工程承发包（设计）公司的统计，从 1978 年到 2007 年，中国已通过国际工程承包和劳务合作的形式，相继在非洲、美国（关岛）、俄罗斯的远东及中东、亚洲与太平洋等国家和地区承揽了价值达 51834 亿美元的数千个涉外工程项目，直接为国家创汇 5174 亿美元，相继输出劳务近 900 万人次，并以其特有的关联度大的优势，带动了国内建材、机械、化工、电子等 80 多个相关行业的产品出口和更新换代。① 对外劳务输出已成为中国一些贫困地区脱贫致富的支柱产业，河南新县、四川犍为、江苏金坛等一批以对外劳务输出带动地方经济发展的县市不断涌现。

当今国际劳务合作市场呈现如下发展态势：一是需求总量持续增加，目前全球劳务市场需求量大约为 4500 万人。二是劳动力需求的层次由普通体力型向高端技术技能型转化，非技术工人的工资呈下降趋势。在 20 世纪，国际劳务输出主要是土木建筑方面的普通体力型劳工，伴随着各国产业结构的调整和升级，高端技术技能型劳工日渐受到欧美及韩国、新加坡等新兴工业国家的欢迎。② 在 OECD 国家中，受过高等教育的外籍工人在各国外籍劳工中的比例都超过 60%，而受过初等教育的外籍工人的比例仅为 10%。③ 受发展中国家提供的普通劳务人员同质竞争的影响，非技术劳动力价格近年来持续下跌。三是在劳动力需求的行业分布上，朝阳产业需求量日益增大，对服务型劳务需求增加。信息

---

① 王海兰，杨春生. 金融危机背景下我国国际工程承包与劳务合作的战略取向分析 [J]. 建筑经济，2009（4）：13-16.

② 陈峰. 国际劳务市场高技能人才需求对高职教育的影响 [J]. 合作经济与科技，2008（12）：55-56.

③ 中国对外承包工程商会. 中国对外劳务合作发展报告 2004 [Z]. 2004.

产业、生物工程、环保工程、计算机软件和硬件、电信、金融、保险、商业流通、旅游业等朝阳产业对劳动力的需求日益增加，逐步取代传统的建筑、纺织、土木工程等产业，成为 21 世纪的主流。另外，现代农业、科教文卫业、医疗业、设计咨询与服务业及 IT 服务业的人才需求量也在急剧增加。[①]

尽管中国国际劳务合作近年来发展迅速，总量不断增加，市场分布和行业分布不断扩大，相关法律和政策保障不断健全，但相对于中国庞大的人口基数来说，中国对外劳务输出总量仍然较少，主要以普通体力型劳工输出为主，高端技术技能型劳工输出较少，对外劳务合作的经济总量在对外经济合作总量中的占比呈下降趋势。在制约中国国际劳务合作发展的诸多因素中，劳动力的专业技术水平、语言能力及综合素质是最关键的因素。因此，我国若要在资金、技术"走出去"的同时，实现技术工人的"走出去"，打造"中国劳务"品牌，则需要通过职业教育加强对高端技术技能型劳务人才的培养，具体要求如下。

第一，加强对新兴领域高端技术技能型劳务人才的培养。中国外派劳务人员主要以工程项下劳动力为主，行业构成的前三位分别为建筑业、制造业和农林牧渔业。2011 年，中国电力工业首次超过房屋建筑业和交通运输业，成为中国对外承包工程最大的签约领域，而制造业及石油化工领域业务则呈下滑趋势。[②] 面对国际劳务市场上建筑项目管理人员、监理工程师、项目经理、医护人员、高级海员及计算机专业人员等严重短缺的现状，职业教育应及时调整专业设计，重点培养涉外医护人员、高级海员、计算机专业人员、家政服务人员、妇幼保健人员及电力工程技术人员等。

第二，加强对外派劳务人员的外语应用能力的培养。语言的障碍是制约中国对外劳务合作竞争力的重要因素之一。与菲律宾、印度、巴基斯坦等英语普及的劳务输出大国的劳务人员相比，中国外派劳务人员的英语应

---

① 邓恩远. 国际劳务市场高技能人才需求状况探析 [J]. 职业技术教育，2006 (22)：85-87.
② 同上.

用能力偏低。此外，日本作为中国劳务输出的重要对象，目前劳动力缺口大约在 350 万人以上，每年需补充 190 万人，单靠日本国内人力资源远远不够。因此，职业学校应当有针对性地培养一批具有较强英语或日语应用能力的外派劳务人员。

第三，鼓励职业学校开展学生外派劳务合作，建立境外劳务培训基地。一方面，鼓励职业学校通过与国外企业和中介公司建立合作关系，开展学生外派劳务业务，向国外输送相关专业实习生或研修生，从而扩宽毕业生就业渠道。近年来，福建、江苏等地的职业学校先后向国际市场输送了 1 万多人次的中职毕业生，涉及的行业包括制衣、旅游服务、电子、海运、家政服务等。另一方面，教育部、商务部、人力资源和社会保障部等政府部门应当促成海外劳务输出公司与优质职业学校联合建立境外劳务输出培训基地，加强对农村剩余劳动力及其他潜在外派劳务人员的工作技能和外语应用能力的培训，提高其在海外劳务市场上的竞争力。

第四，建立职业学校质量体系，积极促成我国与其他国家尤其是发达国家的学历文凭的互认。职业学校实施质量体系认证，有利于获得有关外派劳务公司和海外用人单位的信任与认可。目前北京市外事服务职业高中、舟山水产（航海）学校、南京海运学校等职业学校先后建立了自己的教育质量管理体系。此外，教育部等政府部门应当积极通过双边对话与谈判，促成中高职学历文凭的互相承认，打通职业学校毕业生劳务输出的渠道。

四、提高对外开放水平的诉求之三——国际化的现代职业教育体系

经济全球化给职业教育发展带来的最大挑战就是国际化。中国职业教育必须从浅层次国际化转向深层次国际化，从零散国际化转向系统国际化，在提高对外开放水平的同时，立足国内，放眼世界，全面深化职业教育改革，构造职业教育国际化支撑体系，培养大批具有国际视野、通晓国

际规则、能够参与国际事务和国际竞争的国际化人才，使中国现代职业教育体系所培养的技术技能型人才能够在开放竞争的国际舞台上展现出中国的风采。鉴于此，以下选取美国、新加坡、澳大利亚、瑞士这四个职业教育发达国家进行职业教育国际化比较研究。

（一）四国职业教育国际化的比较

1. 美国职业教育国际化的主要表现

（1）确立国际化的培养目标

《2000年目标：美国教育法》提出，通过采取面貌新颖、与众不同的方法，使每个学校的学生都能达到世界级的标准；通过国际交流，努力提高学生的全球化意识和国际化观念。

（2）提供法律保障、经费保障和组织保障

美国注重将教育国际化与外交政策和国防安全相联系，通过颁布一系列法案促进和规范包括职业教育在内的教育国际化活动。1958年《国防教育法》中明确规定：加强社区学院及高等职业学校的外语教学。美国政府每年拨款800万美元改进外语教学，建立语言实验室和语言区域中心，设置语言奖学金，以各种手段促进外语教学。美国政府通过设置奖学金或项目基金的方式直接支持高等职业教育国际化，如"教育与文化交流项目""富布赖特项目""本杰明·吉尔曼国际奖学金项目"等。很多国内组织都为社区学院拓展国外学习项目设计了特殊的活动和项目，这些组织主要包括以下三个。其一，美国社区学院协会。从1980年开始，美国社区学院协会就在其国际政策中写入了国外教育内容，并与政府机构合作，鼓励、协助其成员开展国际交流合作。目前，美国社区学院协会为全美1200多所社区学院的超过1100万名学生提供了服务。其二，社区学院国际发展协会。该协会的使命是为社区学院建立全球关系、深入开展教育项目、促进经济发展提供机会。社区学院国际发展协会由100多所社区学院构成，这些社区学院对国际教育和发展问题有相似的兴趣。其三，国际教育协会。该协会旨在为学生、教育工作者和专家设计出国学习项目，为美国政府和其他赞助单位管理留学奖学金（包括富布赖特奖学金、本杰明·

吉尔曼国际奖学金、弗里曼亚洲奖学金等），公布各种出国留学渠道和奖学金项目信息。在美国国务院教育文化事务局的支持下，国际教育协会收集了 1985 年以来出国留学项目的相关数据，并以年度报告的形式发表在《国际教育交流门户开放报告》中。国际教育协会由近 1000 所教育机构组成，其中包括近 100 所社区学院。①

（3）设置国际化课程与学科

美国职业教育课程在实用主义文化的基础上，注重发展理解多种视角、化解相互冲突及尊重差异的能力。② 美国社区学院所有学科无一不受到国际关系的影响，没有哪一种学科可以逃离国际化的视野。近年来，社区学院关注国际比较或基于跨国议题的学科呈现出较大幅度的增长。美国职业教育在注重开设有关国际新技术的新专业与新课程的同时，注重将国际议题注入课程与教学之中，在原有课程的基础上增加国际化的概念和最新的国际经验，及时让学生了解最前沿的信息和技术知识。例如，旧金山城市学院在"注入多元文化项目"中通过指导教师进行多元文化教育，把性别、种族、阶级、宗教等体现国际视野的议题加入数学、商业、社会与行为科学、人文科学等学科中。此外，美国职业教育尝试通过用国际项目带动所有课程的转变（如旧金山城市学院通过"注入亚洲"项目改造了 15 门课程），开发一种特定的国际证书、学位项目（如国际研究副学士学位），重设已有院系（如将"贸易"改为"国际贸易"），将完成国际化课程作为毕业要求，以及构建由核心课程、通识教育课程与选修课程构成的完整的国际化课程体系，实现职业教育的国际化。③

---

① Raby R L. Expanding education abroad at U. S. community colleges ［R/OL］. ［2016-11-18］. http: //www. iie. orglen/Research - and - Publications/Publications - and - Peports/IIE - Bookstore/ Expanding-Education-Abroad-at-US-Community-Colleges.

② Raby R L. Internationalizing the curriculum: on and off-campus strategies ［J］. New Directions for Community Colleges, 2007 (138): 57-66.

③ 杨心，吴剑丽. 美国社区学院课程国际化策略研究 ［J］.职业技术教育，2012 (6): 89-93.

（4）重视外语教学

美国在 1996 年制定、公布并出版了国家级课程标准《21 世纪外语学习标准》，目的是使各阶段的外语教学衔接起来，做到承上启下、环环相扣。美国经济发展委员会在 2006 年强烈呼吁美国人学习阿拉伯语、中文、俄语、印地语和波斯语等外语，加上社区学院需要面向多民族的本地学生，因此，越来越多的社区学院开始提供各种现代语言课程。根据加州学院国际教育协会（CCIE）截至 2010 年 10 月的统计，其成员共提供 27 种不同的外语课程，其中有 24 个区提供 5 种以上的外语课程，以法语、德语、意大利语、日语和西班牙语居多。①

（5）积极参与国际交流

美国十分重视开展跨国教育和合作项目，主要表现为教师之间就世界范围内的学术知识、技术交流、项目开发等开展超越国界、跨越学科的交互联系。教师交流在美国呈现出多样化、多渠道的态势，既有政府资助的计划，也有民间资助的全国性计划，还有高校间的交流计划。美国积极在世界各地独立或合作开办职业院校、培训机构，实施国际交流与合作项目，参与职业院校的项目开发与教学。

（6）招收海外留学生

20 世纪 90 年代以来，美国加大了对留学生的吸引力度，设立了国务院资助的"教育与文化交流项目"、国防部资助的"国家安全教育计划"、教育部资助的"教育部第五大计划"等，各高校还设立了名目繁多的奖学金。2007 年至 2008 年美国招收的留学生为 148.3 万人，约占同年美国学生总数的 4%，其中有 89.5 万人在社区学院和一些设有职业技术专业的高校学习。美国社区学院十分注重发挥留学生在促进教育国际化方面的重要作用，在加州学院国际教育协会的成员中，60% 的学院邀请国际学生做演讲嘉宾，40% 的学院让国际学生担任文化助教，18% 的学院让国际学生指

---

① CCIE. Foreign language programms［EB/OL］.［2016 - 11 - 18］. http://ccieworld. org/language. htm.

导其他学生的出国留学事宜，14%的学院让国际学生担任语言助教。①

（7）鼓励学生出国留学

在美国，联邦政府、州政府、大学和社区学院都积极支持学生出国留学。进入 21 世纪后，美国社区学院的出国留学人数迅速增长，2000—2001 学年，有 85 所社区学院提供了国外学习项目并派出了 3941 名学生，2005—2006 学年，有 114 个社区学院为 6321 名学生提供了计学分的海外教育课程。在留学生的目标国家中，欧洲国家占 62%、拉丁美洲国家占 23%、东亚国家占 9%，最受欢迎的国家依次为意大利、西班牙、墨西哥、英国和法国，选择到中国、哥斯达黎加、捷克、日本等国学习的学生人数也在逐年增加。学习项目包括暑期项目、中期项目、持续一学年的长期项目等，其中暑期项目或短期海外学习项目较受欢迎。美国社区学院提供国外学习课程的学分转换，很多海外教育的课程都能被纳入学分转换，为学生转入四年制大学做准备。此外，学分课程还可以通过校园课程委员会和教师评议会实现跨校合作。②

2. 新加坡职业教育国际化的主要表现

（1）国际化的培养目标

1993 年修订的《新加坡教育法》中，政府提出教育的目标是充分发挥每一个学生的潜力，培养每一个学生的健康的道德价值观，使学生具备雄厚的基本技能基础以适应飞速发展的世界的需求。新加坡政府还明确要求帮助学生了解生活的世界和国家互相依存的关系。之后，新加坡政府提出了 21 世纪的教育目标，要求所有中学后及大专学生要"放眼世界、扎根本国"。③

新加坡的高等职业教育是为了适应新加坡外向型经济的发展战略而产

---

① Raby R L. Internationalizing the curriculum: on and off-campus strategies [J]. New Directions for Community Colleges, 2007 (138): 57-66.

② Institute of International Education. Study abroad at community colleges [R]. Open Doors 2007: Report on International Educational Exchange, 2007.

③ 李霆鸣. 新加坡高职教育国际化特征 [J]. 职教论坛, 2008 (3): 51-53.

生的，因此高等职业教育从一开之始就是面向国际市场的，职业教育的国际化历史悠久，理念超前。新加坡发展高等职业技术教育的宗旨为：以明天的技术培训今天的人才，为未来服务。

（2）国际化的课程体系

新加坡的理工学院（相当于中国的高等职业技术学院）非常注重课程体系的国际化，课程不仅与外向型经济及国际化的市场需求紧密结合，而且课程的具体内容必须通过海内外工商界及学术界的鉴定。南洋理工学院的全日制专业文凭课程还获得了新加坡生产力与标准局颁发的 ISO9002 国际标准体系证书。新加坡的理工学院的专科文凭是全世界承认的，学生凭借专科文凭可以申请进入新加坡及海外综合性大学继续深造。[①]

（3）国际化的教师资源

新加坡的理工学院制定了国际化的教师招聘政策，从澳大利亚、俄罗斯、日本、印度等国家高薪聘请高水平、高技能的外籍教师。如今新加坡的理工学院外籍教师人数已经超过其教师总数的 10%。此外，新加坡支持教师关注并参加国际专业展览会、参加新技术培训或去国外进修。

（4）国际化的教学方式

新加坡的高等职业教育在发展过程中始终注意将国际上成功的职业教育方法与本国国情相结合，探索出一整套具有自身特色的教学方式。"教学工厂"（teaching factory）是新加坡高等职业教育学习德国双元制职业教育模式之后的一个创造。南洋理工学院是采取这种教学方式的院校代表。新加坡理工学院和共和学院还引进了欧美的问题式教学法。

（5）注重外语教学

新加坡从小学到大学均采用以英语为主的双语制教学，有利于接受世界上最新的教育、科技、文化信息，吸收西方先进的文明成果。

（6）扩大国际合作

新加坡职业教育的国际合作主要表现为与国际名校、世界知名企业的

---

① 李霆鸣. 新加坡高职教育国际化特征 [J]. 职教论坛，2008（3）：51-53.

合作。在与国际名校的合作方面，新加坡南洋理工学院一共有三所国际合作学院，包括与德国合作的以机械制造专业为主的德新学院，与法国合作的以电气专业为主的法新学院，与日本合作的以信息专业为主的日新学院。三个国际合作项目在同一个校园内，互相竞争，互相比较，形成了较为浓郁的国际化氛围。在与世界知名企业的合作方面，新加坡南洋理工学院分别与德国的 FESTO、美国的 IBM、日本的三菱和松下等著名企业建立了良好的合作关系。此外，新加坡的理工学院都有学生计划进行海外"浸润"式学习或实习，如义安理工学院 2007 年所有的在籍学生都参加了至少一项海外学习。[①]

（7）招收海外留学生

新加坡的学校通过改进教育基础设施和落实学生保障计划，吸引国际留学生来新加坡深造，提高外国学生占在校生总数的比例。据统计，近年来新加坡五所国立理工学院的留学生人数占学校总学生人数的比例已经超过了 10%，而义安理工学院的留学生比例已经达到了 20%。[②]

3. 澳大利亚职业教育国际化的主要表现

（1）国际化的培养目标

澳大利亚的技术和继续教育（Technical and Further Education，TAFE）学院的培养目标由着重职业能力培养、使学员适应社会岗位需求，转变为不只培养生产第一线的高级人才，也要培养面向国际、具有国际视野和全球意识、了解世界文化的全面人才。[③]

（2）提供制度保障

澳大利亚除在国家职业教育培训战略中注重国际化建设外，还专门颁布了针对教育国际化和海外留学生的相关法规，如《教育无国界：教育领域的国际贸易》，针对海外留学生的"学费保障计划"和《海外学生教育

---

① 李霆鸣. 新加坡高职教育国际化特征 [J]. 职教论坛，2008（3）：51-53.
② 同上.
③ 段玮玮. 德、澳职业教育国际化及其启示 [J]. 继续教育研究，2012（2）：171-172.

服务法》等，上述文件从制度层面为职业教育与培训的国际化提供了保障。

（3）国际化的课程和教学方式

技术和继续教育学院设有专门的国际教育课程和多种外语课程，如博士山学院的酒店管理学位中专门开设了亚洲及太平洋地区文化和商业展望课程，并注重在已有课程中注入国际元素。许多学院还通过了国际质量体系认证，例如霍姆斯格林技术和继续教育学院通过了 ISO9001 质量标准，获得了国际质量保证证书。

远程教育是澳大利亚技术和继续教育走向教育国际化的又一重要途径，技术和继续教育学院不遗余力地开发基于网络信息技术的远程教育课程，目前已达 1000 余门。以西悉尼技术和继续教育远程学院为例，其在校生达 11.4 万余人，学院充分利用互联网技术为境内外学生提供大规模的远程教育。由于远程教育具有不受时空限制的优势，深受在职继续教育学生的欢迎。目前，该学院与斐济、马来西亚、新西兰、中国香港、上海、宁波等国家和地区签有远程教育协议。

（4）提供国际援助，参与国际活动及国际事务培训

澳大利亚在职业教育国际化初期，通过提供国际援助打入国际教育市场，稳定之后则开展收费性的海外留学和合作办学。20 世纪 90 年代以来，澳大利亚为亚太地区的发展中国家提供了一系列国际职业教育援助，如在亚洲的"科伦坡计划"等。澳大利亚技术和继续教育学院和设有技术和继续教育学院的大学都积极参与国际会议及相关培训，多次参与联合国教科文组织会议、亚太经合组织会议、东南亚教育部长会议和东南亚高等院校协会会议等。① 各学院积极致力于参与针对大型国际会议、大型运动会等重要活动的各类培训活动，如 2000 年悉尼奥运会、2003 年女足世界杯、2004 年雅典奥运会、2006 年多哈亚运会、2008 年北京奥运会、2010 年上

---

① 柯政彦，赵静. 澳大利亚高等职业教育国际化初探 [J]. 中国教育技术装备，2010（21）：126-128.

海世博会的相关培训等。各学院提供的培训有专门技术培训、行动计划培训、志愿者组织协调培训、领导力培训及英语培训等。博士山学院目前已和阿迪达斯公司、印度尼西亚自由港、新加坡劳动力发展局和泰国技能发展部签订了培训协议。

（5）积极开展国际合作办学

技术和继续教育学院和设有技术和继续教育学院的大学，已经与世界上30多个国家和地区开展了国际合作办学。澳大利亚技术和继续教育学院与中国教育国际交流协会、世界理工学院联盟、美国社区学院国际交流开发协会、蒙古职业教育事务局、印度尼西亚人力资源与移民局等都有交流合作办学协议，与亚太经合组织国家、东亚教育峰会等也有交流合作办学框架或协议。在这些协议中，澳大利亚负责制定职业教育培训质量保证框架，指导其他国家开发、改进或评价该国的职业教育培训体系；或负责在成员国之间提高质量框架信息的透明度和可靠性，分享知识和技能，商讨未来合作领域。在学院层面，博士山学院、新南威尔士技术和继续教育学院、澳大利亚旅游与酒店管理学院、墨尔本技术和继续教育学院等均与中国多家职业技术学院开办了双文凭专业课程。此外，中国教育国际交流协会组织了高职高专领导赴澳培训，并与澳大利亚技术和继续教育学院签订了交流合作办学协议或备忘录。[①]

技术和继续教育学院通过在境外设立校园的方式，进一步扩大海外市场。据澳大利亚移民局统计，技术和继续教育学院在全球数十个国家设立了校园，招生人数逐年增加，逐渐超过境内招生规模。以新南威尔士技术和继续教育学院为例，目前在亚洲、中东和太平洋地区的近50个国家设立了境外校园，仅在中国就有22个合作校园，提供的课程包括英语强化、高级会计、机械与电子技术、国际商务、市场营销、酒店与旅游管理等。[②]

---

① 刘伟. 澳大利亚 TAFE 学院国际化策略浅析 [J]. 职业教育研究，2012（10）：43-45.
② 同上.

（6）招收留学生

澳大利亚除在地缘、环境、费用、教学质量等方面拥有独特的优势，能够吸引留学生外，还不断推出新政策以加强对留学生的吸引力，如所有到澳大利亚技术和继续教育学院学习旅游和饭店管理两个专业的海外学生在完成学业之后，有权自动留在澳大利亚工作一年半的时间。据国际教育与交流洽谈咨询公司的数据显示，澳大利亚 2007 年在世界职业教育最佳目的地国中排名第 3，2008 年则排名第 1。根据澳大利亚教育、就业和劳资关系部在 2011 年 9 月的统计，持学生签证全额付费的留学生达 51.90万人，其中接受高等教育的约为 23.78 万人，接受技术和继续教育的有15.57 万人，仅次于高等教育。许多技术和继续教育学院都和国外一些大学互相交换学生，如博士山学院和新加坡国立大学就在交流培养电子信息等专业的国际互换生。①

4. 瑞士职业教育国际化的主要表现

（1）教育的国际战略

瑞士 2010 年发布了《瑞士教育、科研、创新的国际战略》，旨在通过加强瑞士在教育、科研、创新方面的国际影响力，使瑞士成为世界上最具创新性的国家之一。职业教育作为瑞士教育体系的重要组成部分，从一开始就注重培养学生的国际竞争力，通过提高生产率来抵消由高工资形成的高成本，以适应本国外向型经济的发展要求。②

（2）提高职业教育的国际认可度

瑞士政府近年来致力于提高瑞士双元制的中等职业教育与高等职业教育证书在国际社会的认可度。一方面，瑞士正在建立与欧洲资格框架一致的国家资格框架，作为对其中等职业教育和高等职业教育证书的有效补充，使瑞士职业教育文凭能够在国际范围获得更广泛的承认与灵活的转换。另一方面，瑞士签发高等职业教育证书和文凭时，通过对学位证书进

① 刘伟. 澳大利亚 TAFE 学院国际化策略浅析 [J]. 职业教育研究，2012（10）：43-45.

② Hoeckel K，Field S，Grubb W N. Learning for jobs OECD reviews of vocational education and training：Switzerland [R]. OECD，2009.

行加注并附英文说明的方式，使证书的持有者所获得的能力能够按照国际教育分类标准进行教育层次归类，在欧洲资格框架和各国国家资格框架内得到鉴定，从而使职业教育学生在国际范围内的学习迁移更为便捷。

（3）加强职业教育的国际合作与交流

瑞士注重加强与采用双元制职业教育体系的国家如德国、奥地利、卢森堡、丹麦的合作，以进一步提高双元制职业教育在欧洲和世界上的地位。2009 年，瑞士、德国、奥地利三国组建了"欧洲高技能职业联合会"，以双元制职业教育体系为基础，开发了一个与欧洲资格框架第 6 级和"国际教育标准分类"5B 层次对应的、以培养高层次技能人才为目标的第三阶段的职业教育与继续教育。瑞士从 2011 年起加入欧洲终身学习计划，该计划的目标之一是通过促进欧盟成员国教育和培训系统的合作与人员流动，使欧盟的教育和培训质量成为世界的典范。[①] 瑞士积极组织学生参加欧洲技能大赛和世界技能大赛，使瑞士职业教育的成果在世界范围内得到检验和认可。从 2014 年开始，瑞士每年召开一次国际职业教育与培训会议，强化双元制职业教育，促进世界各国在职业教育领域的交流与合作。

（4）扩大职业教育的输出

在经济全球化的背景下，如何提高当地雇佣的劳动者的技能水平以满足瑞士工艺的要求成为瑞士公司海外扩张的关键所在，而瑞士双元制职业教育向目标国的输出是解决这一问题的有效途径。《瑞士教育、科研、创新的国际战略》指出，瑞士已经开始启动双元制职业教育向新兴经济体国家的输出。例如，瑞士在印度开展了汽车制造业双元制职业教育的输出项目。这一项目涉及两国政府、行业协会、职业学校等多方主体，职业培训计划由瑞士行业协会制订并收取许可费，瑞士政府主要负责与目标国签订相关合作协议、对项目进行监督、对职业教师进行培训及对培训后劳动者

---

① 姜大源. 高等职业教育：来自瑞士的创新与启示［J］. 中国职业技术教育，2011（4）：27-42.

获得的资格证书予以承认。①

5. 四国职业教育国际化的共同点

(1) 国际化的人才培养目标

四国在推进职业教育国际化的过程中，都首先明确了国际化人才的培养目标，虽然目标在具体表述上有所不同，但都强调所培养的人才应具备以下特质：具有国际视野、全球意识和包容开放的世界观，了解世界文化，掌握国际先进的知识和技术，具备职业核心能力与职业道德，拥有胜任工作岗位要求的外语交流能力。

职业核心能力是人们职业生涯中除岗位专业能力之外的基本能力，它适用于各种职业，能适应岗位的不断变换，是伴随人终身的可持续发展能力。德国、澳大利亚、新加坡称之为"关键能力"，美国称之为"基本能力"，全美测评协会的技能测评体系称之为"软技能"，中国香港称之为"基础技能""共同能力"等。1998年，中国劳动和社会保障部在《国家技能振兴战略》中把职业核心能力分为八项，包括与人交流、数字应用、信息处理、与人合作、解决问题、自我学习、创新革新和外语应用。

资料来源：根据网络资料整理而成。

(2) 国际化的课程教学

四国职业教育国际化的课程教学具有以下共同点。一是针对国际新技术，开设相关新专业课程。二是引进国际上先进的课程体系，选用国际教

---

① Swiss Federal Council. Switzerland's international strategy for education, research and innovation [EB/OL]. (2010-06-30) [2016-11-18]. http：//www.oecd.org/switzerland/sti-outlook-2012-switzerland.pdf.

材，并进行本土化改造，教授满足国际市场需求的先进知识和技术。三是采用国际上先进的教学方式和手段。四是加强对课程实施的质量控制，采用国际标准质量认证体系管理学校。五是注重外语教学，尤其是专业领域的外语教学或双语教学，使毕业生的外语应用能力能够胜任未来工作岗位的要求。

（3）国际化的交流与合作

四国开展的职业教育国际交流与合作主要表现在以下方面。一是学生的国际交流。各国制定了各种政策，吸引外国学生来本国深造，扩大留学生规模；加强与国外学校、国外企业的合作，为本国学生在国外学校学习或在国外企业实习创造更多的机会和良好的条件。二是教师的国际交流。各国积极增加学校外籍教师的比例，鼓励本国教师参加各类国际学术会议、专业培训、项目开发，组织本国教师出国进修，开阔本国教师的国际视野。三是与国际名校或企业建立合作关系。通过本国职业学校与国外名校的合作办学或建立与国外企业的校企合作机制，为学生提供在国外"浸润式"学习或实习的机会，提升学校国际化的水平。四是组织和参与国家层面的职业教育国际交流合作活动，注重发挥自身在区域合作中的影响力。

（4）相关法律及政策保障

四国政府均十分重视职业教育的国际化，通过立法或制定相关政策为职业教育国际化发展确定目标并提供经费、人员、组织等相关保障。

（二）中国现代职业教育体系国际化的实现形式

职业教育国际化具体表现为"引进来"与"走出去"两方面，这与开放型经济的"内外联动"机制是相辅相成的。"引进来"实际上是一个"本土国际化"的过程，其核心内容是借鉴国际先进的教育理念和教育经验，引进优质教育资源，通过全面深化教育教学改革，构造与"本土国际化"相匹配的支撑体系，使深深植根于本国文化和社会环境的绝大多数学生在国内完成他们的国际化培养，特别是在本土完成对学生开放的国际视野、先进的职业技能、优秀的职业素养等具有国际竞争力的能力结构的培养。"走出去"既包括职业教育本身走向世界，又包括职业教育品牌走向世界，具体表现为资助和鼓励海外留学、加强国际科技文化交流、开展国际科技和教育合作，以及组织师生积极参与国际培训与社会实践等，使教育真正面向世界、面向全球。中国现代职业教育体系国际化的实现形式如图 3-7 所示。

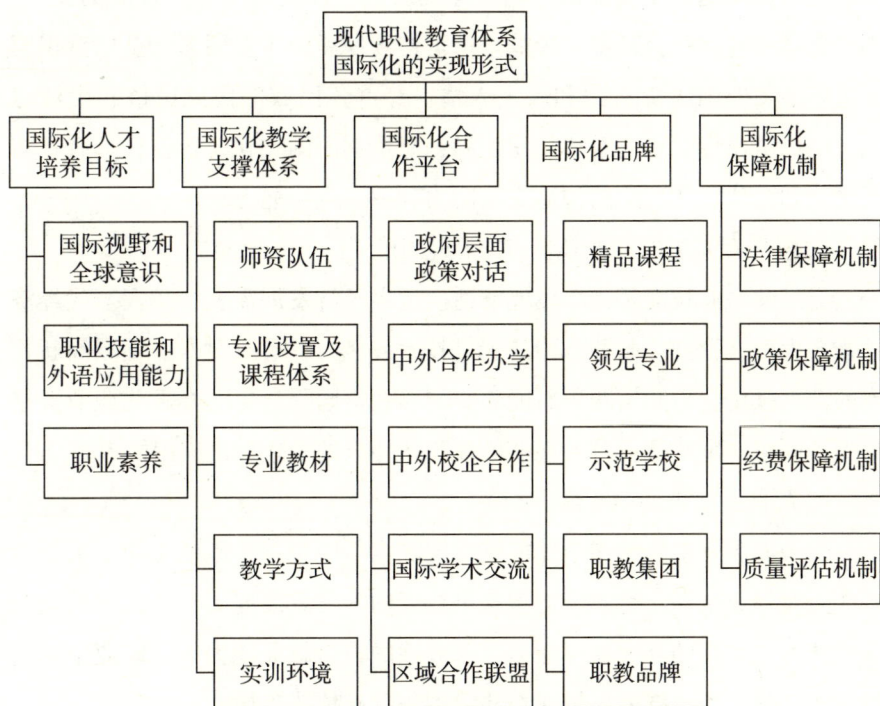

图 3-7 现代职业教育体系国际化的实现形式

1. 明确职业教育国际化人才培养目标

《国家中长期教育改革和发展规划纲要（2010—2020 年）》提出，要适应国家经济社会对外开放的要求，培养大批具有国际视野、通晓国际规则、能够参与国际事务和国际竞争的国际化人才。职业教育国际化人才培养目标的确定应当突出职业教育自身特色，与国际职业教育人才培养标准相一致，与中国当前经济发展需求相匹配。因此，我们认为中国职业教育国际化人才培养目标应为：具有开放的国际视野、掌握先进的职业技能、具备优秀的职业素养、能够参与国际竞争的高级技能型、应用型人才。此类人才应具备以下三种特质。

（1）具有开放的国际视野和全球意识

国际视野要求个体具有包容开放的世界观，能够将个人发展置于世界发展之中，追求个人的价值体现，做一个合格的社会人、合格的世界人；了解全球性议题的相关知识，能够客观认识全球发展与本土发展的关系，知晓自然环境和社会环境中影响全球可持续发展的重要因素。全球意识要求个体熟悉外国历史文化和风土人情，尊重各民族的民风民俗和生活习性，能以全球性的眼光看待文化差异，尊重不同的文化与价值，具有在多元文化和全球化环境中的沟通交流能力和适应生存能力。

（2）具有先进的职业技能和外语应用能力

先进的职业技能是指个体能够适应世界经济发展需要，掌握当代经济社会在生产、管理、服务方面的先进技术或能力，具有对专业领域高新技术的动手操作能力和实践更新能力，能够获得国际认可的标准化职业资格证书。同时，个体还应具备能够胜任工作要求的专业外语应用能力。

（3）具备优秀的职业素养

优秀的职业素养是指个体能够在国际竞争中生存并胜任工作要求的核心能力及职业精神。核心能力包括可持续的学习发展能力、跨文化的交流合作能力、良好的环境生存能力、开放性的转岗就业能力等。职业精神包括诚实守信、团结友爱、敬业奋斗等中华民族传统美德。

2. 构建职业教育国际化教学支撑体系

具有国际先进水平的职业教育国际化教学支撑体系包括以下四个方面。

（1）国际化的职业教育师资队伍

师资队伍的国际化是职业教育国际化的基础。国际化的职业教育教师应当具备如下特质：一是要有国际视野，具有较强的外语能力和国际交流能力，能够进行双语授课。二是具有开放性的知识结构和先进的教学方法，能够适应国际形势变化，获取国外最新的专业发展信息及职业教学信息，具有较强的信息辨别分析能力，能够及时更新并掌握国际化的专业知识和先进技术。三是要有实践经验，具有国际工作岗位的实训指导能力和实际操作经验。四是具有国际理解能力和人文关怀，注重培养学生良好的职业道德及包容开放的世界观。

近年来，我国教育部与德国、澳大利亚、奥地利、美国等国家和地区开展合作，选派了 1400 名中等职业学校校长、2300 名中等职业学校教师、450 名高等职业学校校长、1800 名高等职业学校教师、100 名职业教育师资基地教师到境外进修，造就了一大批能够在学校办学和教学中发挥引领与示范作用、在国内具有影响力的名校长和名教师。① 与此同时，我国也聘请了大批外籍专家来华任教、交流，不断增加职业学校中外籍教师的比重。

> 天津中德职业技术学院有 78% 的老师在德国、新加坡、西班牙、加拿大、日本等国接受了专业技术等方面的培训，该校仅国际级精品课程就有 15 门。
>
> 广州民航职业技术学院先后派出骨干教师 200 多人前往英国、美国、加拿大、日本、澳大利亚、德国等国家的航空公司及有关院校学习，有 23 位教师获得了美国联邦航空局（Federal Aviation Administration，FAA）颁发的飞机及发动机维修执照。
>
> 资料来源：根据网络资料整理而成。

目前，中国的师资国际化水平与美国、新加坡、澳大利亚等职业教育发达国家还存在较大差距，需要从"引进来"和"走出去"两方面加强职业教育国际化的师资队伍建设。一是要加强对国外"双师型"人才的引

---

① 佚名. 职教师资队伍建设综述：强师筑基助推职教发展 [EB/OL]. (2012-08-14) [2016-11-18]. http://www.edu.cn/zhong_guo_jiao_yu/shi_fan/shi_fan_news/201208/t20120814_827372_2.shtml.

进。通过优惠的人才待遇及海外招聘，吸引来自不同国家和地区的高水平、高技能、高层次留学人员或专家来华任教，扩大外籍教师所占比重；通过教师互访制度，聘请合作学校的教师、访问学者来中国开展学术讲座和合作研究。二是加强对本土教师的国际化培养。支持教师参加各类学术会议、专业培训、项目开发等国际交流活动；充分利用国家留学基金和骨干职业教师海外交流专项经费，资助、鼓励职业教师出国参加短期访学或长期进修；建立海外教师培训基地；建立长效的教师外语培训机制与国外职业资格认证培训机制，提高职业教师获得国外职业资格认证的比例，提高能够全部用外语讲授专业课程的教师比例。

（2）国际化的专业设置及课程体系

第一，设立满足国际市场需求的新专业。我国应根据经济全球化发展趋势与本国开放型经济发展的新需求，设立一批满足国际市场需求的新专业，如 2012 年高职专业目录中新增了光伏发电技术及应用、新能源应用技术、物联网应用技术、软件技术（3G 手机软件开发方向）等专业，体现了职业教育专业设置国际化的要求。

第二，建立与国际接轨的课程体系。我国应充分借鉴德国的双元制职业教育、澳大利亚的技术和职业教育、加拿大的能力本位教育、英国的商业与技术教育等课程体系，建立与国际标准接轨的职业教育课程体系，建立模块化的课程结构。课程要以职业需求为导向，以应用能力和实践能力培养为目标，构建理论教学、实践教学和素质培养相互融合的三大体系（见图 3-8）。

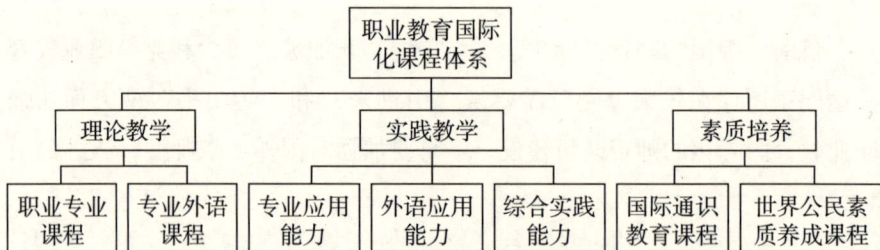

图 3-8　职业教育国际化课程体系

一是开设国际通识教育课程与世界公民素质养成课程，包括公民基础知识、思想道德、法律意识、人文艺术知识，以及世界各国的宗教、政治、文化、历史、经济和全球问题等内容，使学生更加关注国家和人类社会发展所面临的共同问题，学会理解、尊重和欣赏其他民族和文化。培养学生开放性的国际视野、包容性的世界观和具有人文精神的国际情怀，使其具有开展国际交流、合作和竞争的世界公民素质。

二是开设与国际职业技术标准相对接的专业课程，培养符合国际标准的职业技能。在已有的课程中增加国际元素，根据最新国际趋势及时对课程内容进行调整；吸收适合本国院校的国外同专业教材中的部分内容；把一部分国外教材和相关论著列入职业院校的教学参考书目等；围绕相关专业的国际最新进展，开设相关主题的系列学术和实践活动，及时让学生了解和掌握最前沿的信息和知识。

三是开设专业外语课程，提高全英语授课或双语授课的专业课程的比例，逐步实现示范性高等职业院校的重点专业主干课程的全外语授课。

第三，开设国际职业资格证书培训课程。国际职业资格证书是国际权威机构对特定职业所需技能与能力的认可，是国际化人才在国际性企业发展的"职业护照"。现有职业教育课程应当使职业技能培训标准与国际职业资格认证标准相接轨，逐步引入一批国际职业资格证书的培训认证课程和管理系统，建立国际认可的技能标准和职业资格质量标准，实现职业资格证书培训的国际化，使学生不仅能够通过本土化培养接受国际化的教育，同时还能够在本国考取国际职业资格证书。

2010年，北京市高等职业院校中德合作职业资格证书教育项目开始实施，设立包括汽车机电师、数控切削师、机电一体化师、技术制图师、仓储物流师五类"IHK职业资格证书"班。北京工业职业技术学院、北京电子科技职业学院、北京信息职业技

术学院、北京劳动保障职业学院、北京交通运输职业学院、首钢工学院、北京吉利大学及北京科技职业学院参与其中。"IHK 职业资格证书"是德国工商业联合会（Deutscher Industrie-und Handelskammertag，DIHK）根据技术发展水平和经济发展需求，研究开发的一系列针对性很强的职业资格证书。此证书不仅在所有德国境内企业和海外的德国企业都具有通用性，同时也被几乎全部欧美国家和企业所认可和接受。此次与莱比锡德国工商业联合会、德累斯顿工业大学职业技术学院的合作，实现了在职业资格证书标准和要求不变的前提下，德国职业资格证书教育教学、时间、考试的汉化，使德国职业标准要求与我国现有教学资源能够整合融通。

资料来源：根据网络资料整理而成。

第四，实施课程体系的国际质量认证。职业学校课程体系的国际质量认证，有助于提升职业教育的国际化水平，提高国际市场对中国职业教育质量的认可度。ISO9001 标准具有国际性和先进性，其管理原则主要体现为"质量管理的八项原则"，即以顾客为关注焦点、领导作用、全员参与、过程方法、管理的系统方法、持续改进、基于事实的决策方法、与供方互利的关系。ISO9001：2000 标准的应用范围覆盖了房地产、信息技术等 39 个行业，教育列在第 37 个，并细分为初等教育、普通中等教育、技术职业教育、成人教育及其他教育。美国、新加坡、澳大利亚等国的很多学校都通过了 ISO9001 质量管理体系认证，美国在 1992 年有 220 所高等院校采用该标准，北美洲有 139 所、欧洲有 263 所、亚洲有 123 所教育机构通过了认证。[1] 在中国，青岛远洋船员职业学院、同济大学职教学院、郑州市科技工业学校等职业学校均通过了 ISO9001 认证。

---

① 武峭山. 高等职业教育质量管理体系认证的必要性和可行性 [J]. 文教资料，2008（7）：162-163.

（3）国际化的职业教育专业教材

第一，引入国外优秀教材。优秀的职业教育教材的知识体系应包括三方面内容：一是知识更新，二是能力培养，三是经验传授。德国、美国、日本的一些职业教育教材在国际上具有较大的影响力，经过了反复验证和不断更新，能够反映现代职业的发展趋势和人才培养需求。我国可以在全外语课程教学中引入优秀的职业教育教材，使学生直接获得满足国际市场需求的知识和技能，并提高其专业外语水平。

第二，对国外教材实施本土化改造。通过一线教师、技术专家和翻译人员的共同努力，对国际化的职业教育专业教材实施本土化改造，与中国职业标准、职业学校教学实际相结合，吸收职业教育最新教学成果，融合国内外职业教育之所长。

（4）国际化的职业教育教学方式

第一，引入国际化的符合职业教育特点的教学手段。将课程教学与实践操作有机结合，借鉴德国、澳大利亚等国职业教育的先进教学方式，推行探究式、讨论式、协作式等自主学习方式，从"学"和"用"的角度改进"教"的方法，强化实践教学方式的工作过程导向，提升教育教学效果。

第二，加大职业学校的外语教学力度。对不同层次、不同专业的学生进行分类别的针对性培养，尤其应加强对学生日常外语交流能力和相关职业外语应用能力的培养，逐步实现示范性高等职业学校重点专业主干课程的全外语授课，探索适合职业学校发展的外语教学模式，如高等职业学校可采用一年级以基础外语为重点、二年级以专业外语为重点、三年级以职业外语实战训练为重点的外语教学模式。

第三，采用现代化的教学手段。现代远程教育是伴随现代信息技术发展而生的一种新兴教育方式，它可以使学生不出国门就学到外国课程，也可以使学习的场所和形式更加灵活多变，促进跨国教学的发展。澳大利亚技术和继续教育学院提供1000余门远程学习课程，海外学生可以通过网络直接进行学习与交流。美国凤凰城大学依托网络资源开展各类职业培训，也是国际上实施远程教育的典范。中国职业教育在国际化的过程中也应充分利用"互联网+"背景下的现代通信手段，开展远程教育，开设网上虚拟大学，建立国际交流网站等。

（5）国际化的职业教育实训环境

职业教育要培养懂技术、会应用的人才，先进的实训环境、一流的实训设备对实现学生培养与国际化企业需求的零对接具有重要作用。在职业教育国际化的过程中，应当实行与生产实际紧密衔接的教学模式，构建具有鲜明职业教育特色的校园环境、实训环境和教室环境。

苏州旅游与财经高等职业技术学校在国际化的过程中，推行仿真实训和全真教学实践相结合的"实景化"教学模式，按照文化旅游、财经商贸、风景园林三大板块建设了文化创意、酒店管理、中西烹饪、旅行管理和旅游新业态、财经、现代物流、国际商务、风景园林等多个实训教学基地和中心，拥有江苏省最先进的西餐操作室、中西餐服务操作室、前厅 FIDELLO 系统操作室、模拟酒吧、模拟卡拉 OK 厅、客房等，还与企业合作建设了旅游饭店、旅行社、记账公司、网络购物超市、景观园林公司等多个实体化教学基地，打造了一流的实践教学环境。

资料来源：根据网络资料整理而成。

2010 年，天津中德职业技术学院与日本三菱电机自动化有限公司、德国德马吉公司和西门子公司分别签署协议，在天津海河职业教育园区共建三个具有国际先进水平的实训中心，即天津中德—三菱电机自动化技术实训中心与体验中心、德马吉数控技术中心、西门子高级自动化技术联合示范工程中心。

资料来源：根据网络资料整理而成。

3. 搭建职业教育国际化合作平台

（1）加强国际合作政策对话

推进中国与联合国教科文组织和世界银行等国际组织、区域组织、职业教育发达国家及地区在职业教育发展战略、宏观政策和制度等领域的交流对话。通过对话，一方面可以加强对他国职业教育国家战略和制度的研究，了解职业教育发展的最新国际趋势，促进中国职业教育与世界接轨，参与职业教育国际标准的制定；另一方面能够吸引更多的国内外政府官员、专家学者、企业代表关注和研究中国的职业教育，提高职业教育研究层次，扩大职业教育的研究范围，挖掘职业教育的研究深度，增强中国职业教育的国际影响力。

近年来，中国与德国签署了《关于共同设立"中德职教合作联盟"的联合声明》，举行了第六次中德教育政策战略对话和中德职教合作联盟领导小组第一次工作会议；与英国签署了《中英职业教育合作谅解备忘录》，举行了中英职业教育政策对话会，在国家政策层面深化了合作共识。

资料来源：根据网络资料整理而成。

2012年5月14日至16日，由中国政府与联合国教科文组织合作举办的第三届国际职业技术教育大会在上海召开，主题为"改革职业技术教育与培训：培养工作和生活技能"。中国与联合国教科文组织合作举办国际职业技术教育大会，对于中国广泛学习和借鉴国际职业技术教育改革发展的先进经验、增强中国职业教育的国际影响力、提高职业教育的国际化水平具有重要意义。

资料来源：根据网络资料整理而成。

（2）丰富国际合作形式

在职业教育国际化的过程中，一方面，要不断扩展国际合作对象，由单一的与国外学校合作转向与国外政府、国际组织、国际行业协会、国外培训机构、国内外知名外企合作等；另一方面，要逐渐丰富国际合作内容，由教师培训和学生交流扩展到学生跨国联合培养、校企联合办学、国际项目合作开发、国际会议筹办、教育资源和技术应用国际交流等各个领域。我们应当重点发展以下两种形式的国际交流合作。

第一，中外合作办学。中外合作办学能够引进国外先进的教育理念、课程内容、教学方法、教师资源和管理机制，是培养国际化人才的重要途径，也是教育国际化的重要表现形式。中外合作办学可以采取引入境外教育资源、在境内实施教学全过程的授课方式，由境外合作院校颁发相应的学位和资格证书；或者可以让学生在境内学习部分课程，在最后一阶段转入境外合作院校就读，获得境外颁发的学历和资格证书。近年来，中国多所职业院校与国外职业院校建立了"一对一"的友好合作关系，通过学分互认，实现学生的跨国联合培养。鉴于目前国内外市场对国际化技能型人才的迫切需求，中国职业教育中外合作办学规模亟待扩大、质量亟待提升、层次亟待提高。因此，我们应重视与国外优秀职业院校的合作项目，注重开展能够使学生获得国际职业资格认证的中外合作办学项目，注重开展包括与欧洲国家的应用技术大学及高水平国外职业教育机构合作在内的、能够使职业教育学生获得本科学位的中外合作办学项目。

2006年，浙江旅游职业学院与澳大利亚威廉·安格里斯学院联合举办旅游管理、酒店管理项目，借鉴澳大利亚技术和继续教育学院的办学模式和教育理念，运用现代教学模式，引入澳方的课程、教材和教学方法，其中1/3以上的外语及专业课程由威廉·安格里斯学院具有教学和实践经验的专职教师任教。学生修完规定课程并取得学分后，可获得威廉·安格里斯学院颁发的澳大利亚高级国际酒店管理文凭或高级国际旅游管理文凭，以及浙江旅游职业学院颁发的大专学历高职毕业文凭。

2011年，天津中德职业技术学院与德国路德维希哈芬大学和西班牙机床学院签署了中外合作办学项目，实现学分互认，合作培养的学生将取得中外两所学院的文凭。

资料来源：根据网络资料整理而成。

第二，中外校企合作。职业教育以培养应用型、技能型人才为目标，学生的校外实习是教学过程的重要组成部分。从职业学校学生就业情况的反馈看，具有海外实习经验或大型外企实习经验的学生，往往具有较高的专业技能和职业素养，能更快地适应工作岗位需求，在毕业分配时更易受到用人单位的青睐，具有较强的就业竞争力。在职业教育国际化的过程中，应当建立中国职业院校与境内外企或境外企业紧密合作的机制，注重选择具有国际影响力的、能够为学生提供与其所学专业相匹配的实习岗位的优质企业作为合作对象，通过"教学—实训—就业"一体化，让学生更好地适应国际化的工作环境，成长为国际化人才。

浙江旅游职业学院旅游日语专业的学生每年有50%以上都能获得赴日研修一年的机会，2005年至今，已有300多名学生赴日本各地著名温泉宾馆研修。学院2007年9月启动了"迪拜实习"项目，有80多名学生被卓美亚酒店集团等著名酒店录取。

资料来源：根据网络资料整理而成。

第三，国际学术交流。职业教育及专业技术领域的国际交流是获得国外最新研究成果、让世界了解中国职业教育的重要窗口。在职业教育国际化的过程中，应当开展政府、行业和学校之间的多层次、多样化的国际交流活动，学习国外职业教育先进经验，拓展国内职业教育的研究视野，推广国内优秀研究成果。国际交流的形式包括参加和举办学术报告会、研讨会、学术讲座、合作论坛、进修学习、实地考察等。职业教育国际交流应当与企业的"走出去"战略相配合，实现学校"走出去"、教师"走出去"、学生"走出去"，如鼓励职业院校"走出去"办学、实施职业教育教师海外培训计划、建立职业院校优秀学生国家资助留学政策等。

（3）挖掘国际合作深度

在开展国际合作的过程中，应当建立以就业和产业需求为导向的国际合作机制，避免国际合作的盲目性，加强对目标市场的系统性分析与前瞻性预测、加强对合作项目本身的短期效益与长期影响的统筹安排，加强对合作方的执行能力与发展前景的综合考量。

一要推进经济体之间的职业教育学历、学分互认工作，尤其要扩大高等职业教育学分互认的国家和专业范围，加强相关学历证书和职业资格证书的国家间承认与认可，建立职业教育国内培养加国外深造的有效衔接机制。

二要扩大职业教育的对外输出，鼓励骨干职业院校"走出去"。服务国家对外开放战略，培育一批具有国际竞争力的职业院校。加快培养适应中国企业"走出去"要求的技术技能型人才。积极扩大职业院校招收海外留学生的规模，探索和规范职业院校到国（境）外办学。支持承揽海外大型工程的企业与职业院校联合建立国际化人才培养基地。鼓励沿边地区的职业院校加强与周边国家的合作，提高中国职业教育对周边国家的辐射力、影响力。

（4）建立区域性职业教育跨境合作联盟

借鉴欧盟职业教育联盟的相关经验，建立与区域性经济合作联盟相对接的区域性职业教育合作联盟，如中国—东盟职业教育合作联盟、粤港澳职业教育合作联盟等。

面对经济全球化和教育国际化的挑战，欧盟不断加速其职业教育一体化进程，从20世纪90年代中期开始，启动了著名的"达·芬奇"计划，通过跨国合作的方式提高职业教育与培训质量，建立职业教育制度与实践方面的"欧洲维度"，并逐渐形成了超国家层面的职业教育与培训一体化制度。2010年欧盟提出《欧洲2020战略》，提出建立"欧洲资格框架""欧洲职业教育学分转移系统""欧洲通行证"和"欧洲职业教育和培训质量保障体系"，进一步增强职业教育区域性联盟合作的紧密度，增强职业教育吸引力。

欧洲2020战略：

● 真正打通职业教育通往高等教育的路径，开发高等职业教育专业和课程，使初始职业教育与培训成为既能高度适应劳动力市场需求，又能通向高等教育的有吸引力的学习选择。

● 采用"菜单式"培训，增加由用人企业、传统培训机构和高等教育机构提供的培训机会。

● 与社会伙伴和国家就业部门进行合作规划，使职业教育和培训更加适应不断发展变化的劳动力市场的需求。

● 加强教师和培训师的能力建设，提供综合指导和咨询服务，帮助学习者在学习的同时向工作过渡，进行职业选择。

● 加强关键能力的开发，确保学习者和劳动者具备适应性和灵活性，更多地采用基于工作的学习方式。

● 向弱势群体提供充分帮助，帮助其提高技能或变更职业，使非正规学习和非正式学习都可获得有效的高级学位。

● 使用"欧洲资格框架""欧洲职业教育学分转移系统"和"欧洲通行证",使学习者的资格更加透明,学习成果得到普遍承认。

● 按照"欧洲职业教育和培训质量保障体系"的要求,在国家层面建立质量保障体系。

● 制定跨国流动战略,帮助职业教育和培训提供者建立适当的流动支持机制。

资料来源:European Commission. Europe 2020: a strategy for smart, sustainable and inclusive growth [R/OL]. [2016-11-18]. http://eur-lex. europa. eu/LexUriServ/Lex-UriServ. do? uri=COM: 2010: 2020: FIN: EN: PDF.

中国—东盟自由贸易区(China-ASEAN Free Trade Area, CAFTA)全面启动后,中国与东盟双方对各方面人才的需求不断扩大,教育成为优先发展的重点合作领域之一。根据 2007 年 1 月中国与东盟签署的自由贸易区《服务贸易协议》,从 2007 年 4 月开始,中国和东盟各国包括教育部门在内的 60 多个服务部门相互做出了高于世界贸易组织水平的市场开放承诺,进一步开放教育等领域的服务市场。该协议的实施为教育领域的服务贸易提供了更加优惠的市场准入条件,有助于双方进一步拓展合作方式和扩大贸易规模,使双方的教育消费者享受到更多优质服务。到 2011 年 8 月,双方在高等教育方面的合作成效显著,已实施一年的"双十万学生流动计划"推进顺利,中国与东盟在一年里互派了 1 万多名留学生。按照计划,双方在 2020 年前将互相派出 10 万名留学生。[①] 2010 年,中国举办了"中国—东盟职业教育国际论坛",旨在进一步加强双方在高等职业教育方面的合作,搭建区域性职业教育合作联盟。鉴于东盟各国的基础设施建

① 佚名. 中国与东盟间"双十万学生流动计划"推进顺利 [EB/OL]. (2011-08-18) [2016-11-18]. http://news. sina. com. cn/o/2011-08-18/111223011733. shtml.

设、纺织、制鞋、采矿、冶金等许多劳动密集型行业缺乏专业技术人才，高等职业教育发展较快的广西等省份可通过与东盟的合作而获得更快的发展。

2009年，《中共广东省委广东省人民政府关于推进与港澳更紧密合作的决定》提出，到2020年，推动广东与港澳进一步融合发展，实现区域内要素流动快速化、产业结构高级化、运行机制市场化、区域经济国际化，形成最具活力和竞争力的世界级城市群，成为辐射带动能力强的经济增长极。随着粤港澳一体化进程的不断推进，教育领域尤其是职业教育领域的合作联盟亟待建立。广东将积极推进粤港澳三方在职业教育与培训方面的合作，探索职业教育发展与产业对接的多种形式，支持港澳高校在广东合作办学，引进港澳知名职业教育培训机构，建立多层次的职业培训体系。

4. 树立职业教育国际化品牌

我国应在重点行业、重点领域建设一批国际化的职业教育精品课程，扶植一批国际化程度较高的专业，培育若干个具有国际影响力的职业教育国际化示范校及职业教育集团，打造高端职业教育与培训新模式，通过强强联合来形成职业教育就业闪光点，增强社会对职业教育与培训的认同度，提高职业教育的吸引力和国际影响力。

此外，我国应当抓住以服务业转移为标志的第二轮经济全球化的难得机遇，通过与国外企业和中介公司建立国际合作关系，推进高层次职业学校学生国际劳务合作的发展，为学生创造"本国学习+国外实习+国外就业"的一条龙服务模式，通过职业学校学生"走出去"，实现中国高技能人才的"走出去"，打造"中国服务"的品牌。

5. 建立职业教育国际化保障机制

（1）法律保障机制

中国目前实施职业教育国际化的法律依据包括《教育法》《高等教育法》《中外合作办学条例》《中外合作办学条例实施办法》《高等学校境外办学暂行管理办法》等。上述法律虽然构成了中外合作办学的初步法律框架，但对中央政府与地方政府关于中外合作办学的管辖权缺乏明确划分，对普通高等教育与职业高等教育之间、学历教育与非学历教育之间的审批管辖权未做统一规定，对中外合作办学的课程设置、教学内容、教学方法、质量评估等也未做做出具有可操作性的配套性规定，导致职业教育领域的中外合作办学发展缓慢。今后在中国《职业教育法》及相关法律中应加入职业教育国际化的相关内容，落实各方权责内容，为职业教育国际化提供完备的法律保障。

（2）政策保障机制

在建立现代职业教育体系的过程中，应当建立健全职业教育国际化的国家和各级政府的政策保障体系，明晰职业教育国际化过程中政府、学校、企业等各合作方的权责关系，明确规定中外合作办学及职业教育其他跨境合作方式的政策引导方向、配套支持政策、质量评估体系和监督实施主体。中央政府应从国家层面制定职业教育国际化发展的战略规划、主要目标、配套政策、评估标准和促进措施，各省份及学校应当根据实际情况制定职业教育国际化的具体实施方案与相关措施。

（3）经费保障机制

为了提高职业教育国际化水平，应当设立职业教育国际化专项经费，应当充分争取发达国家或国际组织提供的职业教育援助，多渠道增加职业教育国际化的经费来源。例如，中国先后两次与世界银行签订《中国职业教育基础项目贷款协定》，共利用世界银行贷款 8000 万美元，同期，作为项目的一部分，德国政府向中国提供了平行贷款 600 万马克，后又追加到几千万马克。1991 年中国与加拿大开展高中后职业技术教育合作项目（CCCLP 项目），加拿大国际发展署提供了 750 万加元经费。2000 年在中国—欧盟工业职业教育培训项目中，欧盟委员会出资 1510 万欧元支持中国的职业教育。①

（4）质量评估机制

教育家纳特（J. Nat）认为："大学教育的国际化是指将大学的教

---

① 陈保荣. 我国高等职业教育国际化发展及对策研究［J］. 职教论坛，2012（1）：15-18.

（teaching）、学（learning）、研究（research）服务（service）和管理（management）置于全球教育和文化之中进行建设和管理的理念、政策和措施。"① 对职业教育国际化可以从人才培养、教师、课程与教学体系、交流与合作等方面加以评定（见表3-3）。

表3-3 职业教育国际化评估指标

一级指标	二级指标
人才培养国际化	人才培养国际化的目标确立及科学性评估
	外国留学生的比例
	外派交换生、交流生的比例
	职业院校留学生在公费出国留学生中所占的比例
教师国际化	专职教师中外国专家的比例
	出境访学三个月以上专任教师的比例
	获得国外职业资格认证的教师的比例
	教师参加国际交流活动的情况
	能够用全外语授课的教师比例
课程及教学体系的国际化	国际化精品课程的比例
	具有国际前沿水平的专业的比例
	全外语或双语讲授的专业课程的比例
	开设国际职业资格证书课程的比例
	课程体系是否通过国际质量体系认证
	引入国外优秀教材（包括实行本土化改造）的比例
	引入国外先进教学方式的比例
	开展远程教学的情况
	实训环境的国际化评估
	中外合作办学项目数量

---

① 张洪. 大学教育国际化办学的综合效益评价研究［D］. 北京：华北电力大学，2012.

续表

一级指标	二级指标
交流与合作的国际化	与跨国公司、境内外企、境外企业合作的项目数量
	获得国外或其他国际组织资助的项目数量
	主办或承办国际学术交流活动的情况
	参加国际学术交流的情况

五、基本结论

（一）建立现代职业教育体系是提高对外开放水平的稳定器与助推力

在提高对外开放水平的过程中，提升国家全球竞争力的需求、统筹"引进来"与"走出去"的需求、完善区域开放格局的需求、优化对外贸易结构的需求、实现中国和平崛起的需求及提高教育自身开放水平的需求都是现代职业教育发展的强大推动力。建立现代职业教育体系不仅是提高对外开放水平的合理内核，更是必经之路。

建立现代职业教育体系是提升国家全球竞争力的重要抓手。全球竞争力研究的基本结论向我们诠释了具有强劲竞争力经济体的教育对经济发展所提供的良好的服务。无论是对于中国还是对于发达经济体，建立与社会经济发展相匹配的教育体系，加强对劳动者的职业教育和职业培训，是从教育入手提升国家竞争力的两大支点。中国与职业教育相关的指标均排在全球第 40 之后，远落后于中国全球竞争力总排名，且低于部分金砖国家的相关排名。中国若要提升全球竞争力，从效率驱动阶段发展到创新驱动阶段，必须提高排名靠后的与职业教育相关的指标的得分，从规模、结构、质量、投入、创新五方面提升职业教育发展水平，使其由中国提升全球竞争力排名的制约因素转变为驱动因素。

建立现代职业教育体系是统筹"引进来"与"走出去"的关键支撑。一方面，提高利用外资水平，需要职业教育针对外商在华投资区域和投资结构的战略调整，以及中国劳动力成本比较优势不断下降的客观形势，调整专业结构和培养层次，培育具有高技术附加值、高应用操作能力、高技能创新水平的劳动者。另一方面，"走出去"战略的全面推进，需要职业教育为中国跨国公司的国际化发展、中国企业对世界资源能源的国际化开发、中国文化"走出去"、"中国劳务"品牌的打造，培养具有高尚职业道德和民族精神的不同专业、不同领域、不同层次的技能型和应用型人才。

建立现代职业教育体系是完善区域开放格局的内在需求。相关研究表明，劳动力成本优势与地区开放型经济的发展水平呈正相关，这种优势不仅在于劳动力数量的无限供给，更在于劳动者承载的受教育水平和技能的持续改善。实现中国区域开放的协调发展，必须提高相关地区的人力资本禀赋水平。职业教育能够培养现实的、直接的生产力，职业教育的专业结构和层次结构是否与区域开放的产业结构和发展阶段匹配，是其能否充分释放对区域经济的服务功能并发挥对区域经济引领作用的关键所在。因此，职业教育需要充分发挥区域服务优势，为深化沿海开放、扩大内陆开放、加快沿边开放提供相应的人力资本储备。

建立现代职业教育体系是优化对外贸易结构的战略重点。中国加快转变外贸发展方式，推动外贸发展从规模扩张向质量效益提高转变、从凭借成本优势向凭借综合竞争优势转变的关键在于能否实现优质人力资本与先进生产要素的有效配比。通过职业教育在规模、结构、质量、层次上的战略调整，构建金字塔形技能型人才队伍，实现国际先进生产要素集聚，不断向产品内分工体系价值链的高端攀升。这是中国在全球要素分工演进中从"顺势而为"发展到"造势而为"的重要战略。

建立现代职业教育体系是实现中国和平崛起的主要载体。一方面，中国的和平崛起要求现代职业教育培养技术与人文并重的发展型技能人才，使职业教育所培养的劳动者在掌握先进技术的同时，也担负起传播中华文化成果、弘扬和平发展理念和展示优秀民族精神的重要使命。另一方面，中国需要现代职业教育为国家实现互利共赢的开放战略、促进世界各国共同发展、开展对外援助提供有力的教育资源支撑和人力资本支撑。

　　建立现代职业教育体系是提高教育自身开放水平的重要内容。1995
年世界贸易组织通过了《服务贸易总协定》，教育服务作为一种服务产品，
也被纳入服务贸易之中。中国加入世界贸易组织时对教育服务贸易做出了
具体承诺，使中国教育逐步融入了世界教育体系。尽管近年来中国教育服
务贸易的数量和类型都呈增长态势，但中国教育服务贸易还是呈现明显的
贸易逆差，且发展水平与区域分布呈现较大差别。在这一背景下，建立开
放的现代职业教育体系，提高职业教育服务国际市场的水平，对于优化教
育服务贸易结构、促进教育服务贸易健康可持续发展、提高中国对外开放
水平具有重要作用。

（二）树立开放包容的职业教育观，提升职业教育社会认同感

　　国家发展，教育先行。职业教育与普通教育应获得同等的社会认同、
价值衡量和发展空间。将职业教育从教育类型方面的概念转变为教育层次
方面的概念，是世界教育思想和教育观念的大转变。研究表明，面对当今
全球经济的竞争，具有强劲国际竞争力的发达国家均将发展职业教育看作
社会经济发展战略的重要组成部分，将其作为提升国家竞争力的重要抓手
和迎接新工业革命挑战的战略重点，作为实现社会高水平、可持续、和谐
发展的重要工具。因此，我们在此强调，良好的教育理念是教育发展的前
提，应当从认识高度、涵盖范围、延伸空间等方面树立正确的现代职业教
育理念，在提升国家竞争力的战略高度上，在国际倡导的终身教育体系内
理解现代职业教育，将现代职业教育体系建设作为中国全面建成小康社会
的主要国家战略，作为中国提升国家竞争力的关键抓手，作为实现社会经
济发展需求与个体发展需求协调融合的重要举措，作为实现劳动者终身教
育的基本途径。

　　要立足国家战略高度理解现代职业教育。在社会经济转型期，中国应
把发展现代职业教育放在各级各类教育中的突出位置，从促进就业、繁荣
经济、消除贫困、保障公平和建设和谐社会的国家战略角度理解职业教育
的重要意义，将建设现代职业教育体系作为加快转变经济发展方式、实施
创新驱动发展战略的重要基础，作为实现工业化、信息化、城镇化、农业

现代化同步发展的重要支撑，作为改善人民生活、增进人民福祉和促进社会和谐稳定的重要保障。

要在"大职业教育观"语境中理解现代职业教育。现代职业教育是适应现代科学技术发展和生产方式变革、主要培养现代产业技术技能型人才的教育类型。它不仅要传授职业知识、职业技能、职业理想、职业道德和职业态度，而且要使个体继续发展在基础教育中培养起来的正确的世界观、人生观、价值观，是面向人人、面向全社会的教育。它既包括技术教育也包括技术培训，既包括职业教育也包括职业培训。因此，在建设现代职业教育体系的过程中，应打破学校职业教育与社会职业培训"各自为战"的局面，有效整合各类职业教育资源，使全日制职业教育与非全日制职业教育相融合，学历职业教育与非学历职业教育相衔接，学校教育与企业培训相结合。各级职业学校应建立衔接顺畅的非学历教育管理机制，在现有正规学校职业教育的基础上，加强学校的职业培训功能，以市场准入对劳动者技能的要求为导向，建立与行业技能相关的职业教育实践教学和职业技能培训体系，打造虚实一体、形式多样的职业教育与培训模式。

要在终身教育体系中理解现代职业教育。现代职业教育是终身教育体系的重要组成部分。与其他教育类型相比，职业教育的培养对象范围最广、培养时间跨度最长，是实现人的尊严、择业自由和全面发展的教育。它贯穿人生的不同发展阶段，旨在使人的职业发展成为一个有机的可持续的整体。加强职前预备教育与职后继续教育的衔接，构建终身职业教育体系，已成为 21 世纪以来世界各国职业教育发展的重点。当前中国经济社会发展呈现出高速的城镇化和过快的老龄化两大特征，对发展终身化的职业教育提出了更紧迫、更具体的诉求。在终身教育语境中理解现代职业教育，一是要求建立职业教育与普通教育相互衔接、相互沟通、相互补充的关系。二是要求职业教育体系内部实现纵向延伸，建立服务技术技能型人才可持续发展的终身职业教育体系，形成职前预备教育、职业教育和职后继续教育贯通一体的职业生涯教育链条。三是要求职业教育做到岗位技能与通用能力并重，不仅要培养人们从事职业活动的能力，还要培养其对职业变动的适应能力及自我学习可持续发展的能力；积极开展生涯教育，根据产业需求及时调整职业技能标准和职业发展路径，为劳动者实现职业生涯"学习—工作—再学习—再工作"的良性循环创造有利条件。

（三）调整职业教育规模、质量和结构，提高与开放型经济发展的匹配度

经济学的理论和实践表明了一个经济体的人力资本水平对社会经济发展的重要价值，不同的经济结构需要不同的人力资本结构与之匹配。在开放型经济体系中，经济增长更多依靠科技进步、劳动者素质提高和管理创新，这就对各级各类人力资本的数量、质量和规模提出了更高的要求。现代职业教育作为对经济贡献最为直接、与经济联系最为密切的教育类型之一，所培养的技术技能型人才是提高开放型经济水平、促进对外开放从依靠成本优势向依靠综合竞争优势转变的基础要素。开放型经济要求我们在加强全球战略谋划、为对外开放营造有利的外部环境和提供可靠的机制保障的同时，注重从根本上加快转变外贸发展方式，高效利用两个市场与两种资源，优化对外开放空间布局。现代职业教育规划应着眼于改善开放型经济的要素投入结构，在优化对外贸易结构、协调"引进来"与"走出去"、完善区域开放格局的过程中科学预测各领域对技术技能型人才的需求，适度超前培养重点领域人才，培育出口竞争中的劳动力价值优势，实现开放型经济发展的自主增长、绿色增长和可持续增长。

第一，现代职业教育发展应与国家竞争力提升相匹配。高素质技术技能型人才的短缺仍是中国当前社会经济发展的主要掣肘，中国若要实现从效率驱动阶段到创新驱动阶段的跃升，必须从规模、结构、质量、投入、创新等方面提升职业教育的发展水平，扩大职业教育的普及面，增强职业教育的匹配度，提升职业教育的影响力，拓宽职业教育的投入源，加强职业教育的创新性。

第二，现代职业教育发展应与经济开放过程中的产业结构调整相匹配。开放型经济体系的运行需要特定的产业结构作为支撑。中国已经进入以新的产业结构调整来触动和支持国民经济总量增长的阶段，针对中国第一产业不稳、第二产业不强、第三产业不足的状况，对各产业人力资本的数量、结构和质量进行多维同步调整是突破当前产业升级瓶颈的必要途径。在发展结构优化、技术先进、清洁安全、附加值高、吸纳就业能力强的现代产业体系的同时，必须构建与之相匹配的结构科学、具备技术技能积累创新能力、秉承绿色发展理念、能够创造高附加值并具有较强职业适应能力的现代技术技能型人才队伍。加快发展现代农业，推进农业结构战略性调整，必须加强农业科技人才培养和新型职业农民培训，提高农业劳动者整体素质。改造提升制造业，必须加快培养能够完成先进制造业技术技能传承、积累和创新发展的技术技能型人才队伍，通过提升技术技能型人才素质，促进制造技术、生产工艺和流程的现代化。推动服务业大发展，必须面向生产性和生活性服务领域，培养具有高尚职业道德和高超服务技能的专门人才，尤其应加强对金融服务、现代物流、商务服务、高技术服务及养老等新兴生活性服务领域人才的培养。注重对战略性新兴产业技术技能型人才的超前储备，注重对文化创意和民族工艺传承领域的创新技术技能型人才的保护和培养，注重对海洋经济和交通运输人才的素养提升。针对当前中国国际劳务合作的发展态势，职业教育应当加强对新兴领域的高技能劳务人才的培养，加强对外派劳务人员的外语应用能力的培养，加强学生外派劳务合作及境外劳务培训基地建设，加强职业学校质量体系的建设。

第三，现代职业教育发展与区域经济发展和开放格局相匹配。外向型经济发展程度较高的东部沿海地区，利用高素质劳动力优势吸引其他先进要素在本区域集聚，在实现产业结构向先进制造业或产品价值链高端环节升级的同时，将劳动密集型和部分资本密集型产业及产品生产环节向中西部地区转移，从而构建以沿海接单和高端生产、内地加工组装及内外市场兼顾为特征的国内价值链，实现区域开放型经济的协调发展。针对中国地区经济发展与开放水平的差异化发展现状，实行区域差别化的职业教育发展战略。珠三角、长三角、环渤海等东部地区主要向高附加值的研发、设计和贸易等生产性服务业延伸，应注重发展先进制造业和现代服务业的高等职业教育，试点本科层次的职业教育，加强高端技术技能型人才的培育与输送。中西部地区应抓住生产加工等国内产业梯度转移的机遇，重点提高中等职业教育的质量和规模，提升中等职业教育人才的贡献度，培育能够引领优势产业发展、促进产业集群建设的高等职业教育，实现产业集群及其熟练劳动力的同步转移。

第四，现代职业教育发展与外贸增长方式转变相匹配。外贸增长方式的实质是要素配置方式，转变外贸增长方式就要改善要素禀赋及其配置方式，提高要素配置效率和效益。服务贸易发展不仅可以优化中国整体对外贸易结构，而且可以作为中间投入品，提高出口货物的附加值，促进货物贸易的增长方式向集约型转变。劳动者是服务贸易的主要载体，提升服务人员的职业素质和技能水平，是促进中国服务贸易产业结构从劳动密集型和资源密集型向资本密集型转化、提升中国服务贸易国际竞争优势的关键所在。当前中国正面临服务外包引领的由"中国制造"向"中国服务"的转型，需要多样化的人才，而职业教育则是培养大量高端技术技能型人才的重要教育类型。我国应当构建服务外包人才梯度培养体系，创新服务外包人才培养机制，以市场需求为导向调整职业学校专业设置，扩大信息技术服务外包和商务流程外包人才规模，超前培养知识流程外包人才，以能力为本调整课程体系设置，培养"外语+专业"的复合型服务外包人才。此外，发展循环经济、实现中国对外贸易可持续发展、发展创意经济、实现中国对外贸易价值链攀升也需要职业教育培养技术技能型人才。

（四）提升现代职业教育的社会服务功能，为提高对外开放水平创设稳定的外部环境

职业教育是面向人人、面向社会的教育，是促进社会公平、实现社会和谐的有效途径。大力发展现代职业教育对实现公民的工作权利和受教育权利具有基础性作用。一方面，国家实施的针对各类群体尤其是针对困难企业在职职工、返乡农民工、城镇失业人员和新成长劳动力等四类群体的职业培训，促进了公民工作权利的实现；另一方面，职业学校招生规模的扩大及中等职业教育免学费政策的出台，有利于增加青少年特别是弱势群体接受高中阶段教育的机会，有利于促进教育从形式公平向实质公平的转变，有利于促进公民受教育权利的实现。

随着对外开放水平的提高和开放型经济的发展，职业教育在促进技术技能型劳动者的数量增长、结构调整与质量提高的同时，也应注重对其人文理念和生涯规划的教育，使高素质劳动者能够更好地融入社会，更好地承担起传播中华文化成果、弘扬和平发展理念和展示优秀民族精神的重要使命。

（五）推行职业教育国际化战略，提高职业教育开放水平

构建与对外开放战略相匹配的国际化的现代职业教育体系，是中国职业教育在全球化背景下的时代选择，也是提高职业教育开放水平的现实需要。职业教育国际化战略的具体表现为"引进来"与"走出去"两方面，这与开放型经济的"内外联动"机制是相辅相成的。

第一，秉承国际化的教育理念。以世界的眼光规划职业教育发展方向，依据国际的标准提升职业教育水平，基于自由的理念营造职业教育环境，以兼容并包的原则指导职业教育发展。

第二，树立国际化的人才培养目标。职业教育国际化人才培养目标应为：具有开放的国际视野、掌握先进的职业技能、具备优秀的职业素养、能够参与国际竞争的高级技能型和应用型人才。

第三，构建国际化教学支撑体系。师资队伍国际化，加强对国外"双师型"人才的引进和本土教师的国际化培养；专业设置及课程体系国际化，设立满足国际市场需求的新专业，建立与国际接轨的课程体系，开展国际职业资格证书培训课程，实施课程体系的国际质量认证；教材国际化，引入国外优秀教材与数字化教育资源，对国外教材实行本土化改造；教学方式国际化，引进先进教学方式，推广现代化教学手段，加大职业学校外语教学力度；实践实训环境国际化。

第四，搭建职业教育国际化合作平台。加强国际合作政策对话，推进中国与国际组织、区域组织、职业教育发达国家和地区之间在职业教育发展战略、宏观政策和国家制度领域的交流对话。丰富国际合作形式，由单一校际合作扩展至与国际组织、行业协会、国外培训机构、跨国公司、国外企业或国内知名外企合作等丰富的国际合作内容。重点在职业院校高水平中外合作办学、中外校企合作项目方面有所突破。挖掘国际合作深度，加强对合作项目本身的短期效益与长期影响的统筹安排，注重推进经济体间职业教育学历学分互认工作，扩大职业教育输出规模。建立与区域经济合作联盟相对接的区域职业教育合作联盟，提高我国教育对周边国家的辐射力与影响力。

第五，树立职业教育国际化品牌。在重点行业、重点领域建设一批国际化精品课程，扶植一批国际化程度较高的专业，培育若干个具有国际影响力的职业教育国际化示范校及职业教育集团，打造高端职业教育与培训新模式。鼓励骨干职业院校走出去，积极扩大职业院校招收海外留学生规模。通过与承揽海外大型工程的企业和中介公司建立国际合作关系，建立国际化技能型人才培养基地，推进高层次职业院校学生国际劳务合作的发展。

第六，建立职业教育国际化保障机制。在建立现代职业教育体系的过程中，应当从法律和政策层面明晰职业教育国际化过程中政府、学校、企业等各方的权责关系，明确规定中外合作办学及职业教育其他跨境合作方式的国家和各级政府的管辖权划分、政策引导方向、配套支持政策、质量评估体系和监督实施主体。设立职业教育国际化专项经费，充分争取发达国家或国际组织向发展中国家提供的职业教育援助。建立职业教育国际化评估机制，从人才培养目标、师资队伍构成、课程和教学的设置、服务和管理水平及交流合作活动等方面进行评估。

第三节 现代职业教育促进贫困地区发展的路径分析

中国最贫困的地区主要集中在中西部，贫困人口主要集中在农村，减少乃至消除中西部农村贫困人口是最贫困地区经济社会发展的核心任务。教育作为提升人力资本水平的重要途径，可以通过提升受教育者的知识、技能来提高劳动者的就业能力，并有效提高其收入水平。职业教育是培养技术技能型劳动者的主要手段，是直接面向劳动力市场培养实用型人才的教育形式，对帮助农村贫困人口掌握劳动技能、提升生产效率、获得工作机会、提高生活收入有明显效果，因此，最贫困地区应该十分重视对职业教育扶贫功能的开发和利用。本节总结了发达国家职业教育促进贫困地区发展的基本路径，从中找到可供我国借鉴的经验。

一、发达国家职业教育促进贫困地区发展的基本路径

（一）美国模式

总结文献可以发现，美国的农村职业教育机构分为三类：一是综合中学，这类学校不仅设有普通课程，而且还为 35% 的学生开设职业教育课程，偏重于动手能力的培养，而且将课程选择的主动权交给学生，结合学生兴趣开设各种职业教育课程；二是专门的职业中学，主要是有针对性地培养技术技能型人才，有助于农村贫困人口提高劳动技能；三是农村职业教育中心，是一种非全日制的培训机构，为学生开设职业技术课程，学习时间灵活，学习内容更加切合工作需求，是对职业学校的有益补充。

1. 确立完善的法律体系

美国早在 1862 年就颁布了第一部职业教育法案，承认农村职业教育

227

的地位与作用，并且建立了《职业教育法》《史密斯-休斯法》等法律法规，建立了完善的职业教育法律体系。根据相关法律的规定，美国政府逐年增加对农村职业教育的投入，提升职业教育的质量，并且促进教师进修、考核标准、教学规范、学业成绩、职业技能标准与等级考核标准等的指标化，利用完善的管理体系保障职业教育的稳步发展。

2. 建立以公立学校为主的多种办学体制

美国农村职业教育的实施主体是公立的综合中学和职业中学，企业和雇主对公立职业教育的参与主要表现为担任咨询委员会成员或者开展合作教育，其中合作教育可以通过为职业学校学生提供实习机会来提高他们的动手能力。另外，值得一提的是，政府还通过在部分私立职业学校实行公共财政购买教育服务来增加农村贫困人口接受职业教育的机会。购买的内容可以是整个教育服务，也可以是特定的培训项目。

3. 开创灵活的合作办学模式

美国农村职业教育的三类机构各自独立、相互补充，综合中学开设的普通课程较多、职业课程较少，师资和教学设施也略逊于专门的职业学校，大多数学生毕业后将在继续教育机构中学习，而不是参加工作。职业中学和农村职业教育中心的教育设施先进，积极推广合作模式，通过实行厂企办学、厂校联合办学，积极参与工厂、企业的职业技术教育，提供对社会有益的合约服务，从而提高职业技术人才培养的针对性，为提高农村地区人口的就业机会做出特殊贡献。

4. 采取开放的教学方式

美国农村职业教育的开放式教学注重学生技能的提高，狠抓现场教学、实物教学、模拟训练、电化教学、社区服务等实践教学环节，重视实验和实习工作，与实际工作对技能的需求紧密联系。学校对教师也实行开放式培训，不断提升其教学能力和对实际技能的掌握能力。学校为教师准备实验办公室，为学生提供较大的教学实验室。美国非常重视通过农村中等职业教育提升贫困人口的职业技能，提高农村学生的职业素养。

（二）日本模式

1. 重点扶持农村职业教育

日本的农村职业教育实行弹性学制，时间从一年到三年不等，一般由职业高中、专修学校及隶属于各地方政府的部分职业训练学校组织实施，主要为乡村私营企业培养初级技术人员，这种类型的教育通常也被称为职前教育。学生毕业后进入企业工作，往往能够很快适应岗位需求，显示出较强的动手能力，能够成为企业的中坚力量。为了推动农村职业教育的发展，日本政府给予农村职业教育诸多优惠政策，比较突出的是为农村职业教育教师提供比普通教育教师高出 10% 的工资，职业教育的毕业生可以享受就业安置优先权。日本政府通过政策引导，营造了全社会重视和尊重职业教育的氛围。[①]

2. 不断完善校企合作模式

日本企业实行终身雇佣制和年功序列制的用人体制，按照为公司工作时间的长短来确定员工职务的升迁、工资的递增，员工对企业的依附力很强，而企业要想提高经济效益，就必须加强对员工的职业培训，因此，企业十分重视员工的职前和在职培训。总的来说，经过多年的改革和发展，日本形成了三种校企合作的基本模式：一是企业内职业训练机构和公立职业学校协作制订教学计划，分担培训任务，提高职工的职业技能和素养；二是企业提供设备设施，委托公立学校实施职业教育，着重培养员工的技术能力，丰富员工的相关理论知识；三是企业自办私立职业中学，根据自身需求，开展灵活的本企业内部员工的职业教育活动。

3. 开发开放式教学课程

日本农村职业教育的教学目标是学习态度、应用知识、技能教育与复合能力"四位一体"的。从 1994 年开始，日本农村职业教育为达到这一目标而不懈努力，专门设置了研究课程，实施步骤主要包括课前指导、自

---

① 王春颖. 日本与韩国社会转型期农村职业技术教育比较研究 [D]. 长春：东北师范大学，2005.

行设定题目、组成课组研究小组、制订每年的学习计划、开展各种学习活动、总结研究报告、自我评估等。这是日本农村职业教育以能力为导向的开放式教学课程的典型代表。

4. 构建形式多样的教育体制

针对职业技术人才需求的多样性，日本实行公私并举、学制灵活、形式多样的职业教育体制，基中私营企业的职前教育更为独特。高中阶段的职业教育形成了三种并列的类型：一是以升学为目的的普通科类型；二是以就业为主要目的的职业科类型；三是将前两者兼容并包的综合科类型。①这三种体制满足了不同类型学生的升学和就业需求，是职业教育在满足经济社会发展需求和遵循教育自身规律的前提下不断改革、完善的结果。这三种类型在体制上是并列的，且法律地位平等。

（三）德国模式

1. 确立完善的法律制度

德国是目前世界上职业教育制度最完整、法规最健全的国家之一。1969 年德国颁布了《联邦职业教育法》《企业宪法》《远程教育法》，这些法律对农村职业教育的发展有很大的帮助。德国 1970 年建立了具有法人资格的联邦职业教育研究机构，负责德国的职业教育决策事务；1981年制定了《职业教育促进法》，进一步对职业教育研究机构的职能进行了规范；1992 年制定了约 370 种职业的培训条例，使每种职业的名称、专业内容、教育年限等都有了明确的法律界定。一系列法律制度保障了德国农村地区双元制职业教育体系的巩固和发展，有效促进了农村地区的社会经济发展。

2. 提供充足的教育经费

德国十分重视农村职业教育发展，对农村职业教育的政策扶持力度很大，拨付了充足的教育经费，以满足农村地区职业技术人才培养的需求。政府认为，国家有责任和义务不断调整和加强职业教育消除贫困的功能，

---

① 吴丹红. 日本战后职业教育的特点分析 ［J］. 人力资源管理，2014（10）：208-211.

把发展农村地区的职业教育当作消除贫困的重要手段。德国在有条件的地区还实行政府出资，让每个接受职业教育的学生先由企业招收为徒工，然后就近送入职业学校免费学习的政策。这为学生确立了学生和员工的双重身份，将职业教育与工作所需紧密结合，有助于真正解决农村贫困人口的就业问题。

3. 强调学以致用与市场导向

德国对应用型人才的培养遵从学以致用的理念。学生在职业学校中进行实践应用的时间不少于总学时的70%。职业学校的教室有不同的实验仪器、数控机床，每所职业学校的徒工培训中心都有陈列学生设计、学生产品的橱窗，整个职业学校都围绕提高学生的实践能力而开展教学。同时，德国农村职业教育面向市场办学，联邦职业教育研究机构的统计部门定期收集全国信息，对经济、技术、工艺等方面的岗位需求进行统计分析，发布人才市场需求等实时信息，引导学校的教学和学生的学习，提高职业教育的整体社会效益。由于劳动者职业技能强、职业教育的针对性强，所以近年来德国职业学校毕业生的失业率比其他欧洲国家要低得多。

4. 配备先进的设备和严格的管理规章

职业教育需要先进的实验设备。德国农村职业学校的教学设施十分先进，硬件基础扎实，各种实验设备配备齐全，使用充分，学生实习车间与企业生产车间的设施完全相同。同时，职业学校的教学管理非常严格，教学方法体现了以人为本的理念，十分重视自学能力和团队精神的培养。学校对于实验设备的使用管理基本实现了自动化，实习车间的每个机床上都有绿、黄、红不同颜色的指示灯，不同类型的灯光显示提醒学生完成不同级别和不同阶段的实践环节，从而提高了教学的质量和效率。

二、发达国家的经验及启示

（一）要发挥职业教育在促进贫困地区发展中的主体作用

发达国家的成功经验告诉我们，要实现贫困地区经济的快速发展，必须在贫困地区普及初等义务教育，并向普及中等教育过渡，为中等教育、职业教育的教学衔接打好基础。发达国家至今仍然十分重视在农村进行扫盲和普及初等教育，并把这些工作持续不断地开展下去，把普及义务教育当作未来农业劳动力从体力型向智力型转化的关键。政府必须在这个过程中做好规划，从长远着眼，持续推进贫困地区基础教育工作的开展。

（二）要建立科学完善的职业教育反贫困机制

一方面，政府应该尝试组建农村职业教育反贫困工作机构，统筹贫困地区职业教育的改革和发展工作。欧洲委员会非常重视职业教育，专门设立了职业教育咨询服务机构，协调各国政府间的职业教育及反贫困事务，取得了良好的效果。中国在政府主导职业教育扶贫、反贫的前提下，还要充分引导非政府组织、社会团体、教育咨询机构在农村地区开展职业教育，通过合作、购买职业教育等方式，不断提高职业教育的效率，构建由政府主导、利用市场高效配置教育资源的教育扶贫模式。

另一方面，用人单位是职业教育开展技术技能型人才培养的重要受益者，从发达国家的经验来看，用人单位都把农村职业教育培训作为人力资源管理的重要内容。鉴于转移就业培训有利于增进公共福利，因而政府也有责任从资金投入上对其进行扶持。在发达国家，国家财政是农村职业教育经费的重要来源，甚至有不少国家对农民实行免费职业培训。总之，必须充分调动政府部门、用人单位的积极性，形成多元化的农村职业教育投入机制，解决转移培训工作的资金投入问题。

（三）要建立能满足现实需求的开放式职业教育办学体系

开放式办学是发达国家职业教育促进贫困地区发展的基本经验和职业教育国际化的总体趋势。第一，贫困地区需要开放式的职业教育。美国的发展经验证明，可以在农村地区采取中等职业教育、高等职业教育一体化的模式，实现办学层次的纵向延伸，满足学生对职业技能由浅入深逐级学习的需求。第二，根据美国、德国、瑞典等国家的经验做法，农村地区职业学校的内部结构也应该趋于开放，为实现人才培养的多元化目标提供多样性服务，例如，一校多制或者普职互通，保证人才成长通道的开放性与可行性。第三，开放办学功能。根据国际经验，农村地区的职业教育要更加注重办学功能的多元化，让职业教育具有正规教育与非正规教育并存、学历教育与非学历教育并存、职前教育与职后教育并存、校内教学与产教结合并存的开放式办学功能，使职业学校成为一个综合性的技术技能型人才培养场所。第四，建立开放式的合作模式，美国、德国等发达国家的发展经验表明，以学校职业教育为主的单一职业教育模式已经不能满足当今农村地区经济社会发展的需求，所以有必要构建学校职业教育、企业职业教育、学校与企业的合作教育等多种办学模式，充分发挥不同模式的优势，根据市场需求来培养和评价人才，促进职业教育专业设置、教学方法等各个方面的改进。

（四）要注重在职业教育过程中培养农村地区学生的综合素质

发达国家的职业教育高度重视农村地区学生素质的培养，美国联邦政府从 1850 年开始为每个州无偿新建一所学校，其目的是增强教学研究和培训服务，进行技能培养和技术推广。同时，每个县都设有这些学院的延伸机构，其工作人员负责为农村地区劳动者和农场主传授新的知识和技能。日本则非常注重对贫困山区家庭及其成员在农业生产专业技术、技能和电脑知识方面的教育和培训。德国政府规定年轻人必须在接受九年义务教育后再经过至少三年的职业教育才能正式走上工作岗位，在此期间年轻人必须学习企业知识，待学习结束、考试合格才能毕业。在农村职业学校，教育部门规定教师不但要为学员传授理论和实践知识，更要培养学生的独创精神，提高他们的综合素质。发展中国家职业教育在提升农民素质方面也制定了许多切实可行的政策，尤其是注重新型农民职业技能的培训，例如，印度、墨西哥大力发展中等职业技术学校，实行多层次、多形式、多规格的农村职业教育与培训，开办农民短训班和技术推广站等，提高新型农民的素质，以适应现代农业发展的需求。

（五）要加大有关职业教育的立法力度

发达国家的发展经验证明，职业教育的发展必须有一系列的法律法规作为保障。国家通过建立体系严密、内容完整的法律体系，确保职业教育的社会地位和教学质量。以日本为例，职业教育在日本经历了 100 多年的发展，其中最显著的特点就是高度重视职业教育立法。明治初期日本出现了学徒学校、职工学校，它们是职业教育的萌芽。政府还及时颁布了《教育整改令》《农业学校法令》《商业学校通则》，在国家法律层面确认了职业教育，为其后续发展奠定了良好基础。其后，政府颁布了《职业安定法》和《劳动标准法》，明确了技能人员培训制度，随后的《产业教育振兴法》则要求社会各界积极支援职业教育。政府还规定各学校按国家标准配备设备，并试行国家补助制度，对初中、高中阶段的职业教育进行资金扶助，这些做法对职业教育质量的提升起到了巨大的推动作用。从 20 世纪 60 年代开始，日本推行国民收入倍增计划，要求职业教育适应经济发展的需要，促进职业教育的改革。有研究发现，日本在第二次世界大战后的复兴和经济飞速发展与重视和普及职业教育有着密切联系。进入 20 世纪 80 年代以后，日本颁布了更加详尽的职业教育法令，对分阶段、系统地开展操作型人才职业训练，界定技术技能的内容和标准，并对提高技术人才的社会地位做出了明确规定，使职业教育与普通教育的地位逐渐平等。近年来，日本还颁布了《新职业训练法》，明确职业训练的对象不限于技术人才，还可以扩大到包括第三产业的所有工人，明确了终身职业训练及终身技能评价是各项职业训练工作的根本方向，使得职业教育更加普及，与市场的结合更加密切。总之，日本通过立法，让职业教育正规化、制度化，从而保证和促进了职业教育事业的稳步发展，为培养大批技术人才提供了制度保证。中国应借鉴其先进经验，积极推动针对贫困地区的职业教育立法进程与立法力度。

（六）要加大对农村地区职业教育的资金投入

农村地区职业教育的基础相对薄弱，发展机会相对较少，所以需要政府加大资金投入的力度。以日本为例，政府在 1984 年对职业高中使用的教学设施、设备做出了统一规定，如明确了农业职业高中每个学生平均实习用地面积、各职业学校所需设施；对工业商业类职业高中的实验与实习用设施、设备配置的要求都有明确规定，然后按照这些规定，辅以相应的资金预算和拨付。我们分析发现，日本是一个重视职业教育，并在职业教育方面投入较多的国家。日本一般的职业高中都有非常先进的设施、设备。以某职业高中为例，全校有 30 个教学班，1220 名学生，学校投入大量资金建成四层楼的实验室和若干个实习楼，拥有实习教室 30 多个，拥有信息处理、视听觉练习、英文打字、日文文字处理、家政、被服、烹调、操作控制、磁气磁盘实验、数据录入练习等各专业所需要的实习设备。① 总之，结合地方需求，进行合理规划和投入充足资金，是建立适应农村地区特点、面向新时期经济社会发展所需的职业教育体系的基本保障。

此外，政府在增加农村地区职业教育资金投入之前，还要确定绩效评价机制，建立转移就业运作机制，完善教育管理机制等，以有效提高教育资金投入效益。职业教育的绩效评价要引入市场机制，实现职业教育机构的优胜劣汰。政府则主要通过一定的指标和程序对职业教育进行评价与监督，发挥政府资金投入的杠杆作用。在就业方面，要通过促进教育与就业市场的结合，使通过职业教育获得相应技能的劳动者能够实现就业，进而使贫困家庭摆脱贫困。这就需要在招生、教学、就业等各个环节，根据市场需求及时调整培养方案，建立转移就业的运作机制。在教学管理方面，国外一般都设有专门的管理部门，不同的部门有明确的责任分工。随着中国职业教育规模的扩大，管理的宽度和广度也在不断拓展，教学管理的规范势在必行。我们必须改变管理方式，完善管理机制，促进具有不同专业特色的职业教育资源的共享和优势互补，提高不同区域反贫困的社会效益。

（七）要加强政府统筹和农村普职教育分流工作

政策框架反映了特定环境下社会主流的价值观念与社会态度倾向，城乡教育统筹的政策框架应该反映政府对促进城乡教育均衡发展所做的努力。发达国家的发展轨迹显示，通过政府强力干预，逐步使城乡教育从自

---

① 齐美怡. 日本、韩国现代农业职业教育体系及其对我国的启示 [D]. 秦皇岛：河北科技师范学院，2014.

然增长的分割式发展模式转向一体化发展模式，是促进城乡教育一体化和各级各类教育和谐发展的主要手段。具体来看，一是政策的设计与制定应体现科学性、全面性、系统性。目前城乡教育二元结构的存在与已有制度安排的缺失有一定关系，为此，新的政策和制度安排首先要把握全面性和系统性，实现城乡教育向一体化转变，让教育资源配置趋于均衡。二是政策目标应保持一致性，城乡教育走向融合是经济社会发展的客观规律，但城市教育不会自动带动农村教育走向融合，还必须由政府从体制上、政策上进行统筹。在制定政策的过程中，既要尊重城乡教育差异，又不能以这种差异为借口，人为地制造城乡有别的政策规定，否则很难促进区域内教育的均衡发展。三是政策体系应有确定性，要通过确定性的政策对人们的预期进行引导，避免朝令夕改，出现口号性政策。

近年来，中国农村职业教育的发展遇到了困难，一些地区甚至出现了农村职业学校停办、改办、撤办等现象，职业学校的数量、质量不能满足当地的职业教育需求，很多学生不得不去省会城市就读，导致学生学习成本增加，职业教育资源配置效率下降。各级政府和教育行政部门应认真贯彻执行中国《职业教育法》的有关规定，实行职业教育的分级设置、分级管理，同时，尽早对农村贫困地区小学、初中毕业的学生实行普通教育和职业教育的分流管理，保证那些因学习成绩不佳、学习兴趣不足、家庭条件不允许等不能进入普通学校就读的学生能够进入适合他们的职业学校就读，通过职业教育来疏导升学压力，让不同的人接受不同类型的教育。同时，政府应通过政策引导，使人们逐渐形成普通教育与职业教育平等、按比例择校的观念，让职业教育与普通教育并驾齐驱，为贫困地区技术技能型人才的培养多做贡献。

（八）要结合地方产业结构特色重点建设县级职业教育示范学校

职业教育只有适应区域经济发展方式转变和产业结构调整需求，才能具有生命力，才能充分发挥其服务经济的功能。因此，必须牢固树立提高劳动者技能的意识，为乡镇企业、个体企业、农民家庭的生产经营和学生个人创业服务，同时适当考虑部分学生接受更高层次教育的需要。职业学校的专业结构应与当地产业结构相适应，把专业设置作为职业学校服务经济发展的切入点；依托当地主导产业、传统优势产业，优化内部资源配置，集中力量办几个特色专业，解决农村职业学校专业设置不合理、仪器设备落后的问题；瞄准产业结构调整变化趋势，结合当地资源优势，努力开设新专业，适度拓展专业内容，淡化专业界限，拓宽专业口径，加强综合性专业的设置，为生态农业发展培养人才，例如，培养亦工亦农的跨产业型人才，培养既会生产又懂经营管理的复合型人才等。

我们认为，必须对现有农村职业学校进行布局结构调整，在农村地区建设一批示范性职业学校和职业教育中心，为地方输送合格的应用型专门人才，促进农村职业技术人才和管理干部的培养。国外经验也告诉我们，农村职业教育要想摆脱困境、走上可持续的良性发展的道路，就必须充分发挥示范性职业学校的带动作用。各级政府应重点扶持和办好示范性农村职业学校，高度重视示范性学校的发展规划、经费投入、基本建设、生源组织、毕业生安置就业等相关问题。各地政府和教育行政部门要帮助和促进现有的示范性学校提高教育教学质量和办学水平，把示范性职业学校和职业教育中心办成惠农学校，不断提高农村职业教育的整体水平。

附录一　2011—2015 年全球竞争力排名前 10 的经济体

排名	2011	2012	2013	2014	2015
1	瑞士	瑞士	瑞士	瑞士	瑞士
2	新加坡	新加坡	新加坡	新加坡	新加坡
3	瑞典	芬兰	芬兰	美国	美国
4	芬兰	瑞典	德国	芬兰	德国
5	美国	荷兰	美国	德国	荷兰
6	德国	德国	瑞典	日本	日本
7	荷兰	美国	中国香港	中国香港	中国香港
8	丹麦	英国	荷兰	荷兰	芬兰
9	日本	中国香港	日本	英国	瑞典
10	英国	日本	英国	瑞典	英国

附录二 处于不同发展阶段的
经济体

要素驱动阶段	由要素驱动向效率驱动过渡阶段	效率驱动阶段	由效率驱动向创新驱动过渡阶段	创新驱动阶段
埃塞俄比亚	阿尔及利亚	阿尔巴尼亚	阿根廷	阿联酋
巴基斯坦	阿塞拜疆	埃及	阿曼	爱尔兰
贝宁	博兹瓦纳	巴拉圭	巴拿马	爱沙尼亚
布隆迪	不丹	保加利亚	巴西	奥地利
冈比亚	菲律宾	波黑	波兰	澳大利亚
海地	哈萨克斯坦	玻利维亚	俄罗斯	巴林
吉尔吉斯斯坦	洪都拉斯	多米尼加	哥斯达黎加	比利时
几内亚	加蓬	厄瓜多尔	克罗地亚	冰岛
加纳	科威特	佛得角	拉脱维亚	丹麦
柬埔寨	蒙古	哥伦比亚	黎巴嫩	德国
津巴布韦	摩尔多瓦	格鲁吉亚	立陶宛	法国
喀麦隆	尼日利亚	圭亚那	罗马尼亚	芬兰
科特迪瓦	沙特阿拉伯	黑山共和国	马来西亚	韩国
肯尼亚	委内瑞拉	马其顿	毛里求斯	荷兰
莱索托	伊朗	秘鲁	墨西哥	加拿大

续表

要素驱动阶段	由要素驱动向效率驱动过渡阶段	效率驱动阶段	由效率驱动向创新驱动过渡阶段	创新驱动阶段
老挝	越南	摩洛哥	塞舌尔	捷克
利比里亚		纳米比亚	土耳其	卡塔尔
卢旺达		南非	乌拉圭	卢森堡
马达加斯加		萨尔瓦多	匈牙利	马耳他
马拉维		塞尔维亚	智利	美国
马里		斯里兰卡		挪威
毛里塔尼亚		斯威士兰		葡萄牙
孟加拉国		泰国		日本
缅甸		突尼斯		瑞典
莫桑比克		危地马拉		瑞士
尼泊尔		乌克兰		塞浦路斯
尼加拉瓜		牙买加		斯洛伐克
塞拉利昂		亚美尼亚		斯洛文尼亚
塞内加尔		印度尼西亚		特立尼达和多巴哥
塔吉克斯坦		约旦		西班牙
坦桑尼亚		中国		希腊
乌干达				新加坡
印度				新西兰
赞比亚				以色列
乍得				意大利
				英国
				中国台湾
				中国香港

附录三　2011—2015 年全球竞争力排名前 30 的经济体的各项支柱排名

2015 年全球竞争力排名前 30 的经济体的各项支柱排名

经济体	总排名	支柱1	支柱2	支柱3	支柱4	支柱5	支柱6	支柱7	支柱8	支柱9	支柱10	支柱11	支柱12
瑞士	1	7	6	6	11	4	9	1	10	2	39	1	1
新加坡	2	2	2	12	2	1	1	2	2	5	35	18	9
美国	3	28	11	96	46	6	16	4	5	17	2	4	4
德国	4	20	7	20	13	17	23	28	18	12	5	3	6
荷兰	5	10	3	26	6	3	10	17	31	10	23	5	8
日本	6	13	5	121	4	21	11	21	19	19	4	2	5
中国香港	7	8	1	16	29	13	2	3	3	8	32	16	27
芬兰	8	1	25	36	1	2	21	26	6	13	59	14	2
瑞典	9	11	20	17	20	12	17	20	14	4	41	7	7
英国	10	14	9	108	18	18	12	5	16	3	9	6	12
挪威	11	5	31	1	10	7	19	9	8	7	49	11	13
丹麦	12	15	22	11	21	9	20	10	22	9	55	9	10
加拿大	13	16	14	39	7	19	15	7	4	18	14	22	22
卡塔尔	14	4	18	2	28	27	5	14	13	31	56	10	14
中国台湾	15	27	12	13	14	14	13	22	17	28	20	21	11

续表

经济体	总排名	支柱1	支柱2	支柱3	支柱4	支柱5	支柱6	支柱7	支柱8	支柱9	支柱10	支柱11	支柱12
新西兰	16	3	28	22	5	10	8	6	1	15	66	25	24
阿联酋	17	9	4	7	38	37	3	11	20	30	31	15	26
马来西亚	18	23	24	35	24	36	6	19	9	47	26	13	20
比利时	19	22	21	65	3	5	14	54	36	14	34	12	16
卢森堡	20	6	17	14	34	40	4	16	11	1	95	19	15
澳大利亚	21	19	16	28	9	8	27	36	7	21	22	27	23
法国	22	29	8	77	16	25	35	51	29	16	8	20	18
奥地利	23	21	15	45	19	16	24	40	47	24	42	8	17
爱尔兰	24	12	27	87	12	15	7	13	61	11	57	17	21
沙特阿拉伯	25	24	30	4	49	49	29	60	41	42	17	29	34
韩国	26	69	13	5	23	23	26	83	87	27	13	26	19
以色列	27	41	32	50	39	28	57	45	26	20	54	23	3
中国	28	51	39	8	44	68	58	37	54	74	1	38	31
冰岛	29	18	19	42	8	11	31	12	67	6	129	28	25
爱沙尼亚	30	25	33	15	22	20	22	15	23	32	98	43	29

2014 年全球竞争力排名前 30 的经济体的各项支柱排名

经济体	总排名	支柱1	支柱2	支柱3	支柱4	支柱5	支柱6	支柱7	支柱8	支柱9	支柱10	支柱11	支柱12
瑞士	1	9	5	12	11	4	8	1	11	10	39	2	2
新加坡	2	3	2	15	3	2	1	2	2	7	31	19	9
美国	3	30	12	113	49	7	16	4	9	16	1	4	5
芬兰	4	2	19	43	1	1	18	23	5	11	55	9	1
德国	5	17	7	24	14	16	19	35	25	13	5	3	6
日本	6	11	6	127	6	21	12	22	16	20	4	1	4

续表

经济体	总排名	支柱1	支柱2	支柱3	支柱4	支柱5	支柱6	支柱7	支柱8	支柱9	支柱10	支柱11	支柱12
中国香港	7	8	1	14	32	22	2	3	1	5	27	16	26
荷兰	8	10	4	39	5	3	9	21	37	9	23	5	8
英国	9	12	10	107	21	19	13	5	15	2	6	6	12
瑞典	10	13	22	17	23	14	17	20	12	3	36	8	7
挪威	11	5	32	1	15	8	24	13	10	4	50	13	15
阿联酋	12	7	3	5	38	6	3	8	17	24	46	14	24
丹麦	13	16	21	16	25	10	23	12	27	6	54	11	11
中国台湾	14	27	11	23	13	12	11	32	18	30	17	17	10
加拿大	15	14	15	51	7	18	15	7	8	22	13	23	22
卡塔尔	16	4	24	2	28	38	4	10	13	31	59	12	14
新西兰	17	1	29	25	4	9	6	6	3	23	62	24	23
比利时	18	23	18	70	2	5	14	60	38	14	28	10	13
卢森堡	19	6	16	8	36	43	5	16	14	1	96	21	16
马来西亚	20	20	25	44	33	46	7	19	4	60	26	15	21
奥地利	21	22	13	33	19	15	22	43	43	18	37	7	18
澳大利亚	22	19	20	30	17	11	29	56	6	19	18	28	25
法国	23	32	8	82	18	28	46	61	23	17	8	22	19
沙特阿拉伯	24	25	30	4	50	57	35	64	30	45	20	20	33
爱尔兰	25	15	27	130	8	17	10	18	61	12	57	20	20
韩国	26	82	14	7	27	23	33	86	80	25	11	27	17
以色列	27	43	34	50	44	36	79	59	20	15	48	26	3
中国	28	47	46	10	46	65	56	37	54	83	2	43	32
爱沙尼亚	29	26	38	20	26	20	26	11	29	29	100	48	30
冰岛	30	21	23	92	10	13	49	14	68	8	128	29	27

2013 年全球竞争力排名前 30 的经济体的各项支柱排名

经济体	总排名	支柱1	支柱2	支柱3	支柱4	支柱5	支柱6	支柱7	支柱8	支柱9	支柱10	支柱11	支柱12
瑞士	1	7	6	11	12	4	6	2	11	9	40	2	2
新加坡	2	3	2	18	2	2	1	1	2	7	34	17	9
芬兰	3	1	21	36	1	1	15	20	5	11	55	5	1
德国	4	15	3	27	21	3	21	41	29	14	5	3	4
美国	5	35	15	117	34	7	20	4	10	15	1	6	7
瑞典	6	5	20	14	13	8	12	18	8	1	35	7	6
中国香港	7	9	1	12	31	22	2	3	1	6	27	14	23
荷兰	8	8	7	45	4	6	8	21	30	8	21	4	10
日本	9	17	9	127	10	21	16	23	23	19	4	1	5
英国	10	12	8	115	16	17	14	5	15	4	6	9	12
挪威	11	6	33	2	14	10	22	14	9	3	51	13	13
中国台湾	12	26	14	32	11	11	7	33	17	30	17	15	8
卡塔尔	13	4	2	6	25	29	3	6	13	31	60	10	16
加拿大	14	14	12	50	7	16	17	7	12	21	13	25	21
丹麦	15	18	23	42	32	14	24	13	36	5	53	11	11
奥地利	16	21	16	37	19	13	23	42	37	20	37	8	15
比利时	17	24	19	69	3	5	13	64	44	18	28	12	14
新西兰	18	2	27	43	5	9	9	8	4	24	62	26	26
阿联酋	19	11	5	7	49	35	4	9	24	28	44	16	28
沙特阿拉伯	20	20	31	4	53	48	27	70	27	41	23	28	30
澳大利亚	21	23	18	25	22	15	31	54	7	12	18	30	22
卢森堡	22	10	13	15	36	36	5	22	14	2	97	22	18
法国	23	31	4	73	24	24	45	71	33	17	8	21	19
马来西亚	24	29	29	38	33	46	10	25	6	51	26	20	25
韩国	25	74	11	9	18	19	33	78	81	22	12	24	17

续表

经济体	总排名	支柱1	支柱2	支柱3	支柱4	支柱5	支柱6	支柱7	支柱8	支柱9	支柱10	支柱11	支柱12
文莱	26	25	58	1	23	55	42	10	56	71	131	56	59
以色列	27	40	35	72	38	34	68	57	22	23	49	23	3
爱尔兰	28	16	26	134	6	18	11	16	85	13	57	18	20
中国	29	47	48	10	40	70	61	34	54	85	2	45	32
波多黎各	30	33	63	48	105	30	26	38	18	40	82	19	24

2012 年全球竞争力排名前 30 的经济体的各项支柱排名

经济体	总排名	支柱1	支柱2	支柱3	支柱4	支柱5	支柱6	支柱7	支柱8	支柱9	支柱10	支柱11	支柱12
瑞士	1	5	5	8	8	3	7	1	9	6	39	2	1
新加坡	2	1	2	17	3	2	1	2	2	5	37	14	8
芬兰	3	3	23	24	1	1	18	15	4	10	54	7	2
瑞典	4	6	19	13	14	7	12	25	10	1	34	5	4
荷兰	5	7	7	41	5	6	6	17	20	9	20	4	9
德国	6	16	3	30	22	9	21	53	32	15	5	3	7
美国	7	41	14	111	34	8	23	6	16	11	1	10	6
英国	8	13	6	110	17	16	17	5	13	7	6	8	10
中国香港	9	10	1	15	26	22	2	3	1	4	26	17	26
日本	10	22	11	124	10	21	20	20	36	16	4	1	5
卡塔尔	11	4	31	2	23	33	10	14	14	27	58	11	19
丹麦	12	14	16	32	29	14	19	8	30	3	53	9	12
中国台湾	13	26	17	28	15	9	8	22	19	24	17	13	14
加拿大	14	11	13	51	7	15	13	4	11	20	13	26	22
挪威	15	8	27	3	18	18	28	18	7	13	50	19	15

续表

经济体	总排名	支柱1	支柱2	支柱3	支柱4	支柱5	支柱6	支柱7	支柱8	支柱9	支柱10	支柱11	支柱12
奥地利	16	25	15	33	20	18	22	32	34	17	36	6	13
比利时	17	27	21	66	2	4	15	50	31	22	27	12	11
沙特阿拉伯	18	15	26	6	58	40	14	59	22	35	24	25	29
韩国	19	62	9	10	11	17	29	73	71	18	11	22	16
澳大利亚	20	18	18	26	13	11	24	42	8	19	21	30	23
法国	21	32	4	68	21	27	46	66	27	14	8	21	17
卢森堡	22	9	12	12	28	44	4	37	12	2	92	23	18
新西兰	23	2	30	61	4	10	3	9	5	23	63	27	24
阿联酋	24	12	8	7	37	37	5	7	25	32	44	15	28
马来西亚	25	29	32	35	33	39	11	24	6	51	28	20	25
以色列	26	34	36	64	40	28	43	40	17	29	51	16	3
爱尔兰	27	19	25	131	12	20	9	16	108	12	56	18	21
文莱	28	31	57	1	31	57	73	13	56	64	124	65	59
中国	29	50	48	11	35	62	59	41	54	88	2	45	33
冰岛	30	23	20	123	6	13	45	12	97	8	126	29	20

2011 年全球竞争力排名前 30 的经济体的各项支柱排名

经济体	总排名	支柱1	支柱2	支柱3	支柱4	支柱5	支柱6	支柱7	支柱8	支柱9	支柱10	支柱11	支柱12
瑞士	1	6	5	7	8	3	5	1	7	1	39	3	1
新加坡	2	1	3	9	3	4	1	2	1	10	37	15	8
瑞典	3	2	13	13	18	2	7	25	11	2	31	2	2
芬兰	4	4	19	20	1	1	21	15	9	12	54	9	3

2011—2015 年全球竞争力排名前 30 的经济体的各项支柱排名

续表

经济体	总排名	支柱1	支柱2	支柱3	支柱4	支柱5	支柱6	支柱7	支柱8	支柱9	支柱10	支柱11	支柱12
美国	5	39	16	90	42	13	24	4	22	20	1	10	5
德国	6	19	2	30	23	7	26	64	39	14	5	4	7
荷兰	7	10	7	36	7	8	9	23	23	5	18	5	12
丹麦	8	5	10	31	28	6	16	6	17	4	53	6	10
日本	9	24	15	113	9	19	18	12	32	25	4	1	4
英国	10	15	6	85	14	16	19	7	20	8	6	8	13
中国香港	11	9	1	8	27	24	3	3	2	6	28	19	25
加拿大	12	11	11	49	6	12	12	5	13	16	14	24	11
中国台湾	13	31	20	22	11	9	11	33	24	24	16	13	9
卡塔尔	14	14	27	5	22	50	17	22	19	33	59	12	18
比利时	15	27	17	60	2	5	14	44	28	11	26	11	15
挪威	16	7	35	4	21	15	31	18	5	7	50	18	20
沙特阿拉伯	17	12	25	12	61	36	4	50	16	43	23	17	26
法国	18	28	4	83	16	20	38	68	18	13	7	14	17
奥地利	19	20	18	33	19	18	20	29	31	15	35	7	16
澳大利亚	20	13	24	26	10	11	22	13	6	22	19	29	22
马来西亚	21	30	26	29	33	38	15	20	3	44	29	20	24
以色列	22	33	33	53	36	27	33	24	10	21	51	16	6
卢森堡	23	8	21	15	25	40	2	41	8	9	96	21	21
韩国	24	65	9	6	15	17	37	76	80	18	11	25	14
新西兰	25	3	34	48	4	14	8	11	12	23	65	30	27

续表

经济体	总排名	支柱1	支柱2	支柱3	支柱4	支柱5	支柱6	支柱7	支柱8	支柱9	支柱10	支柱11	支柱12
中国	26	48	44	10	32	58	45	36	48	77	2	37	29
阿联酋	27	22	8	11	41	33	10	28	33	30	43	23	28
文莱	28	34	56	1	30	61	82	9	57	57	121	85	68
爱尔兰	29	23	29	118	12	22	13	17	115	17	56	22	23
冰岛	30	25	14	131	5	9	40	10	108	3	128	28	19

附录四 2011—2015 年 中国全球竞争力各项支柱 排名与总排名

项目	2011	2012	2013	2014	2015
第 1 支柱：制度	48	50	47	47	51
第 2 支柱：基础设施	44	48	48	46	39
第 3 支柱：宏观经济	10	11	10	10	8
第 4 支柱：健康与基础教育	32	35	40	46	44
第 5 支柱：高等教育与培训	58	62	70	65	68
第 6 支柱：商品市场效率	45	59	61	56	58
第 7 支柱：劳动力市场效率	36	41	34	37	37
第 8 支柱：金融市场成熟度	48	54	54	54	54
第 9 支柱：技术就绪度	77	88	85	83	74
第 10 支柱：市场规模	2	2	2	2	1
第 11 支柱：企业成熟度	37	45	45	43	38
第 12 支柱：创新	29	33	32	32	31
总排名	26	29	29	28	28

附录五　2011—2015 年中国全球竞争力具体指标①排名

具体指标	2011	2012	2013	2014	2015
1.01 财产权利	41	47	50	50	51
1.02 知识产权的保护	47	51	53	53	63
1.03 公共资金的挪用	51	51	44	45	50
1.04 公众对政治家的信任	26	26	26	26	28
1.05 违法支付和贿赂	63	67	68	66	67
1.06 司法独立性	63	66	57	60	67
1.07 政府官员在决策中的徇私舞弊	38	34	29	22	29
1.08 政府支出的铺张浪费	30	39	29	24	24
1.09 政府管制的负担	21	23	14	19	26
1.10 法律制度在解决争端中的效率	42	44	43	49	50
1.11 法律制度在纠正管理中的效率	44	53	47	47	66
1.12 政府决策的透明度	41	51	46	33	36

① 由于各年度具体指标存在差异，本附录具体指标与本书表 1-1 不完全一致；个别指标的排名空缺，用"—"表示。

续表

具体指标	2011	2012	2013	2014	2015
1.13 恐怖主义导致的企业成本	94	102	98	85	86
1.14 犯罪和暴力导致的商业成本	55	70	62	52	60
1.15 有组织的犯罪	88	98	88	70	76
1.16 警察服务的可靠性	55	59	59	61	60
1.17 企业的道德行为	57	58	54	55	61
1.18 审计与报告标准的力度	61	72	80	82	80
1.19 公司董事会的效率	77	91	84	78	105
1.20 对少数股东权益的保护	60	68	75	67	71
1.21 对投资者的保护力度	77	80	84	83	110
2.01 基础设施的总体质量	69	69	74	64	51
2.02 公路的质量	54	54	54	49	42
2.03 铁路基础设施的质量	21	22	20	17	16
2.04 港口基础设施的质量	56	59	59	53	50
2.05 航空运输基础设施的质量	72	70	65	58	51
2.06 航班可用座公里数	2	2	2	2	2
2.07 电力供应的质量	49	59	67	56	53
2.08 移动电话使用数	113	114	116	108	107
2.09 固定电话线路	55	58	58	59	63
3.01 政府财政盈余赤字	50	41	61	50	34
3.02 国民储蓄率	2	5	6	5	3
3.03 通货膨胀	63	82	1	1	1
3.04 政府债务	20	35	28	22	66
3.05 国家信用评级	22	22	23	25	26
4.01 疟疾对商业的影响	91	89	97	15	15

续表

具体指标	2011	2012	2013	2014	2015
4.02 疟疾事件	79	80	82	32	32
4.03 肺结核对商业的影响	78	84	92	84	81
4.04 肺结核事件	89	84	87	96	93
4.05 HIV 对商业的影响	73	70	85	1	1
4.06 HIV 流行情况	21	12	11	88	86
4.07 婴儿死亡率	74	71	65	62	59
4.08 平均寿命	70	75	75	53	53
4.09 基础教育的质量	31	42	56	59	55
4.10 基础教育入学率	9	4	4	4	20
5.01 中等教育入学率	93	90	90	72	74
5.02 高等教育入学率	85	79	83	85	83
5.03 教育系统的质量	54	57	54	52	56
5.04 数学和科学的教育质量	31	33	48	56	49
5.05 管理院校的质量	59	68	83	85	85
5.06 学校互联网使用率	28	31	35	38	47
5.07 高质量职业培训的可获得性	42	55	62	58	63
5.08 职工培训投入度	45	45	48	46	50
6.01 当地竞争的强度	22	37	46	44	36
6.02 市场垄断的程度	20	23	23	29	28
6.03 反垄断政策的有效性	48	54	55	38	36
6.04 税收对投资的激励	29	41	41	44	50
6.05 综合税率	125	125	131	131	128
6.06 创业所需办理的手续数目	131	134	135	135	123
6.07 创业所需的时间	112	116	112	116	117
6.08 农业政策的成本	9	13	14	11	16

续表

具体指标	2011	2012	2013	2014	2015
6.09 贸易壁垒的普遍性	63	79	76	54	78
6.10 关税税率	126	122	123	115	117
6.11 国外所有权的普及度	99	99	91	71	74
6.12 FDI 规则对企业的影响	22	41	45	26	61
6.13 关税程序的负担	56	65	60	55	56
6.14 进口占 GDP 的比重	126	126	135	130	131
6.15 以顾客为导向的程度	72	90	76	70	68
6.16 买方成熟度	5	11	16	18	21
7.01 劳资关系中的合作	51	57	60	58	62
7.02 确定工资的弹性	52	77	94	84	73
7.03 雇佣和解雇的惯例	44	42	28	15	17
7.04 解雇成本	118	117	120	120	117
7.05 税收对于工作的激励	—	—	42	36	58
7.06 薪酬和生产率	13	16	17	15	20
7.07 对专业管理的依赖性	46	48	44	43	55
7.08 国家预防人才流失的能力	—	—	31	31	30
7.09 国家吸引人才的能力	—	—	26	27	27
7.10 女性的劳动参与率	34	34	36	60	60
8.01 金融服务可获得度	60	68	70	63	61
8.02 金融服务的购买力	41	46	51	50	48
8.03 当地资本市场融资能力	46	46	38	34	44
8.04 获得贷款的容易性	45	50	32	21	21
8.05 风险资本的可获得性	22	22	16	13	16
8.06 银行的稳定性	64	71	72	63	78
8.07 证券交易的法规	53	58	63	58	52
8.08 合法权利指数	60	65	65	85	80

续表

具体指标	2011	2012	2013	2014	2015
9.01 最新技术的可获得性	100	107	105	97	95
9.02 企业层面的技术吸收	61	71	71	68	66
9.03 FDI 与技术转让	80	77	78	81	69
9.04 互联网用户数	75	73	78	75	70
9.05 宽带用户数	55	49	49	51	57
9.06 互联网带宽	94	119	118	120	119
10.01 国内市场规模指数	2	2	2	2	2
10.02 国外市场规模指数	1	1	1	1	1
11.01 本地供应商的数量	19	28	31	24	15
11.02 本地供应商的质量	59	66	69	63	63
11.03 产业集群发展的现状	17	23	24	25	24
11.04 竞争优势的性质	45	56	53	45	48
11.05 价值链的广度	45	49	43	37	43
11.06 国际分销的管控能力	37	41	48	31	29
11.07 生产工艺的先进性	52	57	58	56	49
11.08 市场营销的广度	43	52	50	52	64
11.09 授权的意愿	54	54	60	49	48
12.01 创新能力	23	23	30	40	49
12.02 科学研究机构的质量	38	44	41	39	42
12.03 企业研发支出	23	24	22	23	23
12.04 大学–产业的合作研究	29	35	33	32	32
12.05 先进技术产品的政府采购	16	16	13	10	9
12.06 科学家和工程师的可获得性	33	46	44	43	36
12.07 实用专利权	46	38	36	34	32

附录六 2011—2015 年瑞士全球竞争力具体指标①排名

具体指标	2011	2012	2013	2014	2015
1.01 财产权利	2	2	3	3	2
1.02 知识产权的保护	3	4	5	4	3
1.03 公共资金的挪用	6	5	6	9	11
1.04 公众对政治家的信任	13	11	12	8	9
1.05 违法支付和贿赂	10	13	9	10	11
1.06 司法独立性	5	6	11	11	6
1.07 政府官员在决策中的徇私舞弊	11	9	9	10	13
1.08 政府支出的铺张浪费	8	7	8	11	11
1.09 政府管制的负担	17	16	17	12	8
1.10 法律制度在解决争端中的效率	7	4	6	8	8
1.11 法律制度在纠正管理中的效率	4	2	6	8	3
1.12 政府决策的透明度	3	5	6	7	6

---

① 由于各年度具体指标存在差异，本附录具体指标与本书表 1-1 不完全一致；个别指标的排名空缺，用"—"表示。

续表

具体指标	2011	2012	2013	2014	2015
1.13 恐怖主义导致的企业成本	32	37	41	34	34
1.14 犯罪和暴力导致的商业成本	9	7	23	19	13
1.15 有组织的犯罪	19	14	33	22	16
1.16 警察服务的可靠性	5	2	6	5	5
1.17 企业的道德行为	6	5	4	5	6
1.18 审计与报告标准的力度	24	23	21	18	11
1.19 公司董事会的效率	10	7	11	19	12
1.20 对少数股东权益的保护	28	34	44	32	24
1.21 对投资者的保护力度	131	130	134	130	74
2.01 基础设施的总体质量	1	1	1	1	1
2.02 公路的质量	3	6	8	9	9
2.03 铁路基础设施的质量	1	1	2	2	2
2.04 港口基础设施的质量	36	37	40	44	47
2.05 航空运输基础设施的质量	3	5	7	8	8
2.06 航班可用座公里数	26	28	29	29	29
2.07 电力供应的质量	2	4	2	1	1
2.08 移动电话使用数	37	29	33	40	35
2.09 固定电话线路	6	5	7	6	6
3.01 政府财政盈余赤字	20	27	24	24	21
3.02 国民储蓄率	22	16	16	23	16
3.03 通货膨胀	1	32	76	74	64
3.04 政府债务	100	94	90	84	77
3.05 国家信用评级	2	2	2	2	1
4.01 疟疾对商业的影响	1	1	1	—	—

续表

具体指标	2011	2012	2013	2014	2015
4.02 疟疾事件	1	1	1	—	—
4.03 肺结核对商业的影响	12	18	12	4	4
4.04 肺结核事件	8	22	13	13	15
4.05 HIV 对商业的影响	18	27	24	11	12
4.06 HIV 流行情况	79	78	78	75	74
4.07 婴儿死亡率	24	24	25	24	25
4.08 平均寿命	3	3	2	5	4
4.09 基础教育的质量	4	5	5	4	4
4.10 基础教育入学率	59	67	74	77	76
5.01 中等教育入学率	43	50	52	50	51
5.02 高等教育入学率	51	43	45	47	46
5.03 教育系统的质量	1	1	1	1	1
5.04 数学和科学的教育质量	4	5	5	4	4
5.05 管理院校的质量	3	3	1	1	1
5.06 学校互联网使用率	9	6	12	13	16
5.07 高质量职业培训的可获得性	1	1	1	1	1
5.08 职工培训投入度	1	1	1	1	1
6.01 当地竞争的强度	24	20	21	19	30
6.02 市场垄断的程度	1	1	1	1	1
6.03 反垄断政策的有效性	21	16	17	18	19
6.04 税收对投资的激励	10	8	11	7	8
6.05 综合税率	34	35	37	35	33
6.06 创业所需办理的手续数目	34	47	47	57	57
6.07 创业所需的时间	81	76	78	84	53
6.08 农业政策的成本	118	106	75	68	74

续表

具体指标	2011	2012	2013	2014	2015
6.09 贸易壁垒的普遍性	87	91	114	107	90
6.10 关税税率	48	47	37	47	41
6.11 国外所有权的普及度	16	15	33	35	24
6.12 FDI 规则对企业的影响	21	25	38	31	23
6.13 关税程序的负担	19	21	22	18	17
6.14 进口占 GDP 的比重	78	86	95	93	57
6.15 以顾客为导向的程度	3	2	3	2	2
6.16 买方成熟度	2	2	2	3	5
7.01 劳资关系中的合作	1	1	1	1	1
7.02 确定工资的弹性	18	18	17	15	16
7.03 雇佣和解雇的惯例	3	3	2	2	2
7.04 解雇成本	21	38	40	38	37
7.05 税收对于工作的激励	—	—	14	11	7
7.06 薪酬和生产率	5	4	3	5	4
7.07 对专业管理的依赖性	9	6	7	7	6
7.08 国家预防人才流失的能力	—	—	3	1	1
7.09 国家吸引人才的能力	—	—	1	1	1
7.10 女性的劳动参与率	32	42	45	43	38
8.01 金融服务可获得度	1	1	1	1	1
8.02 金融服务的购买力	2	8	5	1	1
8.03 当地资本市场融资能力	17	15	20	16	10
8.04 获得贷款的容易性	21	24	20	28	28
8.05 风险资本的可获得性	18	19	22	25	18
8.06 银行的稳定性	26	26	25	21	20
8.07 证券交易的法规	12	10	15	19	12
8.08 合法权利指数	20	24	28	29	44

续表

具体指标	2011	2012	2013	2014	2015
9.01 最新技术的可获得性	2	2	4	6	7
9.02 企业层面的技术吸收	4	3	3	6	6
9.03 FDI 与技术转让	27	36	56	35	11
9.04 互联网用户数	9	10	13	11	15
9.05 宽带用户数	1	2	1	1	1
9.06 互联网带宽	5	5	6	8	8
10.01 国内市场规模指数	40	41	42	42	40
10.02 国外市场规模指数	34	36	36	35	30
11.01 本地供应商的数量	6	8	8	5	9
11.02 本地供应商的质量	1	1	1	2	2
11.03 产业集群发展的现状	8	9	5	6	7
11.04 竞争优势的性质	2	1	1	2	3
11.05 价值链的广度	3	3	4	3	2
11.06 国际分销的管控能力	6	4	5	4	4
11.07 生产工艺的先进性	2	2	2	1	1
11.08 市场营销的广度	5	4	7	5	3
11.09 授权的意愿	6	9	8	8	8
12.01 创新能力	2	2	1	1	1
12.02 科学研究机构的质量	2	2	2	1	1
12.03 企业研发支出	3	1	1	1	1
12.04 人学-产业的合作研究	1	1	1	3	3
12.05 先进技术产品的政府采购	14	22	36	31	17
12.06 科学家和工程师的可获得性	15	14	18	24	23
12.07 实用专利权	7	2	2	1	2

附录七 2011—2015 年美国全球竞争力具体指标①排名

具体指标	2011	2012	2013	2014	2015
1.01 财产权利	39	42	33	25	22
1.02 知识产权的保护	28	29	25	20	15
1.03 公共资金的挪用	36	34	29	30	28
1.04 公众对政治家的信任	50	54	50	48	44
1.05 违法支付和贿赂	42	42	38	36	32
1.06 司法独立性	36	38	32	30	28
1.07 政府官员在决策中的徇私舞弊	50	59	54	47	44
1.08 政府支出的铺张浪费	66	76	76	73	75
1.09 政府管制的负担	58	76	80	82	51
1.10 法律制度在解决争端中的效率	36	35	26	23	25
1.11 法律制度在纠正管理中的效率	39	37	29	18	19
1.12 政府决策的透明度	50	56	48	44	22

---

① 由于各年度具体指标存在差异，本附录具体指标与本书表 1-1 不完全一致；个别指标的排名空缺，用"—"表示。

续表

具体指标	2011	2012	2013	2014	2015
1.13 恐怖主义导致的企业成本	122	124	128	118	114
1.14 犯罪和暴力导致的商业成本	81	86	87	85	77
1.15 有组织的犯罪	86	87	84	73	62
1.16 警察服务的可靠性	30	30	24	22	22
1.17 企业的道德行为	29	29	32	33	27
1.18 审计与报告标准的力度	40	37	36	32	23
1.19 公司董事会的效率	26	23	15	16	15
1.20 对少数股东权益的保护	32	33	27	23	17
1.21 对投资者的保护力度	5	5	6	6	25
2.01 基础设施的总体质量	24	25	19	16	13
2.02 公路的质量	20	20	18	16	14
2.03 铁路基础设施的质量	20	18	17	15	15
2.04 港口基础设施的质量	23	19	16	12	10
2.05 航空运输基础设施的质量	31	30	18	9	5
2.06 航班可用座公里数	1	1	1	1	1
2.07 电力供应的质量	32	33	30	24	16
2.08 移动电话使用数	87	72	95	101	99
2.09 固定电话线路	14	15	18	20	20
3.01 政府财政盈余赤字	139	140	142	130	114
3.02 国民储蓄率	121	114	112	87	87
3.03 通货膨胀	1	31	1	1	1
3.04 政府债务	132	136	140	134	129
3.05 国家信用评级	9	11	12	7	5
4.01 疟疾对商业的影响	1	1	1	—	—

续表

具体指标	2011	2012	2013	2014	2015
4.02 疟疾事件	1	1	1	—	—
4.03 肺结核对商业的影响	61	59	60	51	51
4.04 肺结核事件	4	4	8	5	2
4.05 HIV 对商业的影响	87	90	86	75	75
4.06 HIV 流行情况	93	92	97	92	92
4.07 婴儿死亡率	41	41	41	39	42
4.08 平均寿命	32	34	34	34	34
4.09 基础教育的质量	37	38	41	36	29
4.10 基础教育入学率	77	58	66	90	91
5.01 中等教育入学率	50	47	49	59	61
5.02 高等教育入学率	6	2	3	3	3
5.03 教育系统的质量	26	28	25	27	18
5.04 数学和科学的教育质量	51	47	49	51	44
5.05 管理院校的质量	12	12	12	11	9
5.06 学校互联网使用率	24	24	18	15	17
5.07 高质量职业培训的可获得性	11	9	9	8	11
5.08 职工培训投入度	12	15	12	14	14
6.01 当地竞争的强度	18	18	14	10	4
6.02 市场垄断的程度	11	9	10	14	11
6.03 反垄断政策的有效性	17	17	14	15	10
6.04 税收对投资的激励	63	68	40	34	35
6.05 综合税率	96	103	107	102	95
6.06 创业所需办理的手续数目	34	47	47	57	57
6.07 创业所需的时间	13	16	16	14	27
6.08 农业政策的成本	69	65	46	33	25

续表

具体指标	2011	2012	2013	2014	2015
6.09 贸易壁垒的普遍性	59	50	53	71	52
6.10 关税税率	32	35	33	33	33
6.11 国外所有权的普及度	43	51	49	41	40
6.12 FDI 规则对企业的影响	68	64	55	44	53
6.13 关税程序的负担	58	48	35	33	30
6.14 进口占 GDP 的比重	140	142	146	143	136
6.15 以顾客为导向的程度	24	18	13	14	15
6.16 买方成熟度	12	10	9	10	14
7.01 劳资关系中的合作	36	42	42	43	31
7.02 确定工资的弹性	32	34	29	24	19
7.03 雇佣和解雇的惯例	8	8	9	11	10
7.04 解雇成本	1	1	1	1	1
7.05 税收对于工作的激励	—	—	38	37	35
7.06 薪酬和生产率	8	12	12	10	8
7.07 对专业管理的依赖性	17	19	15	12	9
7.08 国家预防人才流失的能力	—	—	4	3	2
7.09 国家吸引人才的能力	—	—	6	6	6
7.10 女性的劳动参与率	44	44	47	49	52
8.01 金融服务可获得度	13	12	7	4	4
8.02 金融服务的购买力	18	13	10	10	10
8.03 当地资本市场融资能力	28	18	5	6	5
8.04 获得贷款的容易性	24	20	17	14	14
8.05 风险资本的可获得性	12	10	3	3	5
8.06 银行的稳定性	90	80	58	49	39
8.07 证券交易的法规	48	39	30	30	24
8.08 合法权利指数	20	11	12	11	4

续表

具体指标	2011	2012	2013	2014	2015
9.01 最新技术的可获得性	18	14	6	2	2
9.02 企业层面的技术吸收	18	14	9	3	3
9.03 FDI 与技术转让	49	43	46	41	34
9.04 互联网用户数	18	20	20	16	13
9.05 宽带用户数	18	17	17	19	20
9.06 互联网带宽	26	33	35	42	41
10.01 国内市场规模指数	1	1	1	1	1
10.02 国外市场规模指数	2	2	2	2	2
11.01 本地供应商的数量	12	14	10	8	7
11.02 本地供应商的质量	13	14	10	8	10
11.03 产业集群发展的现状	9	12	6	5	2
11.04 竞争优势的性质	20	18	17	14	16
11.05 价值链的广度	14	13	8	5	7
11.06 国际分销的管控能力	9	10	6	5	6
11.07 生产工艺的先进性	15	11	7	7	7
11.08 市场营销的广度	3	3	2	1	1
11.09 授权的意愿	10	10	9	9	9
12.01 创新能力	7	7	5	2	2
12.02 科学研究机构的质量	7	6	5	4	4
12.03 企业研发支出	6	7	5	4	3
12.04 大学–产业的合作研究	3	3	3	2	2
12.05 先进技术产品的政府采购	9	15	15	8	11
12.06 科学家和工程师的可获得性	4	5	6	5	4
12.07 实用专利权	3	12	12	11	11

附录八 2011—2015 年德国全球竞争力具体指标①排名

具体指标	2011	2012	2013	2014	2015
1.01 财产权利	18	14	15	19	17
1.02 知识产权的保护	13	10	14	21	20
1.03 公共资金的挪用	14	16	16	18	22
1.04 公众对政治家的信任	37	33	19	15	15
1.05 违法支付和贿赂	22	18	21	25	27
1.06 司法独立性	7	7	13	15	17
1.07 政府官员在决策中的徇私舞弊	19	15	13	12	17
1.08 政府支出的铺张浪费	40	28	23	20	20
1.09 政府管制的负担	88	71	56	55	34
1.10 法律制度在解决争端中的效率	19	20	13	11	16
1.11 法律制度在纠正管理中的效率	12	13	11	12	11
1.12 政府决策的透明度	28	27	23	22	19

---

① 由于各年度具体指标存在差异，本附录具体指标与本书表 1-1 不完全一致；个别指标的排名空缺，用"—"表示。

续表

具体指标	2011	2012	2013	2014	2015
1.13 恐怖主义导致的企业成本	55	56	59	60	82
1.14 犯罪和暴力导致的商业成本	32	20	26	36	55
1.15 有组织的犯罪	33	32	36	39	50
1.16 警察服务的可靠性	21	20	17	19	19
1.17 企业的道德行为	14	14	15	16	21
1.18 审计与报告标准的力度	36	26	23	23	17
1.19 公司董事会的效率	17	17	22	21	19
1.20 对少数股东权益的保护	31	26	29	38	33
1.21 对投资者的保护力度	77	80	84	83	50
2.01 基础设施的总体质量	10	9	10	11	11
2.02 公路的质量	10	10	11	13	13
2.03 铁路基础设施的质量	5	7	7	8	9
2.04 港口基础设施的质量	10	9	9	14	14
2.05 航空运输基础设施的质量	6	7	8	13	11
2.06 航班可用座公里数	5	5	5	5	6
2.07 电力供应的质量	11	19	32	33	20
2.08 移动电话使用数	30	27	39	58	57
2.09 固定电话线路	8	2	4	5	5
3.01 政府财政盈余赤字	64	40	28	23	13
3.02 国民储蓄率	53	54	49	45	34
3.03 通货膨胀	1	1	1	1	1
3.04 政府债务	122	126	130	118	113
3.05 国家信用评级	3	9	6	4	4
4.01 疟疾对商业的影响	1	1	1	—	—

续表

具体指标	2011	2012	2013	2014	2015
4.02 疟疾事件	1	1	1	—	—
4.03 肺结核对商业的影响	16	14	15	26	26
4.04 肺结核事件	81	8	11	11	9
4.05 HIV 对商业的影响	26	20	26	29	30
4.06 HIV 流行情况	21	12	45	1	1
4.07 婴儿死亡率	19	17	17	19	16
4.08 平均寿命	22	23	22	21	18
4.09 基础教育的质量	36	30	25	22	19
4.10 基础教育入学率	25	33	39	30	30
5.01 中等教育入学率	20	20	24	29	27
5.02 高等教育入学率	n/a	n/a	n/a	37	38
5.03 教育系统的质量	17	20	14	12	10
5.04 数学和科学的教育质量	48	29	21	20	16
5.05 管理院校的质量	36	32	27	29	25
5.06 学校互联网使用率	41	45	42	43	39
5.07 高质量职业培训的可获得性	3	4	2	3	5
5.08 职工培训投入度	16	13	10	13	13
6.01 当地竞争的强度	9	8	10	12	7
6.02 市场垄断的程度	3	2	2	3	3
6.03 反垄断政策的有效性	23	24	12	12	14
6.04 税收对投资的激励	80	74	43	36	54
6.05 综合税率	100	103	108	110	107
6.06 创业所需办理的手续数目	94	97	104	106	104
6.07 创业所需的时间	63	71	70	74	82
6.08 农业政策的成本	76	74	58	31	27

续表

具体指标	2011	2012	2013	2014	2015
6.09 贸易壁垒的普遍性	49	38	57	87	64
6.10 关税税率	4	6	4	5	5
6.11 国外所有权的普及度	47	44	46	46	48
6.12 FDI 规则对企业的影响	72	72	52	35	42
6.13 关税程序的负担	37	29	30	37	33
6.14 进口占 GDP 的比重	81	77	80	83	87
6.15 以顾客为导向的程度	18	15	21	20	27
6.16 买方成熟度	21	15	17	15	22
7.01 劳资关系中的合作	22	20	18	19	20
7.02 确定工资的弹性	136	139	141	136	132
7.03 雇佣和解雇的惯例	132	127	118	109	107
7.04 解雇成本	102	95	100	100	97
7.05 税收对于工作的激励	—	—	64	67	95
7.06 薪酬和生产率	38	41	42	40	13
7.07 对专业管理的依赖性	13	15	19	19	15
7.08 国家预防人才流失的能力	—	—	9	10	13
7.09 国家吸引人才的能力	—	—	20	18	19
7.10 女性的劳动参与率	39	49	52	45	43
8.01 金融服务可获得度	18	18	17	18	18
8.02 金融服务的购买力	23	26	20	14	14
8.03 当地资本市场融资能力	41	33	34	31	17
8.04 获得贷款的容易性	54	44	46	34	35
8.05 风险资本的可获得性	37	34	33	28	25
8.06 银行的稳定性	87	75	64	55	46
8.07 证券交易的法规	52	35	37	38	26
8.08 合法权利指数	39	43	42	43	44

续表

具体指标	2011	2012	2013	2014	2015
9.01 最新技术的可获得性	20	17	13	17	12
9.02 企业层面的技术吸收	14	16	16	13	13
9.03 FDI与技术转让	92	80	58	43	24
9.04 互联网用户数	12	12	16	17	16
9.05 宽带用户数	9	12	9	9	10
9.06 互联网带宽	15	21	28	24	20
10.01 国内市场规模指数	5	5	5	5	5
10.02 国外市场规模指数	3	3	3	3	4
11.01 本地供应商的数量	3	2	5	2	2
11.02 本地供应商的质量	4	4	4	4	4
11.03 产业集群发展的现状	13	8	4	3	3
11.04 竞争优势的性质	4	4	4	7	7
11.05 价值链的广度	4	1	1	2	3
11.06 国际分销的管控能力	4	3	4	6	3
11.07 生产工艺的先进性	3	3	3	4	3
11.08 市场营销的广度	10	7	6	7	7
11.09 授权的意愿	15	16	16	19	19
12.01 创新能力	3	3	3	4	5
12.02 科学研究机构的质量	10	10	6	8	9
12.03 企业研发支出	5	4	4	5	6
12.04 大学-产业的合作研究	13	11	9	10	10
12.05 先进技术产品的政府采购	29	21	17	16	10
12.06 科学家和工程师的可获得性	41	40	17	18	15
12.07 实用专利权	9	7	6	6	6

参 考 文 献

陈杰. 民办教育培训企业境外上市境内难的原因分析 [J]. 现代经济探讨, 2011 (7): 50-53.

董圣足. 关于民办高校法人财产权的思考: 基于 45 所民办院校法人财产状况的调查分析 [J]. 教育发展研究, 2007 (14): 1-5.

段文彬, 陈国富, 谭庆刚, 等. 制度经济学: 制度主义与经济分析 [M]. 天津: 南开大学出版社, 2003.

高晓杰. 美国营利性私立高等教育与资本市场 [M]. 广州: 广东高等教育出版社, 2008.

国家发展和改革委员会. "十二五" 规划战略研究 [M]. 北京: 人民出版社, 2010.

贺小虎. 盘点 2011 我国对外承包工程和劳务合作 [J]. 中国勘察设计, 2012 (3): 38-39.

洪成文. 国外私学公助实践模式的比较及思考 [J]. 比较教育研究, 2003 (3): 82-86.

洪明, 徐红敏. 改革美国公立学校的新尝试: 爱迪生学校的新发展 [J]. 外国中小学教育, 2005 (7): 1-6.

匡瑛, 石伟平. 职业教育集团化办学的比较研究 [J]. 教育发展研究, 2008 (3): 38-43.

劳凯声. 教育市场的可能性及其限度 [J]. 北京师范大学学报 (社会科学版), 2005 (1): 15-22.

李乃祥, 郭鹏. 以服务外包为切入点, 推进经济转型的教育发展思路 [C]. Proceedings of 2010 Third International Conference on Education Technology and Training, 2010 (8).

厉以宁. 关于教育产品的性质和对教育的经营 [J]. 教育发展研究, 1999 (10): 9-14.

林修凤. 独立学院产权不清的原因分析及对策 [J]. 中国高教研究, 2008 (9): 43-46.

刘建银. 准营利性民办学校研究 [M]. 北京: 北京师范大学出版社, 2010.

刘正良. 国际服务外包发展对中国高职教育的影响研究 [J]. 黑龙江高教研究, 2008 (9): 141.

马怀德. 公务法人问题研究 [J]. 中国法学, 2000 (4): 40-47.

明航. 民办学校办学模式: 产权配置与治理机制研究 [M]. 北京: 教育科学出版社, 2008.

萨拉蒙, 等. 全球公民社会: 非营利部门视界 [M]. 贾西津, 魏玉, 等译. 北京: 社会科学文献出版社, 2007.

邵金荣. 公益组织认定与社会公平正义: 构建科学发展民办教育等公益组织和事业的法制 [M]. 北京: 中国社会出版社, 2010.

苏武江, 齐延信, 杨蜀康. 独立学院产权制度解析 [J]. 教育与职业, 2011 (2): 8-10.

索磊. 从"特色学校"到"信托学校": 英国提高薄弱学校办学质量政策解析 [J]. 教育发展研究, 2009 (15-16): 112-113.

唐卫民. 日本私立高等教育经费来源探析 [J]. 高等教育研究, 2007 (5): 104-109.

王善迈. 关于教育产业化的讨论 [J]. 北京师范大学学报 (社会科学版), 2000 (1): 12-16.

王艳玲. "教育行动区"计划: 英国改造薄弱学校的有效尝试 [J]. 全球教育展望, 2004 (9): 67-71.

文东茅. 论民办教育公益性与可营利性的非矛盾性 [J]. 北京大学教育评论, 2004 (1): 43-48.

邬大光. 民办高等教育与资本市场的联姻: 国际经验与我国的道路选择 [J]. 教育研究, 2004 (2): 3-8.

吴晓天. 德国职业教育培训模式探讨：浅析德国跨企业培训中心 [J]. 全球教育展望，2009（5）：84-88.

肖俊杰. 民办高等教育财政研究 [M]. 上海：上海交通大学出版社，2009.

徐文. 教育产权论 [M]. 武汉：湖北人民出版社，2007.

许涛. 职业教育集团化办学的理论分析与个案研究 [D]. 上海：华东师范大学，2011.

阎凤桥. 美国私立高等教育特征分析 [J]. 民办教育研究，2008（3）：86-91.

杨东平. 中国教育发展报告（2011）[M]. 北京：社会科学文献出版社，2011.

袁连生. 论教育的产品性质、学校的市场化运作及教育市场化 [J]. 教育与经济，2003（1）：11-15.

张娜. 权利与规制：学校产权制度论 [M]. 北京：教育科学出版社，2010.

中国教育与人力资源问题报告课题组. 从人口大国迈向人力资源强国 [M]. 北京：高等教育出版社，2003.

中国驻日本大使馆教育处. 日本的公益法人制度与学校的运营 [J]. 世界教育信息，2004（1）：34-36.

中央教育科学研究所. 21 世纪中国教育展望 [M]. 济南：山东教育出版社，2003.

周朝成. 美日中私立（民办）高等教育发展的政府经费资助之比较研究 [J]. 复旦教育论坛，2007（5）：79-83.

周南照. 中国教育竞争力国际比较研究 [M]. 北京：教育科学出版社，2010.

朱怡华. 香港"直接资助计划"述评 [J]. 上海教育科研，2003（4）：29-31.

Becker G S. Human capital：a theoretical and empirical analysis，with special reference to education [M]. 3rd edition. Chicago：University of Chicago Press，1993.

Clark B R，Neave G. The encyclopedia of higher education [M]. Oxford：Pergamon，1992.

Kremer M. The o-ring theory of economic development [J]. Quarterly Journal of Economics，1993，108（3）：551-575.

Lucas R E. On the mechanics of economic development [J]. Journal of Monetary Economics，1988，22（1）：3-42.

Mizuta K. Public funding schemes for the higher education sector in Japan [EB/OL]. [2016-11-18]. http：//www. zam. go. jp/n00/pdf/nk001003. pdf，2008.

Raby R L. Internationalizing the community college curriculum [EB/OL]. [2016-11-18]. http: //www. international. ucla. edu/institute/1999/community_College/HANDBOOK. html.

Schultz T W. Investment in human capital [J]. American Economic Review, 1961, 1 (2):1-17.

Snyder T D, Dillow S A. Digest of education statistics 2009 [M]. Alexandria: National Center for Education Statistics, 2010.

索　引